백색의 시학

알파벳 문명에서 공백과 여백

이 저서의 번역은 2010년도 정부재원 (교육과학기술부 학술연구조성사업비)으로
한국연구재단의 지원을 받아 이루어졌음 (NRF-2010-361-A00018)

문자 · 사회 · 문화 총서 16

백색의 시학

알파벳 문명에서 공백과 여백

Poétique du Blanc

Vide et intervalle dans la civilisation de l'alphabet

안 마리 크리스탱 지음 김미성 옮김

연세대학교 대학출판문화원

문자 · 사회 · 문화 총서 16

백색의 시학 : 알파벳 문명에서 공백과 여백

지은이 안 마리 크리스탱
옮긴이 김미성
펴낸곳 연세대학교 대학출판문화원

주 소 서울시 서대문구 연세로 50
전 화 02) 2123-3380~2
팩 스 02) 2123-8673
ysup@yonsei.ac.kr
http://www.yonsei.ac.kr/press
등 록 1955년 10월 13일 제9-60호
인 쇄 (주)네오프린텍

2014년 6월 30일 1판 1쇄

ISBN 978-89-6850-069-5 (94000)
978-89-7141-962-5 (세트)

값 15,000원

한국인 독자를 위한 저자 서문

서양에서 백색의 역사는 언어학적 기원들 덕에 너무도 망각된 에크리튀르의 도상적 기원들에 관한 탐구 속에 포함된다. 이런 탐구는 이미 여러 책들 속에서 이루어진 바 있다. 에크리튀르는 언어적 방식과 시각적 방식을 결합하는 혼합적인 의사소통 방식이다. 그리고 이런 사실로부터 에크리튀르는 발신자 - 담화의 창시자 - 와 수신자 - 텍스트의 독자 - 에 호소한다. 서구에서 발명된 그리스 알파벳 체계는 원칙적으로 완전히 음운론적인 이런 혼성과의 관계를 단절했다. 하지만 그것은 다른 방식으로, 그 바탕의 실재로서 백색이 일부를 이루는 실천에 의해서 이런 혼성을 재발견하기 위해서이다.

알파벳은 "제2세대" 에크리튀르의 성격을 지니는 동시에 표의문자를 발명해낸 더 오래된 체계 - 설형문자, 이집트 상형문자, 중국 표의문자, 마야문자와 같은 "제1세대 체계" - 에서 추론된 에크리튀르의 성격도 지닌다. 하지만 제1세대 체계 역시 그에 고유한 다른 방식들로 에크리튀르를 재 발명했다. 그리스 알파벳의 경우뿐만 아니라 인도 문자, 일본어의 체계, 한글의 경우 역시 그렇다. 앞선 세대에 고유한 언어적이고 시각적인 의사소통의 결합에 제2세대 에크리튀르 체계가 영향을 받음과 동시에 그것과 구별되고자 하는 체계가 덧붙여진다. 모든 제2의 에크리튀르는 어느 정도는 **메타그라피**métagraphie이다.

특별한 "문자화된 상상계"가 이 모델들과 이 체계들 각각에서 만들어졌다. 그 결과는 아시아의 서예나 유럽의 활판인쇄와 같은 예술적 창조의 다른 영역들에서도, 이런 예술적 창조를 대상으로 하는 이론적 분석에서도 관찰된다.

안 마리 크리스탱

CONTENTS

목 차

"'백색'은 사실 중요하고, 우선 강한 인상을 준다." 스테판 말라르메

들어가는 말

백색은 수수께끼 같은 색깔이다. "만일 "백색"이 단지 시각적 표면에만 관계되는 개념이라면 투명한 어떤 것에 연관되는 "백색"과 유사한 색의 개념은 대체 왜 존재하지 않는 것일까?" 비트겐슈타인Wittgenstein은 자문한다.[1] 그는 지적한다. "영화에서는 종종 영화의 사건들이 스크린 뒤에 위치하고, 스크린은 유리로 된 판처럼 투명한 것으로 보이는 일이 가능하다. […] 그렇기는 하지만 우리가 그 유리판을 투명한 **백색**이라고 부르고 싶은 마음이 들지는 않는다."[2] 백색은 백색 너머에 위치하고 있는 것을 하나도 보여주지 않을 뿐만 아니라 깊이의 환상에는 전혀 관여하지 않는다고 간주된다. "만일 모든 색이 더 백색을 띠게 된다면, 그때 이미지는 점점 더 깊이를 잃어버리게 될 것이다."[3]

그렇지만 백색의 이런 불가피한 불투명함이 백색의 실체에 관련되는 것은 아니다. "백색은 본질적으로 (시각적) 표면의 특성이라 할 수 없다. 백색을 단순히 광채 같은 것, 불꽃의 색 같이 보이는 것으로 상상할 수도 있을 것이기 때문이다."[4] "백색"의 또 다른 특성은 사실 그것의 빛남이다. "만약 밤중에 내게 귀신이 보인다면, 귀신은 희끄무레한 희미한 빛을 발산할 지도 모른다. 하

지만 만약 귀신이 회색으로 보인다면, 그때는 빛이 다른 어떤 곳으로부터 온 것이 틀림없을 것이다."[5)]

이처럼 "표면"의 색 자체로 간주된다는 사실은 백색을 은폐하면서 동시에 감추는 색으로 만든다. 하지만 그렇다고 해서 부재를 의미하지는 않는다. 백색은 자신의 존재를 나타냄으로써 세상을 덮어 가리기 때문이다. 다른 한편으로 백색은 빛의 표명이거나 빛 자체인데, 그 표면이 받는 조명이 어떻든 간에 그렇다. "여기 이 종이는 장소에 따라 정도의 차이는 있어도 환하다." 비트겐슈타인은 또 적는다. "하지만 그것이 어떤 부분에서는 백색이고 다른 부분에서는 회색이라고 말할 수 있을까? 분명 내가 종이에 칠을 한다면, 나는 어쨌든 더 어두운 곳을 위해 회색을 섞을 것이다."[6)]

백색은 현실을 벗어난다. 그것은 정신적인 물질matière이다. 백색이 정의하는 표면은 무심히 **비어있는 것**으로 – 모든 사건 혹은 효과적인 시각적 표시는 언제나 표면과는 별개로 발생한다는 의미에서 (백색은 원칙적으로 흔적과 얼룩을 거부한다. 흔적과 얼룩이 나타나면 백색은 흠집이 나는 것이 아니라 **나뉜다.**) – 혹은 **가득 찬** 것으로 – 백색은 뚫고 들어갈 수 없는 존재의 자기 충족적 기호이고, 한 사물의 표면에 관련되거나 이 표면의 광도에 관련되기 때문에, 혹은 불이나 초의 불꽃처럼 자신의 방식대로 "부상하는" 빛에 관련되기도 하기 때문에 – 해석될 수 있다. 그렇지만 우리가 백색을 이런 저런 방식으로 설명하려해도 "백색"은 언제나 **비어있는 동시에 가득 차 있기도 하며** 그 정도로 인간의 이해력을 초월하며 응축된, 보이지 않는 세계의 징후가 되는 기호이다. 그 때문에 부재로 이해될 수 있을 뿐만 아니라 전체적이며 직접적인 빛의 증여, 실현 가능한 모든 가능성들의 절대적인 광경으로도 즉각적으로 이해된다. 그것이 수수께끼이다.

그리고 질문, 제안, 선택, 혹은 거부가 시작되는 지점이 여기이다. 『주사위 던지기*Coup de dés*』를 쓰기 30년 전인 1866년 말라르메Mallarmé는 「바다의 미풍*Brise marine*」에서 "흰 빛blanceur이 지키는 텅 빈 종이"를 그려낸다. "흰 빛"이 존재하는 초고에서 얻어진 그 "불모의stérile" 문구는 시인에게는 "치명적"이 되었다. 시인의 난해한 영감을 "병들고" "징벌 받은"7) 자신의 머리에서 생겨난 페이지에의 접근 금지로 해석하는 이 문구는 "백색"의 최고의 특징을 드러낸다. 그것은 단어와 색이 객관적인 사실이 아니라 얼마나 경험을 나타내는지 우리에게 이해시킴으로써 앞의 특징들을 입증한다. 그리고 백색이 거기에 순응하거나 불가피하게 타협하는 것을 응시한다.

말라르메에게 있어서와 마찬가지로 비트겐슈타인에게 있어서도 그것이 **가시적인** 한에 있어서, 설령 그것이 하나의 단어나 하나의 개념과 분리될 수 없다 할지라도 백색은 존재하고 저항한다. 그리고 백색은 자신을 뚫고 지나가도록 허용하지 않기 때문에, 자신이 빛의 원천이기 때문에 **특히 가시적인** 색이다. 그리고 어느 쪽도 결코 백색을 결핍이나 결함으로 떠올리지 않는다. 흰빛에서 빈 것과 가득 찬 것은 외관의 순수한 범주들이다.

"결핍"은 고유한 속성과 관련되는 이유들과는 무관한 외적인 이유들로만 백색에 닿는다. 보다 정확히 말해 우리가 모든 것을 귀착시킬 수 있는 하나의 이유만이 존재할 뿐이다. 그것은 말parole이, 그리고 발화행위énonciation는 더 한층, 필요성과 가치에 있어서 자아에 대한 다른 모든 표현에 관해 시각을 능가한다고 생각하면서 시각을 **주체의 행동**으로 인정하기를 거부하는 것이다. "내가 본다je vois"라고 말하는 것과 실제로 "보다voir"라고 말하는 것은 양립불가능하다는 사실에 주목한 것 또한 비트겐슈타인이다.8) 프란시스 퐁주Francis Ponge는 다른 방식으로 그것을 증언한다.

> 사물들, 경치들, 사건들, 외부 세계의 사람들이 […] 내 신념을 앗아간다. 그것들이 내 신념이 전혀 필요하지 않다는 오직 그 사실에 의해서. 그것들의 현존, 그것들의 구체적인 명백함, 그것들의 두께, 그것들의 3차원, 손으로 만질 수 있고 명백한 그것들의 측면, 내가 내 자신의 존재보다 훨씬 더 확신하는 그것들의 존재, 그것들의 편. "그것은 발명되는 것이 아니다. (발견되는 것이다.)" 그것들의 편. "내가 발명하지 않았기에 그것은 아름답다, 내가 그것을 발명하기란 아주 불가능했을 것이다." 그 모든 것이 나의 유일한 존재 이유이고, 엄밀하게 말하자면 내 **핑계거리**다. **실상 사물들의 다양함이 나를 구성한다**. 내가 말하고자 하는

것이 바로 이 점이다. 사물들의 다양함이 나를 구성하고, 침묵 그 자체 속에서 내가 존재하도록 허락할 것이다."[9]

"결핍"이라는 단언 속에 은폐된 가시적인 것의 거부라는 문제는 여러 각도에서 접근 가능하다. 나는 에크리튀르écriture[10]라는 측면에서 접근해 보고자 한다. 사실 인간의 모든 발명품들 중에서 에크리튀르는 표면surface에 대한 시각적 질문이 가장 경이로운 결과에 도달한 발명품이다. 기호 체계의 발명은 의사소통에 뿐만 아니라 새로운 사고의 방식에 지지대로 사용된다. 그런데 서구에서 우리가 사용하는 에크리튀르인 알파벳은 그 원리의 중대한 전복 없이 표의문자에서 자음 체계로 3000년간 변화한 후에 출현했다. 알파벳은 모든 문자들 중 최초로 그리고 유일하게 가시적인 세계와의 - 따라서 백색과의 - 본원적 관계를 끊은 에크리튀르이다.

사실 상당히 애매한 단절이다. 확실히 우리의 알파벳은 청각적인 에크리튀르라기보다는 비시각적인 에크리튀르이기 때문이다. 알파벳의 언어적 영역을 정의하는 자음과 모음은 음운론적인 개념이고, 알파벳의 발음에 필요한 연속적인 소리를 얻기 위해서는 자음과 모음을 머릿속에서 합하는 것으로 충분하다. 표의문자적이고 셈어적인 체계와는 달리 알파벳은 기호가 포함되는 문맥의, 그 바탕의 물리적 조건의 의미 측정에 기초하지 않는다. 이 체계에서 **읽을 줄 안다는 것**은 **해독한다는 것**으로 엄격히 귀착된다. 알파벳은 단지 그것이 드러내게끔 한다고 추정될 뿐인 언어의 모델에 따르면 분명 결핍의 문자이며 부재의 문자이다. 거명 가능한 문자들 중 아무 것도 알파벳에 즉각적으로 접근할 수 없기 때문이다.[11] 그럼에도 불구하고 "문자" 그 자체가 엄정한 방식으로 진행된 음성적 분석에서 기인하지 않는다는 사실은 변함없다. (그것은 "성조를 지닌" 언어에 뿐만 아니라 그것이 어떤 것이건 진정 구어적인 정의에 필요한 모든 뉘앙스에의 알파벳 고유의 부적합함을 설명한다) 문자는 그것에 앞서는 에크리튀르의 **시각적 상태**에서 생겨났다. 그리스 알파벳은 페니키아의 그래픽 체계에 자리 잡을 수 있었던 그리스어의 다소 수정된 독특한 음성적 도식을 나타내기 위해 기존의 그래픽 체계인 페니키아의 그래픽 체계를 재현한다. 페니키아의 그래픽 체계는 보통 그것을 읽는데 바탕이 관여되도록 했다. 이런 혼종적인 본질은 우리의 두뇌로 "음운론적인 인식"을 확인할 수 있을 것이라는 문맹에 대한 대부분의 연구에 근거가 되는 가정을 신뢰하기 어렵도록 한다. 그렇지만 이런 혼종적인 본질에는 장점도 존재하는데, 기록되는 공간과 백색을 관리하는 가운데 그리스 알파벳이 그것에 필요 불가결했던 가독성의 보조적 수단을 그것의 허술하고 불완전한 추상적 관념에서 찾아낼 가능성을 열어두었다는 사실이 그것이다.

알파벳 문명에서 **백색을 본다는 것**은 백색을 부재, 결핍, 시련과 동일시하는 것이 아니다. 그것은 위반에 속한다. 더 멀리 나아가는 대담함은 우선 화가들, 적어도 백색으로부터 시작하는 가시적 세계와의 대화에 주의 깊은 화가들 중 몇몇에게서 기인한 것일 수밖에 없다. 뒤러Dürer의 경우가 그런데 바사리Vasari는 뒤러의 **자화상**에 탄복하고 그것을 라파엘로Raphaël에게 주었다. 뒤러는 자화상의 배경으로 있는 그대로를 사용했다. 바사리는 썼다. "… 뒤러는 그림의 밝은 부분을 아마포 캔버스의 빛으로 풍부하게 했고, 라파엘로는 그런 점을 놀랍게 생각했다."[12] 로스코Rothko는 훗날 캔버스의 표면에 그것 본래의 흰 빛을 드러나게 함으로써 글라시[13] 기법으로 표현된 그림의 넓은 공간의 기이하고 고통스러운 희열을 보여줄 것이다.

뒤뷔페Dubuffet는 서양 문화 고유의 이런 어려운 – 오히려 **말로 표현할 수 없는** – 백색과 여백의 존재를 알파벳의 순서를 그림의 불가피한 모델로 만든, 인물들을 알파벳 문자처럼 정렬시킨 미학의 틀 자체 속에 위치시켰다.

> R. 저는 사물들의 형상화에서가 아니라 문화적인 조건화가 비어있음으로 간주하도록 유도하는 사물들 사이에 존재하는 것에서 얻는 것이 많다는 생각입니다. […] 사물들의 연속체는 문화에 의해서 그 목록이 사전의 2만 단어와 일치하는 2만 가지의 개념으로 절단되었습니다. 사고가 활용하는 것이 바로 이 어휘의 폭입니다. 그것은 빈약하고, 자의적입니다. 단어를 쓸 때 사용할 수 있는 다른 선택의 폭은 없습니다. 반면 회화는 거기에서 벗어날 수 있습니다. 회화의 기호

언어는 거기에 의존하지 않습니다. 회화의 기호 언어는 이런 연속체 안에서 하나의 이름을 부여받은 개념들을 갈라놓는 모든 여백에 위치하는 점들을 무한에 고정시킵니다. [···] 이런 표식을 이동시키는 것, 연속체를 재확립하는 것, 검토하는 것, 사고를 위한 모든 종류의 새로운 여정을 창조하는 매순간마다 변화된 접촉점들이나 지지점들을 받아들이는 것이 바로 회화의 임무라 할 수 있습니다.

Q. – 화가가 어떤 형태로 사물들을 분리하는 공백을 채울 수 있을 지 잘 모르겠습니다.

R. – 선생님께서 그것을 이해하지 못하는 것은 어휘가 부과하는 조건화에서 해방되지 않았기 때문입니다. 선생님께서는 어떤 이름도 놓여있지 않은 곳에 무無 이상이 존재한다는 사실을 납득할 수 없으신 겁니다. 그런데 시선에는 여백이 존재하지 않습니다. 사고에는 여백이 존재하지 않습니다. 사고는 자신의 투영들로 모든 것을 차득 차게 합니다. 이런 투영들을 고정시키는 것이 흥미로운 작업이고 작품은 그것들을 표현해야 합니다.[14]

그 주제에 관해서는 서류를 펼쳐보는 것이 필요했다. 몇몇 증빙 자료들을 모으는 것도. 서구 문화에서 백색의 도편추방ostracisme과 그 과정에서 알파벳이 한 역할에 관한 증빙 자료들을. 타이포그래피라는 간접적인 수단을 통해 이미지 속에서, 에크리튀르 속에서, 이따금은 본의 아닌 알파벳의 재발견이 야기한 의외의 발견의 증빙 자료들 역시. 그것이 이 작은 책의 목적이다. 이 책이 에크리튀르의 문명들, 그리고 그것들이 이미지들과 맺고 있는 관계에 관한 연구에서 새로운 단계가 될 것이라 생각한다.

---

1) Ludwig Wittgenstein, *Remarques sur les couleurs*, trad. fr. par G. Darel, Paris, Trans-europ-Repress, 1983, III 184, p. 50. '백색'의 개념과 '투명함'의 개념의 결합에 대한 불가능성이 특히 철학자를 사로잡았는데, 그는 여러번 그 문제를 재론한다. I, 46, p. 14와 III, 24, p. 25 볼 것.

2) *Ibid.*, III, 184, p. 50.

3) *Ibid.*, III, 195, p. 51.

4) Ludwig Wittgenstein, *Remarques sur les couleurs*, *op.cit.*, III, 145, p. 43.

5) *Ibid.*, III, 231, p. 55. 250, p. 57도 볼 것.

6) *Ibid.*, III, 56, p. 30.
7) Stéphane Mallarmé, *Poésies*, édition établie et annotée par B. Marchal, Paris, Poésie-Gallimard, 1992, p. 22 et p. 198.
8) Wittgenstein, *Remarques sur les couleurs*, 위의 책, III, 323, p. 68. 이 주제에 관해서 다음의 내 저서도 참조할 수 있다. *L'image écrite ou la déraison graphique*, Paris, Flammarion, 2001, ≪Le partenaire silencieux≫, p. 84-96.
9) Francis Ponge, ≪My creative method≫ (1947), *Méthodes*, Paris, Gallimard, 1971, p. 12-13.
10) 글쓰기나 기술 혹은 문자라는 우리말로는 설명되지 않는 부분이 있는 용어이기 때문에 이후 에크리튀르라는 원어로 번역하고자 함. (역주)
11) 이런 다른 체계들에 관해서는 이 책에서 다시 다루게 될 것이다. 그럼에도 불구하고 다음의 책도 참고할 수 있다. *L'Image écrite*, *op.cit.* 특히 다음 부분을 볼 것. ≪Le signe introuvable≫, p. 21-70.
12) 다음에서 Anna Ottani Cavina에 의해 인용됨. ≪La fabrique du blanc≫, *Réserves, les suspens du dessin*, Catalogue d'exposition, Paris, Éditions de la RMN, 1995, p. 79.
13) 밑그림이 마른 뒤 투명 물감을 엷게 칠하여 화면에 윤기와 깊이를 주는 유화 기법. (역주)
14) Jean Dubuffet, *Bâtons rompus*, Paris, Minuit, 1986, p. 26-27.

01

이미지와 문자

사물은 그것을 둘러싸고 있는 것을 어둡게 함으로써만 가시적이 될 뿐이다. 사물의 이름의 기원에도 존재하는 형상이 세상에 불쑥 나타날 때 세상의 이런 단절을 모방하려는 욕망에서 이미지가 탄생했다. 하지만 그것으로부터 사람들에게는 이런 단절을 **표면** 위에서, 즉 그곳으로부터 형상이 자신의 존재를 끌어내는 공간, 자신의 존재에 의해서 부재와 혼란에 바쳐진 공간과는 정반대로 놀라우리만큼 현재적이며 동질의 일관성을 표방하는 공간 속에서 증언하고자 하는 생각이 떠오를 수 있지 않았을까? "배경" 위에 이런 형상을 고립시킴으로써 그것을 두드러져 보이게 하려는 배려에서. 보다 정확히 말해 가시계의 근거가 되는 이원성을 복구함으로써 가시계가 만들어낸 형상들을 – 상상적인, 하지만 시각에는 동일한 마법적인 명백함이 부여될 형상들을 – 인간에 의해 재 정의된 공간 속에 나타나게 하는 것에 관련되었던 것은 아닌가? 인간에 의해 재 정의된 공간 속에서 이런 형상들은 더 이상 빛에 열리는 카오스의 불분명한 법칙에 의해서가 아니라 정신의 새롭고도 확고한 계획에 의해서 결합될 것이다.

선사시대 회화들의 선이나 그림으로 표현된 모티프와 결합된 손자국들이 이런 가정을 너무도 빈번히 신빙성 있게 만드는 것 같다. 사실 이런 손자국들이 두드러지게 하는 것은 아주 특별한 사물이다. 인간은 단지 인간의 도구와 존속뿐만 아니라 현실을 상징적 세계로 변화시킨 사실로 인해 현실의 궁극적인 정복을 이런 특별한 사물에 빚지고 있다. 바로 인간의 손이 창조한 형상의 무리들 한가운데 인간의 손의 존재는 – 의례적인 가치가 어떤 것이든 간에 인간의 손은 의례적인 가치와 별개의 지위를 부여받고 존재할 수 있었다 – 사회적 사고의 새로운 형태의 출현을 증명한다. 하지만 그것은 이런 사고가 그것을 받아들인 사회들 속에서 불러일으킨 경이감 또한 증명한다.

왜냐하면 창조하는 손에 바쳐진 이런 경의 역시 창조적인데, 아마도 우선 손은 동굴의 내벽 위에 – 그리고 동굴의 내벽을 통해서 – 이제 막 이미지를 발명했기 때문이다. 손자국은 우리로 하여금 창조하는 손을 그것과 가까운 형상들과 동일한 암시적 도식에 따라 보도록 한다. 하지만 그 결과 그것 역시 자발적으로 형상들에 비해서 뒤로 물러나 있는 – 혹은 회화의 언어를 사용한다면 **칠하지 않고 남겨진** – 것처럼 보인다. 세상의 모든 형상화할 수 있거나 상징적인 사물들 중에서 손만이 돌과 접촉할 수 있는 특권을 수혜 받았고, 이 돌로부터 인간의 손바닥으로 유일한 힘이 전해졌다는 사실을 이해해야만 했던 것처럼. 선사시대 미술에서 중계의 효과 혹은 이미지의 그 기원들로의 귀환이라는 효과에 의해서 우리는 이렇게 돌에 바치는 헌정의 다른 형태들과 마주친다. 그것은 형상화의 소재들을 그들의 손이 미치는 바탕이라는 우연한 사건들이 미리 그들에게 연상시키는 것들에 맞추고자 하는, 선사시대 화가들이 보여주는 지속적인 관심이다. 각자는 이런 저런 방식으로 돌 자체에 내재적인 것으로 드러날 모든 표현의 표시를 자신의 작품에 일체화하려는 태도를 고집스레 보여준다.

선사시대 화가들에 의해 활용됨과 동시에 찬양된 이 바탕은 모든 이미지들의 바탕이다. 시간이 지남에 따라 그리고 한 문화에서 다른 문화로의 이동에 따라 바탕이 겪게 될 변화들이 바탕을 해석하는 방식에 중요한 변화를 야기했지만, 그 정의를 변화시키는 일은 결코 없을 것이다. 그 정의는 시각적으로 의미심장한 조화로움 속에서 형상들을 결합하도록 허용하는, 그리고 가시계와 비가시계 사이에서 **스크린**의 역할을 하는 표면에 대한 정의로 머무를 것인데, 두 가지 관점에서 그 정의는 두 세계의 경계이자 사진판을 이룬다. 인간 사회는 바탕을 창조함으로써 자신에게 유리하도록 이 세계의 단절을 실현할 가능성을 부여받게 되었다. 인간 사회는 사물들의 감각적 발견을 통해서 일상적으로 그것을 경험했지만, 인간 사회가 싹트기 시작하는 공동체의 열망에 부응하고 또 이런 경험이 구성하기 시작한 문화적인 세계에 합류하기 위해서는 방법을 재발견해야 했다.

스크린에 대한 사유는 그래픽적 상징주의의 발명에 앞섰는데, 후자를 가능하게 한 것이 바로 전자였기 때문이다. 그렇지만 스크린에 대한 사유는 그 범주가 구어의 범주와 완전히 무관한 한에서 그래픽적 상징주의와는 아주 근본적으로 구별된다.[1)] 사실 우리는 인간의 의사소통이 양극단으로부터 구성된다는 사실을 받아들여야 한다. 하나는 사회의 한 그룹에, 그 결합에, 그 역사에 고유한 내적 교류라는 극인데, 그 가장 중요한 매개물은 언어이다. 다른 하나는 동일한 이 그룹의 "저 너머의 세계"와의 교류인데, 동일한 언어로 말하지 않는 인접한 사회 혹은 그들이 지배하는 백성들의 전지전능한 관찰자이지만 그 의도가 말로 표현되지 않는 신들의 세계와 더한층 관련된다. 몇몇 표면-증인들surfaces-témoins이라는 간접적인 수단을 통해서 구체적이고 지속적인 방식으로 표현될 수단을 받아들임으로 해서 이미지는 이런 구조 속에 근본적인 변화를 가져왔다. 예전에 저 너머 세계와 인간들의 의사소통은, 구전 사회에서 여전히 그렇듯이, 원주민들이 이미지의 원천에는 "꿈의 시간"이 존재한다고 말하는 임의적이고 개인적인 환각에 의해서 표현되었다. 그런데 거기에서 보이지 않는 세계에 대한 계시와 표면-증인들에게 보내진 메시지는 항상 신들의 어두운 시선뿐만 아니라 그것들을 읽도록 위임되었을 그룹의 구성원들 혹은 아마도 그룹 모두가 이해할 수 있을 것이다.

에크리튀르의 발명을 이끈 것이 바로 이 신성한 읽기인데, 에크리튀르는 하나의 인간 사회에 존재하는, 애초에 인간의 세계와 신의 세계라는 이질적인 두 세계 사이의 관계를 확립하도록 하기 위한 의사소통 방법을 조정해내고자 하는 생각이 미쳤을 때 나타났다. 그리고 그 이후에 예지력은 구어의 체계를 수용하고 변화시킬 수 있기 위해 상당히 복잡한 기호의 체계를 갖추게 되었다. 신성한 읽기는 5천 년 전에 구상된, 최초의 쓰여진 기호인 표의문자가 왜 거의 동시에 그것을 창조한 3개의 문명 – 메소포타미아, 이집트 그리고 중국 – 에서 **표어문자**票語文字, **표음문자** 혹은 **표의문자의 의미 한정부**(혹은 한자의 체계에서 **부수**) 등 그 기능들의 잠재적인 가변성으로 특징지어 지는지, 독자가 마주하는 문맥으로부터 독자에게 맡겨진 메시지를 이해하기 위해서 그 기능들 중 어떤 것을 명심해야하는지 결정하도록 허용하는 기호가 기록되는 바탕의 실험으로 특징지어지는지 이해하도록 해준다.[2)]

하지만 이 역사에서 아직도 제2의 변화가 야기되어야 하는데, 이번에는 희생자의 이미지를 가지게 될 것이다. 표의문자에서 그리스 알파벳에 이르는 동안 쓰여진 것의 가독성은 그 의미론적 자질을 상실했고, 사회적 자질의 상실은 더 심했다. 단어의 여러 기능을 가진 이미지는 "문자"의 음운론적이고 추상적인 이미지로, 쓰여진 것의 초월적이고 다언어적인plurilinguistique 개념은 세속적인, 그리고 직접적으로 집단적인 효율성으로 바뀌었다.

플라톤의 『공화국』 7권을 여는 동굴의 알레고리는 알파벳 문명을 특징짓는 매체적인 효능보다는 수많은 이미지의 거부를 단호하게 예시한다. 플라톤은 어린 시절부터 동굴 속에 사슬로 묶여 있는 사람들이라는 기이한 장면을 보여주는데, 그들이 마주하고 있는 동굴의 벽에 외부에 위치한 불에 의해 투영된 "모든 종류의 물건을 들고 있는 사람들 […] 그리고 돌로, 나무로, 모든 종류의 재료로 만들어진 인간과 동물들의 작은 입상들"의 그림자가 연이어 나타나는 동안 그들은 서로를 관찰할 수 없이 자신들의 앞만 바라보도록 강요되었다. 그것은 우리에게 이미지는 지식의 도구가 될 수 없음을 의미한다. 플라톤은 같은 텍스트의 조금 위에서 말한다. "나는 우선 그림자를, 두 번째로는 물이나 윤이 나고 반짝이는 불투명한 사물의 표면에 비친 모습과 유사한 모든 표현을 이미지라 부른다." 그리고 분명 현실이 구체적이건 이상적이건 간에 현실의 사물들을 표현하는 것에 관련된다면, 비록 다른 이유로 인해서임에도 불구하고, 이미지는 사물의 충실한 표현이 아니다. 이미지는 "표현하는" 것이 아니라 정확히 말해서 "**바꾸어 놓기**" 때문이다. 하지만 플라톤이 정의한 이미지, 더 정확히 말해 알레고리는 우리에게 이런 이미지가 의사소통 수단이 아니라는 사실도 이해시키고자 한다. 그런 기능은 독점적으로 말에 부여된 것이다. 플라톤은 그것을 두 가지 방법으로 암시한다. 동굴의 내벽을 시각적인 형태를 창조하는 곳이 아니라 - 거울의 표면이 그렇듯이 - 단순한 보관 장소로 만듦으로써, 그리고 그의 이야기를, 그것들 중 아무것도 빠뜨리지 않고, 총체적으로 주어진 상황의 구성요소들을 결합하도록 허용하는 것이 유일한 목표인 정보들로 보충함으로써 그렇게 한다. 그런데 그런 정보들은 엄격히 구두로 된 의사소통에 관련된다. 밖에서 연이어 지나가는 인물들을 표현하면서 그는 실제로 분명히 밝히고 있다. "당연히 이 짐꾼들 중에서 어떤 이들은 이야기를 하고, 어떤 이들은 침묵한다." 그리고 이번에는 목격자들을 떠올리면서 좀 더 나중에 계속한다. "… 만일 깊숙한 감옥 내벽에 소리가 울린다면 짐꾼들 중 하나가 말을 할 때마다 그들은 자신들 앞을 지나는 그림자와는 다른 사람이 말하는 것을 듣는다고 생각할 것인가?"[3)]

그것이 플라톤이 가지는 가시계에 대한 경시의 열쇠이다. 가시계를 통해서는 아무런 메시지도 전달될 수 없고, 창조될 수는 더더욱 없다. 플라톤에게 있어서 비가시계는 말이 없고 도달할 수 없는, 우리가 사는 세계를 보완하거나 위태롭게 할 다른 세계에 상응하는 것이 아니다. 반대로 다른 세계란 단지 인간이 신체의 눈으로가 아니라 영혼의 통찰력으로 "참된" 대상, 이데아를 구별하는 능력을 신장시키기만 한다면 전적으로 인간이 도달할 수 있는 곳이다. 플라톤이 생각한 천국은 언어라는 지고의 장소이다. 그곳에는 단어들이 살고 있다.

장-피에르 베르낭Jean-Pierre Vernant은 『예지력과 합리성*Divination et rationalité*』에서 그리스의 신들은 고대의 다른 제신들과 구별되었다고 강조했다. 왜냐하면 그들은 인간들의 언어를 사용했기 때문이다.[4)] "스크린", 신들과 인간들 사이의 교류를 보증해 준다고 간주된 메시지로서의 기호들로 구성된 매개의 장소라는 개념은 이렇게 설명된다. 다시 말해 그리스 문화에서는 큰 관심을 끌지 못한 개념이었다. 하지만 알파벳의 존재는 고대 그리스 사상 특유의 공간인 이런 불명확한 개념보다 분명 훨씬 결정적인 역할을 했다. 사실 애매함이 없지 않은 역할인데 이 체계는 부인되었으나 권위를 지니는 여전히 막연한 혈연관계가 결합된 분신인 이집트 상형문자 체계를 발생시켰기 때문이다.

플라톤에 의하면 사실 알파벳은 두 가지 방식으로 정의될 수 있다. 문자는 **변별적**인 단위이다. 그것은 언어의 한 소리를 분리해 다루도록 해준다. 하지만 그것은 또한 **모방적**이다. 문자는 그것이 가리키는 소리를 상징한다. 문자가 회화와 공유하는 것은 이 두 번째 특징인데, 알파벳 문자의 자랑거리인 이 특징은 결과적으로 비판의 대상이 된다. 그런데 이 정의들 중 첫 번째 정의가 알파벳의 원칙에 부합하는 만큼이나 두 번째 정의는 알파벳의 원칙에 생소하다. 아마도 그것은 구어적 메시지를 구성하는 각각의 소리들을 한 글자 한 글자 면밀히 조사해서 옮겨 적는, 알파벳이 과하는 필요성에 의해서 플라톤에게 암시되었을 수 있다. 하지만 목소리와 기호의 선형성이라는 우연한 대응은 전혀 모방이 아니다. 그렇다면 대체 왜 반대되는 것을 명확히 하기 위해서 이미지라는 우회적인 수단을 거치고자 하는 필요를 느낀 것일까? 어떤 중계자가 이런 이미지를 보증해야 했는가? 이런 이미지는 쓰여진 것의 덧없음을 공고히 하도록 했다. 해답은 『페드라*Phèdre*』에서 주어지는데, 이 작품에서 이집트의 신인 토트는 상형문자 체계와 알파벳 체계를 구분하는 근본적인 차이점을 드러내지 않고 "에크리튀르"를 발명한 신으로 표현된다.[5] 순진함? 술수? 무지함? 어쨌든 상형문자의 조형적 특징이 에크리튀르의 독특한 미덕으로부터 모방적인 덧없음에 이르는 플라톤의 추론의 변화를 설명하는 것은 분명하다. 그리고 그가 행한 근본적으로 서로 대립되는 두 체계간의 혼합은 우리로 하여금 – 알파벳에서건 상형문자에서건 간에 – 그의 에크리튀르에 대한 몰이해와 동시에 회화에 대한 몰이해를 이해하도록 한다. 하나는 다른 하나로부터 연역되기 때문이다. 실제로 사람들은 그렇게 생각한다. 상형문자가 조형적인 기호라고 해서 "의성적"이라고 단언할 수 있는가? 분명 상형문자는 이집트 사람들의 일상적 삶의 요소들을 표현한다. 그렇지만 그것이 기록한 도상기호는 전혀 사실적이지 않은 코드화를 따른다. 이집트 사람들은 엄밀한 의미에서의 에크리튀르의 기호들을 특별한 규범이 그들에게 불러일으킨 형상들과 곧바로 구분했다. 그런 형상들 중 최초의 것은 그것이 – 말하자면 "모방"이라는 모든 우발적인 과정과의 단절이라는 대단한 위업에 의해서 – "표현하는" 현실이 어떤 것이건 간에 동일한 크기의 구성단위 속에 각각의 기호를 표시하는 것이었다.

사실 상형문자에서 기호들의 조형적 성격보다 더 결정적인 역할을 하는 것은 그 배열을 조정하는 놀랍도록 복잡하고 정묘한 공간 체계이다. 그것은 돌로 만들어졌는가 혹은 파피루스로 만들어졌는가에 따르는, 바탕에 의해서 암시된 텍스트의 공식적이거나 내밀한 내포connotation[6] 즉 가늠하기calibrage이며, 그에 더해서 발화행위의 형식적인 표시라는 기능을 가진 기호들의 변화하는 진로, 이런 기호들을 서로 분리시키고 사원이나 무덤의 통로까지 점유할 수 있는 거리와 연관된 의미론적인 유희이다. 게다가 상형문자는 상형문자에 기초한 다른 체계들과 이런 특성을 공유하기 때문에 더 본질적인 방식으로 이런 에크리튀르는 시각에 의존하는 독자의 이해력을 담화의 실현에 기여하도록 하며, 인접한 가치에 의해 각각의 기호 – 단어 혹은 음소phonème – 의 가치를 완성하고 명백히 하는 문맥을 산정하는 주도권을 부여한다. 알파벳의 음성학적인 배열이 우리에게서 앗아간 것은, 혹은 더 정확히 말해 우리의 주의를 다른 곳으로 이끈 것은 독서의 이런 근본적인 자유이다. 왜냐하면 소크라테스가 『페트라』에서 쓰여진 것으로 구성된 담화를 조롱할 수 있기 때문인데, 이런 담화에서 연설가가 자신의 텍스트의 "배열"을 조직화하는데 쏟는 정성은 텍스트의 "발명"을 능가한다.[7] 나중에 쿠인틸리안Quintilien은 이런 직관에 의해 기억의 예술의 화학적 규칙들을 원문을 페이지 단위로 조판하는 추상적이고 거의 기하학적인 규칙들로 바꿀 생각을 갖기에 이르게 될 것이다. 그것은 알파벳 문화를 벗어났음에도 불구하고 알파벳의 가독성을 위해서는 필요불가결한

채로 남아있었던 이런 공간을 알파벳 문화가 되찾을 수 있는 드문 방법들 중 하나이다.[8)]

> 고대에 복희伏羲 황제가 세상을 다스렸다. 그는 눈을 들어 하늘에 있는 형상들을 주시했고, 눈을 내려 땅에 있는 현상들을 주시했다. 그는 새들과 동물들의 몸에서 눈에 띄는 표시(**문자**)와 땅이 제공한 유리한 자질을 주시했다. [⋯] 그때 그는 무한한 생산성과 연관되도록 하기 위해 팔괘八卦[9)]를 창조하기 시작했다.[10)]

사물들의 질서의 근원에는 쓰여진 기호인 **문자**文, wen가 존재한다. 3개의 표의문자 문명 중에서 에크리튀르와 중요한 철학적 선택을 직접적으로 결합한 것은 중국이 유일하다. 이 문명에서 외형의 표면은 인간과 세계와의 최초의 교류 장소로 남아 있었고, 기호의 형이상학적인 미덕은 말에 결부되어 있지 않았다. 그것은 관조의 행위에 결합되어 있었다. 12세기 심괄沈括[11)]이 『몽계필담夢溪筆談』에서 이야기하는 풍경화에 대한 조언보다 동굴의 우화와 더 상반되는 어떤 텍스트도 존재하지 않는다.

> 당신은 우선 허물어진 담을 찾아서 이 담 위에 정성스럽게 백색의 비단 한 폭을 펼쳐야 할 겁니다. 그리고 붕괴된 담에 기대고는 밤낮으로 그것을 주시하십시오. 비단을 통해서 충분히 오랫동안 벽을 주시했을 때 당신은 허물어진 담 위에서 돌기된 부분과 평평한 부분을 보게 될 것인데, 그 꾸불꾸불한 선들은 완벽하게 풍경의 데생을 만들어낼 겁니다. 당신의 눈이 감지한 이미지들을 머릿속에 잘 간직하십시오. 그러면 돌기된 부분은 산이 되고, 바닥은 물이, 움푹 팬 곳은 계곡이, 비단결은 물길이 될 겁니다. 밝은 부분들은 근경을 구성하고, 어두운 부분들은 원경을 구성할 겁니다. 사물을 포착하는 정신의 능력과 그것들을 새로 만들어내고자 하는 생각 덕분에 당신은 거기에서 사람들과 동물들, 풀과 나무들, 날아다니고 움직이는 피조물들이 왔다 갔다 하는 것을 본다고 믿게 될 겁니다. [이 광경이] 당신의 시선에 강한 인상을 줄 것이고, 당신은 당신의 생각대로 붓을 좌지우지할 겁니다. 그때 관조의 침묵 속에서, 정신적 일체감의 상태에서 풍

경은 자연이 만들어낸 것과 같은 자발적인 진실함으로 당신에게 나타나게 될 겁니다. 인간의 손길을 연상시키는 것은 아무 것도 없을 겁니다. 살아있는 회화라 부르는 것이 바로 그것입니다.[12]

중국 사상에서 그림을 그린다는 것은 대상을 표현하는 것이 아니다. 그것은 기호의 근원에 있는 외형을 재발견하고, 분명 세상의 암호를 드러내는 접촉을 은밀하게 다시 회복하는 것이다. 그림을 그린다는 것은 살아있는 존재를 창조하는 것이다. 형상을 구체화하거나 어떤 비현실적인 결합의 덕분으로 순수미美를 표현할 줄 알게 될 것이기 때문이 아니라 자신의 시선으로부터 강력하고 은밀한 방식으로 잉크와 손이 같이 하는 이런 행위에 이르기까지 화가가 비단이나 종이의 표면에 근본이 되는 백색을 다시 한 번 나타나게 할 수 있는 독특한 제스처 - 석도石濤, Shiato는[13] **붓의 독특한 특성**이라고 말한다 - 에 새로운 가치를 부여하는데 도달하게 될 것이기 때문이다.[14] 동굴의 우화가 그런 것처럼 에크리튀르에 관련되는 개념인데, 통찰력 있는 지식의 평온함 속에서 동굴의 우화와는 아주 다른 방식으로 그렇다. 왜냐하면 여기서 의미는, 곧바로, 완전히 현존하고 접근 가능하기 때문이다. 담이라는 형이상학적인 바탕으로부터 비단이라는 바탕에 이르기까지 인간의 지능은 자신에게 고유한 영역 위로 예언가들에 의해 창시된 의사소통의 교훈을 이어지게 할 뿐이다.

에크리튀르를 나누면서, 표의문자에 의해 맺어진 소리와 의미의 관계를 끊으면서 알파벳은 이런 지혜로의 접근을 스스로 금했다. 플라톤의 기하학 자체가, 만일 그것이 지혜에 도달한다면, 반올림하여 어림잡아 지혜를 알 수밖에 없다. 알파벳 문명은 언어능력을 가진 인류에 고유한 자기도취적 규범이 한정하는 제스처의 사용을 강요받고, 인류가 부족의 단어들의 철자를 더듬거리며 말해야 했던 것처럼 하나하나 그 형상의 윤곽을 잡도록 강요받았다. 알파벳 문명은 회화가 풍경과 어떠한 관계를 갖는다거나 회화가 풍경 속에서 실현된다고는 거의 받아들일 수 없었다. 담 위에 인류가 먼저 나타나게 하도록 선택한 것은 연인의 출발에 불안해진 약혼녀가 조각한 어렴풋한 그림자인 젊은 남

자의 옆모습이었다.15)

우리가 아는 것처럼 디부타데Dibutade의 전설은 르네상스로부터 19세기에 이르기까지 상당히 확산되었다. 그렇지만 그것이 서양에서 전해진 유일한 것은 아니다. 기독교 문화가 두 번째 전설을 생겨나게 했다. 두 번째 전설 역시 초상화에 관련되지만, 그래픽적인 계승이 아니라 접촉에 의해서 얻어진 것이다. 이런 전설의 여러 변이형은 중세에도 계승되었고, 그것들 중 가장 오랜 것은 비잔틴에서 왔으며, 가장 최근의 것은 성 프란체스코회의 것이다. 하지만 거기에서 표현된 얼굴은 언제나 동일하게 예수님의 얼굴이며, 이야기는 거의 같다. 신앙심이 깊은 남자 혹은 경건한 여자가 예수님에게 린넨 천을 내놓는데, 예수님은 거기에 자신의 얼굴 자국을 남긴다. "인간의 손으로 만들어진 것이 아닌" 이 성상은 특히 종교적인 이유들로 인해 명성을 얻었다. 그렇지만 그것은 중국의 사회-문화적인 환경과는 아주 다른 사회-문화적인 환경에서 그리스 고전기 이전에 사람들이 가졌던 확신의 재출현 역시 증언한다. 그런 확신에 의하면 어떤 이미지의 바탕은 내재적이고 신적인 힘인 비가시적인 세계가 인간들의 직접적인 현재에 이르도록 허용한다.

새로운 합리성을 모두 쏟아 부어 회화의 가치에 맞섰음에도 불구하고 알파벳 문명은 회화를 파괴하는데 이르지 못했다. 그 원칙들을 재발견하기 위해서는 문자를 잊게 만들 수 있었던 것으로 - 혹은 더 정직하게 말한다면 그것에 무관심한 것으로 - 충분했다. 이 문제는 확실한데, 그들의 예술은 무엇보다도 **표면**의 문제이기 때문이다. 모든 화가들은 사실상 그것을 인정했으며 고대 그리스 로마의 화가들에게도 사정은 마찬가지였다. 유명한 대결이 그것을 증명하는데 이 대결 역시 플리니우스Pline가 전하고 있다. 그 대결에서는 제우크시스Zeuxis가 파라시오스Parrhasios와 대립한다. 우리는 그 대결에서 제우크시스가 포도를 그려 새들을 속인다면, 파라시오스는 자기 차례가 되었을 때 아주 독특한 방식으로 제우크시스를 속였음을 너무도 자주 잊어버린다. 파라시오스가 정말이지 너무 정확하게 천을 그렸기 때문에 경쟁자인 제우크시스는 파라시오스가 감추어둔 것으로 생각된 그림을 주시하기 위해서 천을 들추기를 요구한다. 이야기의 결말 또한 아주 교훈적이다. 자신의 잘못을 이해한 제우크시스는 예술가로서 자신의 작품보다 우수한 것으로 판단한 작품 앞에 곧 무릎을 꿇는다.[16)]

하지만 서양 미술의 역사에서 커튼, 천, 벽지의 표현의 역할이 순전히 장식적이라는 생각은 잘못일 것이다. 사실 그것은 "지표indicateurs"[17)]의 기능을 하는 인물들의 역할에 필적할만하다. 카르파치오Carpaccio의 몇몇 그림 - 예를 들어 ≪브르타뉴 왕의 궁전에 영국 대사들의 도착*Arrivée des ambassadeurs anglais à la cour du roi de Bretagne*≫에서의 인물들처럼. 그 의미를 이해하기 위해서 문학적이거나 역사적인 기억에 호소하도록 이끌면서 그런 인물들은 자신들을 명백하게 작품의 뒤쪽에 위치시키는 제스처에 의해서 관람객들에게 이미지의 기술적 의도에 관해 알려준다. 커튼은 반대 기능을 갖는다. 커튼은 **그 자체로서 이미지의 지표**이며, 자신 속에 이미지의 본질과 특성을 집결시키고 이미지를 이끈다. 그것은 관람객이 그림 속으로 안내되고자 하는 순간부터 관람객의 시선 아래서 행해지는 가시계의 변모에 주의해야 한다는 사실을 관람객에게 이야기한다.

알파벳 문명이 기호의 분석에 부여한 특별한 관심은 아마도 이런 표시의 출현과 전파를 용이하게 했다. 하지만 그런 관심 또한 그 기능을 단순한 부속품으로 한정시킬 수 있을 뿐이었다. 그렇지만 우리는 라벤나Ravenne[18)]의 모자이크에서 지오토Gioto의 프레스코화에 이르기까지 커튼의 주제가 조금씩 그런 용도에서 벗어나서 그 말의 가장 강한 의미로 성상의 주제가 되는 것을 알게 된다. 그것은 이미지의 요소임과 동시에 성상의 주된 상징으로 나타나기 때문이다. 우선 그것은 간략하게 암시되어 아씨시Assise의 프레스코화에서 실물로 착각할 만큼 사실적으로 그려진, 자신의 전설로 이르는 길을 우리에게 열어주는 것처럼 보이는 극장의 커튼처럼 대성당의 측랑을 따라서 길게 드리워져 있는 넓은 천이다. 그것은 빠끔히 벌어진 틈으로 한 인물이 나타나도록 허용하기 위해서 반쯤 열려 있거나, 다른 인물이 직접적으로 우리 세계의 성격을 지닌다는 환상을 주도록 옥좌나 침대 뒤에 걸려있다. 그리고 이미 몇몇 화판에서 천인 동시에 색채이며, 허구인 동시에 현실인, 공간의 순수한 기록인, 중심이 되는 대상의 가치는 모든 조형에 관한 성찰에 근거를 제공해야 하는 가치인 것처럼 인정받기 시작한다.[19] 드가의 유화와 파스텔화에서 햇살처럼 펼쳐진 넓은 목욕 타월과 무희들의 발레용 스커트가, 추상화의 단일 색조나 에드워드 호퍼Edward Hopper의 석양이 비추는 수수께끼 같은 커튼이 나중에 아주 다른 문맥에서 그 교훈을 쇄신할 것이다. 그것들은 망각되거나 불가능한 꿈의 빛나는 물질처럼, 동시에 우리에게 그것의 불가피한 필연성이기도 할 **기원의 비어있음**vacuité d'origine이라는 기이한 인상을 주면서 무익하고 강력하게 존재한다.

회화에서 커튼이나 천이라는 모티브를 그토록 필수불가결하게 만드는 것은 그것이 극단적이면서 동시에 미니멀한 방식으로 스크린이라는 관념이 근거하는 실재와 다른 곳, 가시적인 세계와 비가시적인 세계의 – 왜냐하면 항상 같이 존재하기 때문에 – 마법적인 이원성을 표현하기 때문이다. 서양 회화에서 풍경은 이 모티브로 인해 거기에 포함된 불안한 망설임이라는 틈에 의해서 나타났다. 아마도 서술narration 중간에 명백히 불법침입 함으로써, 그리고 서구 회화의 전통이 우리에게 과하는 이런 형상들에 대한 종합적인 평가의 공공연한 단절에 의해서 사실 이런 다른 형태의 피안의 세계의 존재를 정당화할 필요가 있었다. 우선 우리의 풍경에는 이미지 그 자체 속에, 저곳이 마침내 이미지 전체를 지배하기 전에, 소설적이고 연속성 없는 이곳과 회화에 고유한 저곳 사이의 경계의 구체적인 증거로서 창문이 필요할 것이다.

하지만 서양에서 풍경은, 그것이 공간 그 자체라 하더라도, 우리 문명이 인지한 모든 것을 부여한 **물체**objet라는 조건을 완전히 벗어날 수는 없었다.[20] 네덜란드의 미학은 회화의 범주와 정물의 범주를 진정으로 구분하지 않았다. 자연의 재현은, 직감에 의해서건 계산에 의해서건 – 조르조네Giorgione가 ≪폭풍우*Tempête*≫에서 그랬듯이 – 몇몇 화가들이 유지하고자 한 이런 공백들 속에서 자신의 신비를 간직하는데 이르렀을 뿐이었다. 푸생Poussin, 위베르 로베르Hubert Robert, 프리드리히Fridrich의 풍경들은 그것들의 감정적 효력을 악타이온,

오리온, 폐허가 된 로마에 관한 가상의 이야기, 고독한 수도승의 명상에 빗지 고 있다. 중국 화가들의 담채화는 이렇게 자연 속에서 영혼의 공식적인 중계 지점을 정해야 하는 전략적인 필연성을 알지 못할 것이다. 그들에게는 눈에 띄지 않는 공모로 충분했다.

하지만 아마도 서양 미술에서 이미지의 궁극적인 발견은 서양 미술에는 낯선, 외형에 대한 철학에 의해서가 아니라 손과 시선에 의해서 암시될 다른 곳에서 기인했을 뿐이었다. 그토록 오랫동안 알파벳을 감춰둔 흰색의 페이지라는 소리 없는 공간 속에서 말라르메가 에크리튀르를 다시 발견한 것은 이렇게 해서이다.[21] 수채화도 비슷한 역할을 했다. 고전 회화의 밑그림과 글라시[22]는 이런 기법에 호소했거나 상당히 지속적인 방식으로 거기에서 영감을 얻었다. 하지만 이런 미술이 완전한 회화적 정당성을 획득할 수 있기 위해서는 보들레르를 경탄케 했던 영국의 하늘을 매개로 한 구름과 손의, 공기와 물의 우연한 일치가 필요했을 것이다. 그리고 아마도 검은 윤곽선들에 의해서 명확해진 형태들의 화가인 세잔이 만년에 화가의 임무로 삼았던 이런 "순수함"을 발견한 것은 수채화 속에서 혹은 고향 산의 돌을 그대로 잘라 그림을 만들어내면서다. 이런 사물이 일단 햇빛에 드러나면 우리는 살과 옷이 직접 종이에 흡수된 것 같은 실루엣만을 식별할 수 있을 뿐이다. 공간 본래의 백색은 자연스러우면서도 필연적인 방식으로 목욕하는 여인들의 속옷가지로 바뀌고 추상적인 사색과 너무 흡사한 로브의 정원jardin des Lauves[23]의 몇몇 풍경이 보여주듯이 말로 표현되지 않는 **장소**lieu의 표의문자를 색들의 뒤얽힘 속에서 해방시킨다.

---

1) 이 주제에 관해서는 다음을 볼 것. *L'image écrite ou la déraison graphique*, *op.cit.*, 특히 p. 5-20.

2) *L'image écrite ou la déraison graphique*, *op.cit.*, p. 32-58 볼 것.

3) *Ibid.*, p. 273-274.

4) Jean-Pierre Vernant, ≪Parole et signes muets≫, *Divination et rationalité*, Paris, Seuil, 1974, p. 9-25.

5) Platon, *Phèdre* 274d-275c, trad.fr. Chambry, Paris, GF-Flammarion, 1964, p. 165.
6) 말의 명시적 의미에 대하여 감정적 · 사회적 · 문화적 의미를 내포하는 암시적 의미. (역주)
7) *Ibid.*, 235 e, p. 112.
8) ≪백색 기억≫, p. 141-165 참고할 것.
9) 역易을 구성하는 64괘의 기본이 되는 8개의 도형을 의미한다. (역주)
10) *Zhouyi*, *Xici*, II § 2, cité par F. Jullien, ≪A l'origine de la notion chinoise de littérature≫ *Extrême-Orient-Extrême-Occident 3*, 1983, p. 48.
11) 심괄(1031-1095). 중국 북송의 학자이자 정치가. (역주)
12) Nicole Vandier-Nicolas, *Esthétique et peinture de paysage en Chine*, Paris, Klincksieck, 1982, p 126-127에서 인용됨.
13) 중국 명말 청초의 화승畫僧. (역주)
14) Shitao, *Les propos sur la peinture du moine Citrouille-amère*, trad. fr. P. Ryckmans, Paris, Hermann, 1984 볼 것.
15) Pline, *Histoire naturelle*, livre XXXV, 151, trad. fr. par J.-M. Croisille, Paris, Les Belles Lettres, 1985, p. 101.
16) Pline, *Histoire naturelle*, *op.cit.*, livre XXXV, 65-66, p. 65.
17) ≪회화와 서술≫, p. 77-93 볼 것.
18) 이탈리아 북부 에밀리아-로마니아 지방의 도시. (역주)
19) ≪회화와 서술≫, p. 77-93 볼 것.
20) 르네상스 시대에 원근법은 "건축과 분리되는 것을 받아들이지 않았다"는 사실을 지적하면서 Hubert Damisch가 보여주는 것이 그것이다. *L'Origine de la perspective*, Paris, Flammarion, 1987, p. 247.
21) ≪이미지에서 텍스트로 : 『주사위 던지기』의 경험≫, p. 167-189 볼 것.
22) 밑그림이 마른 뒤 투명 물감을 엷게 칠하여 화면에 윤기와 깊이를 주는 유화기법. (역주)
23) 1906년에 그려진 세잔의 그림. (역주)

02

기호에서 흔적까지, 에크리튀르의 도상적 탄생

중국 고대 신화에 따르면 복희 황제가 눈을 들어올려 "하늘에 있는 형상들을 주시했고, 눈을 내려 […] 땅에 있는 현상들을" 주시한 후에 에크리튀르를 발명했다고 한다. 최근 50년간 서양의 이론가들은 그것을 다른 신화로 대체했다. 그 또한 에크리튀르의 탄생을 가져올 "본원적인 관찰"이라는 가정, 즉 엄밀한 의미에서의 **에크리튀르**와 비교해 **읽기**lecture에 인정된 논리적이고 연대기적인 선행성에 근거한다. 하지만 이런 근본적인 관찰의 바탕은 복희 황제가 영감을 받은 바탕과는 뚜렷이 다르고, 관찰 자체가 동일한 성격을 갖지 않는 역사적인 (혹은 역사적이라고 추정된) 문맥 안에 위치한다.

50년대에 이 신화를 환기한 최초의 사람은 제임스 페브리에James Février였다. 그는 『에크리튀르의 역사*Histoire de l'écriture*』에서 쓴다.

> 아마도 우리는 후기구석기 시대에 […] 눈 위에 찍힌 족적이 할 수 있었던 역할에 충분히 주목하지 않았다. 그런데 만일 우리가 이런 상투적 표현의 사용을

감행한다면, 눈이라는 카펫은 모든 존재가 다른 존재와 구별되게 하는 자신의 표시를 그 위에 남기지 않으면 안 되는 "자연이라는 책"이다. 후기구석기 시대 마그달레니아기期의 사냥꾼들은 이렇게 수백 개의 족적을 알고 있었고, 각각의 족적은 그들의 마음속에서 한 종류의 동물에, 이웃 부족 등에 연결되어 있었다. 그러므로 우리는 그들이 쓰기 전에 읽을 줄 알았다고 말할 수 있다.[1]

1980년 카를로 긴즈부르그Carlo Ginzburg는 「기호들, 흔적들, 발자취들」에서 동일한 분석을 한다.

수 천년동안 인간은 사냥꾼이었다. 셀 수 없을 정도로 많은 사냥의 도중에 인간은 진흙 속에 남겨진 족적으로부터 보이지 않는 사냥감들의 형태와 이동을 재구성하는 법을 배웠다 [⋯]. 동물들의 흔적을 "해독하거나" "읽어내는" 것은 은유이다. 그렇지만 우리는 아주 오랜 시간이 지난 후 에크리튀르를 발명하도록 이끈 역사적 과정의 언어적 응축처럼 아마도 은유를 글자 그대로 받아들이고자 했다.[2]

똑같이 "자연스럽기" 위해서 고대 중국의 학자, 역사학자들과 현대 서양의 기호학자들이 언급하는 발자국은 전혀 유사하지 않다. 페브리에와 긴즈부르그가 관심을 갖는 후기구석기 시대 마그달레니아기의 사냥꾼들은 눈이나 진흙 위에서 현장에 존재하지 않는 동물들의 족적을 관찰한다. 복희 황제는 동물들의 몸의 표면에서 항상 눈에 띄는 표시에 주의를 기울였다. 그의 흥미를 불러일으킨 것은 동물의 종種 그 자체 – 사냥꾼이 "자신의 일상생활을 보장하기 위한 [⋯] 절대적인 필요의 지배 아래"[3] 뒤쫓는 것 – 라기보다는 그것이 식별하도록 해준, 그리고 다른 표면들의 구조와 연결할 수 있도록 해준 자연의 다른 범주들에 속하는 시각적인 구조들이다. 이런 표면들 중에서 가장 귀중한 것은 눈이나 진흙의 표면이 아니라 모든 것들 중에서 가장 비물질적이고 가장 접근하기 어려운 것, 별이 빛나는 하늘이라는 공간이다.

이런 상반되는 분석 자체가 에크리튀르의 사회적 개념의 대립적 기능에 기초한다. 페브리에와 긴즈부르그에게 있어서 에크리튀르의 발명은 본질적으로 실용적인 인간 행동의 확실히 간접적이고 뒤늦은 결과이다. 페브리에에 따르면 "원시인"은 "자신의 사유를 단어를 통해 형상화하고, 에크리튀르로 단어를 적어놓고자 하는 실용적 관심에서 벗어나지 않았다. 그는 행동했고 그것으로 충분했다. **우선 살아남기**vivere primum."[4] 반대로 중국 사상에서 에크리튀르는 우선 의사소통의 수단이고, 그 원리는 중국어의 세계와 무관하듯이 인간 사회의 직접적인 물질적 이익과 무관하다. 에크리튀르가 인간사회와 관계를 맺도록 허용하는 것은 "작용하고 있는 무한한 효율l'Efficience infinie"과 함께이다. 차이점은 상당하다. "원시인"에 관한 제임스 페브리에의 사유는 사실 그가 우리에게 동시에 제안하는 "근대적 인간"에 대한 정의의 부정에 불과하다. 알파벳, 즉 언어의 음운론적인 분석에 근거하는 에크리튀르, 말에서 개념으로 직접적으로 이끄는 한에 있어서 페브리에가 "문명화된" 사고의 가장 성공적 형태로 간주하는 분석에 근거한 에크리튀르를 사용하는 유럽인에 관한 정의 말이다.

> 한 단어의 글자들을 차례차례 발음하면서 우리는 청각적인 언어의 측면을 다소 어림잡아 재구성한다. 그리고 이런 중개에 의해서 우리는 우선 그 단어 전체, 이어서 "개념" 그 자체를 재구성한다.[5]

긴스베르그의 관점은 덜 간략하지만 자기 나름대로 문자 언어보다 음성 언어를 중시한다. 만일 그가 선사시대의 사냥꾼들이 해독한 족적들 속에서 에크리튀르의 발명의 단초를 밝혀낸다고 생각한다면, 그는 그런 족적들로부터 그들이 좇는 사냥감이 속하는 종을 추론하는 것이 가능해지자 사냥꾼들이 그 이야기를 재구성했다고 확신하기 때문이다. 그러므로 에크리튀르의 기원에는 담화의 기원 역시 존재한다. 그것들의 모태는 동일한 것, 서술narration이었다. 긴스베르그는 쓴다. "사냥꾼은 '이야기를 한' 최초의 사람이었을 것이다. 그만이 사냥감들에 의해 남겨진 무언의 (혹은 지각되지 않는) 흔적들 속에서 긴밀히 연관된 일련의 사건들을 읽어낼 수 있었기 때문이다."[6)]

그런 단언은 혼합적 성격을 지닌다. 분명 구전사회는 그 사회가 한 세대에서 다른 세대로 전하는 전설적인 이야기들을 통해 언어와 언어 구조의 영속성을 보증한다. 하지만 동물이 남긴 족적에 대한 그 사회의 관심을 정당화하는 것이 필연적으로 발생론적인 관심은 아니다. "족적은 지나간 동물을 가리킨다."[7)] 긴스베르그는 같은 논문에서 쓴다. 그러므로 우리는 동물 자체에 보다는 동물이 **지나는 길**로 주의를 돌리기만 하면 이런 족적을 사냥꾼이 한 것과는 다른 방식으로 읽을 수 있다. 실제로 도곤족族의 경우가 그렇다. 도곤족의 예언의 방법들 중 하나는 밤중에 정해진 공간을 지나간 재칼의 족적을 관찰하는데 있다. 여기에서 중요한 것은 재칼이 아니라 재칼이 지나감으로써 땅바닥에 그려진 도식과 하룻밤 사이에 동일한 공간에서 이어질 수 있었던, 재칼이 지나간 모든 길에서 기인한 구조이다. 이 문화에서는 재칼이 모든 동물들 중 신성한 동물을 나타내기 때문이다.[8)]

그러므로 선택은 분명하다. 사람들은 혹은 흔적 속에서 그것을 만들어낸 개체에 관심을 갖던지 - 이런 흔적의 존재가 정의를 내리는데 기여했음에 틀림없는 "본원적 읽기"는 사실상 구전이라는 유일한 영역에 속하는 것으로 밝혀졌다. 그것은 그렇게 다수의 가능한 은유들이 되었다. - 혹은 흔적이 새겨진 바탕을 우선한다. 읽기가 개입하는 것은 오직 그때이다. 사실 읽기에 근거를 제공하는 것은 특별한 흔적의 식별, "형상"이 아니라 그것과 유사한 은유들과 함께 이런 흔적이 창조하는 망이다. 게다가 사냥꾼을 읽기의 선조로 간주하려는 결정은 그런 결정이 사냥꾼 자신의 경로와는 다른 모든 경로의 모델, 즉 언어 유형의 모델을 사전에 배제하도록 한다는 사실에서 기인한다. 긴즈베르그는 쓴다. "이 표시의 혹은 예언의 계열paradigme[9)] 뒤에서 우리는 아마도 어렴풋이 인류의 가장 오래된 지적 역사인 제스처를 본다. 사냥감의 발자국들을 탐색하기 위해 진흙 속에 웅크리고 있는 사냥꾼의 제스처를."[10)] 그런 태도와 발화행위énonciation의 **목표**visée와의 유사성은 명백하다.

에크리튀르의 발명자로서 사냥꾼 신화의 신빙성은 다시 한 번 다른 장애물과 부딪히게 되는데, 이번에는 역사적인 것이다. 에크리튀르는 사실상 정착해서 살아가는 농경문명에서 발생했다. 그런데 농경의 발명은 수렵과 채취를 하며 살아가는 사람들과는 아주 다른 지적 작용을 반영한다. 농부가 믿는 것은 항상 도망치는 사냥감들의 예측 불가능한 이동이 아니라 외쿠메네oekoumène[11]의 다양한 가능성에 대한 이론적 예측이다. 이런 예측은 하늘과 땅, 풍경의 공간과 계절의 순환이 결합된 역동성과 관련된 인내심 있는 조사에서 기인한다. 다른 한 편 농경의 발명이 예를 들어 먹거리의 필요성 같은 물질적인 필요성에 의해 유발된 것이 아니라는 사실은 분명하다. 자크 코뱅Jacques Cauvin은 다음과 같이 설명한다.

> 생리적 욕구라는 유일한 관점에서 농경의 탄생은 엉뚱하게 보일 수 있다. 현재의 인구과잉의 세계는 분명 수렵 덕분으로 살아남을 수는 없을 것이다. 그렇지만 11만 년 전에는 그렇지 않았다. 근동의 풍요로운 땅은 오랫동안 계속 더 거기에 적응할 수 있었다. […] 그러므로 우리는 대치하고 있는 영양과 사냥꾼들의 숫자 너머로 나투프문화[12]의 후손들이 그들 선조의 생존 방식에 만족하지 않은 데는 다른 이유들이 있을 수 있었고, 그런 이유들의 본질은 그저 문화적인 것이었을 수 있음을 받아들여야 한다.[13]

사실대로 말하자면 농경의 발명 자체는 이미 수 천 년이나 농경에 앞섰으며, 그 또한 특정한 표면의 방법론적인 활용에 근거했던 다른 "무상의" 창조를 연장시켰을 뿐이었다. 후자 역시 상징을 사용하는 새로운 사상 – 이미지라는 새로운 사상 – 의 출현에 수반되었을 뿐이었다. 제임스 페브리에는 추위로 위축된 사냥꾼들이 눈 속에서 읽는 법을 고생스럽게 배웠던 마그달레니아기가 동굴 벽에 그려진 그림이 복잡성과 놀라운 조형적 섬세함을 만들어낸 시대였음을 모르지 않았다. 그렇지만 그는 그 차이를 고려하지 않았고, 그것들에 동일한 목적을 부여했다. 그는 다음과 같이 쓴다.

> 구석기시대 인들이 동굴 속 거의 접근 불가능한 내벽에 조각을 하거나 그림

을 그린 것은 예술적 취향을 만족시키기 위해서라기보다는 마법적인 방식으로 만족할 만한 사냥을 위해서라는 사실은 널리 받아들여진다.[14]

선사학자들의 최근의 발견은 라스코의 동굴보다 더 이전의 동굴들에서 동물들의 표현과 상징적 화풍의 동시적 존재를 명백히 했다. 그리고 그것은 앙드레 르루아 구랑André Leroi-Gourhan의 가장 풍부한 직관을 공고히 했다. 그것에 따르면

> 엄격하게 말해서 몇몇 동물들의 경우에도 도구가 사용되고 있고 언어란 동물 세계에서 사용되는 기호보다 단지 우월한 위치를 차지하는 것일 뿐이라고 말할 수 있다 하더라도, 호모 사피엔스 초기에 이르기까지 상징을 그리고 해독하는 것에 견줄 만한 것은 전혀 존재하지 않았다.[15]

우리는 이런 사실들과 1964년에 출간된 분석을 몰랐다고 페브리에를 비난할 수 없다. 하지만 역사가가 특히 방어하고자 하는 생각은 동물의 표현과 사람들이 동물의 족적에 가지는 관심이 동일한 계획, 그 안에서 역사가가 에크리튀르의 기원을 보고자 했던 계획의 성격을 지닌다는 것이었다. 서론에서 마그달레니아기의 사냥꾼들이 "쓰기 전에 읽는 법을 알았다"고 알린 후에 그는 사실상 "그들은 이런 족적들을 **재현하는** 법도 알았다"[16]고 지적하면서 곧 이어간다.

그렇지만 페브리에는 그림이 등장하자마자 실용적이거나 유전적인 모든 합목적성에서 벗어난 지적인 태도를 증명한다는 것을 받아들이기를 거부하면서 그 자신도 당혹감을 감추지 못한다. "데생과 에크리튀르 사이의 경계는 너무 유동적이어서 사람들은 흔히 다음과 같이 감히 표명한다"[17]고 조금 뒤에서 그는 적는다. 이런 당혹감의 이유는 역사가가 **재현**에 대해 말할 때, 아마도 그가 조형 예술가들이 이해하는 대로의 "형상"이 아니라 라틴계의 알파벳 문자라는 에크리튀르의 체계에 부여하고자 한 중요성과 연관된 일종의 문화적 자율성을 언급했기 때문이다.

실제로 화가에게 있어 **재현한다**는 것은 무엇인가? 그것은 결코 **어떤 사물을 모사**하고자 하는 것이 될 수 없으며 그가 그 사물에 부여한다고 간주된 표현에 사실적이고, 상징적이거나 마법적이기까지 한 가치를 인정하는 것이다. 화가에게 있어 "재현하는 것"은 우선 재현해야 할 "사물"의 변별적 요소들, 즉 미리 짜인 도상적 프로그램에 상응할 수 있는 요소들을 표면 위에 옮겨놓는데 도달하는 것이다. 표면은 선사시대 유적의 동굴내벽의 경우처럼, 그리스 항아리의 곡선모양 측면부나 대성당의 궁륭처럼 반드시 균일하거나 직각일 수는 없지만 절대적으로 **연속되어있어야** 하고, 종교적이거나 문화적인 이유들로 인해 이런 재현의 바탕으로 선택되었어야 했다. 화가가 다양한 형태의 윤곽을 가질 수 있는 일정한 크기의 표면을 사용할 재량을 갖는다는 사실은 필연적으로 화가의 계획이라는 성격도 지닌다. 알베르티가 권하는, 표면을 "창문"으로 변화시키기 위해서 "색칠을 해야 하는 표면 위에" 그리는 장방형이 이 창문에 의해 "역사"를 발견하게끔 하려는 그의 염원보다 그가 주창한 그림의 미학을 덜 드러내는 것은 아니다.[18] 그런 선택은 이미지라는 바탕에서 모든 물질matière을 제거하고자 하는 이론가의 욕망을 드러낸다. 하지만 그런 선택 역시 그것이 이런 이미지에 부여하고자한 구성composition의 유형에 속한다. 이 경우 그것은 중심적 조망 지점으로부터 시각적으로 조직된 선형의 구조이며, 서술적 기능에서 독립적이다. 재현된 모든 형상은 설령 그 형상이 단 하나밖에 없는 것이라 하더라도 표면 위에서 곧바로 일관성 있을 수도 있고 그렇지 않을 수도 있는 전체에 통합되어 존재한다. 거기에 부수적으로 바탕이라는 명백한 구성요소와 그것이 존재하는 공간의 물질matière, 색깔, 선, 공백과 가득 참 등과 같은 시각적인 다른 특징들이 작용한다.

그러므로 이미지의 바탕은 어떤 "사물"을 "재현하거나" "재현하도록 만드는" 예술가나 후원자의 결심을 부추긴 의도를 최초로 드러내는 동시에 그림을 그리기 시작하기 이전에도 화가가 순응하는 구속의 영역이다. 화가는 자신의 작품을 완성시켜 나가는 내내 그것을 고려해야 할 것이다. 마지막으로 바탕은 화가가 개인적으로 선택하게 될 모티브들을 서로 결합함으로써 자신의 창조적 상상력이 행사되도록 화가에게 주어진 공간이다. 회화적 재현이 언제나 기교이듯이 그것은 언제나 구성에 의존한다. 족적과는 반대로 재현된 대상의 부재는 이미지 속에서 화가가 그것을 그려 넣은 공간으로부터 어떤 대상이나 인물을 나중에 재구성함으로써 – 즉 재창조함으로써 – 자신의 예술 덕분에 만들어낼 수 있을 **현존의 효과**l'effet de présence보다 훨씬 덜 결정적인 역할을 한다. 제우크시스가 그린 유명한 포도처럼 이런 현존의 효과가 환상을 불러일으킬 수 있다는 사실, 거기에서 "현실"이 똑같이 복원되었다는 사실은 시각적 관례의 문제, 특별한 표현 코드에의 사회적이고 문화적인 찬동의 문제, 이데올로기적인 선택의 문제이다. 마그리트Magritte의 역설적이면서도, 사실적 그림들은 신념이 얼마나 엄청난 순진함을 드러내는지, 특히 이미지란 진정 무엇인가에 대해 얼마나 심한 무지함을 드러내는지 우리에게 보여주는 것 이외에 다른 목적이 없다. 그것들이 동일한 이미지 속에 서로 간에 – 이미지의 시각적 일관성이라는 관점에서 – 양립 불가능한 표현들을 결합하기 때문이다.[19] 제우크시스의 포도이야기만큼이나 유명한 디부타데의 이야기는 아마도 사회의 사고체계에서 도상적 창조를 금하고자 하는 우리 **로고스** 사회의 욕망에 대한 가장 좋은 증거이며 더욱이 우리 사회가 이런 창조를 이해하는데 무능함을 가장 잘 보여준다. 이점에 관해서는 이후 자세한 재론이 필요하다.

대大 플리니우스가 이야기한 대로의 이 이야기는 몇 단어로 정리된다. 코린토스의 한 처녀가 "어느 청년을 사랑했다. 청년은 외국으로 떠났고, 그녀는 초롱불 빛으로 벽에 투사된 청년 얼굴의 그림자를 선으로 에워쌌다."[20] 17세기에서 19세기에 이르는 동안 미술 이론가들은 이 개요에 대해 두 가지의 상반된 해석을 제안했다.[21] 양자 모두 회화의 사명이 한 사물이나 형상을 표현하는 것뿐 아니라 그것을 **모방하는 것**이라는 정의에 근거한 것이다. 이런 해석들 중 첫 번째 것은 일화의 감정적이고 내밀한 – 로맨틱한 – 면에 기댄다. 디부타데가 **살아있는 사람을 따라**in vivo 그린 옆얼굴의 진정성은 원칙적으로 단지 환영 혹은 환각에 불과할 표현을 현실의 "족적"으로 만들 것이다. 신고전주의 미학은 반대로 데생의 인위적 특성, 즉 옆모습만으로 환기된 전체 얼굴은 이 얼굴의 부분적이고 추상적인 표현에 불과할 것이라는 사실을 강조했다. 간단히 말해서, 디부다테의 데생은 이런 전통에서 소쉬르적 의미에서의 기호signe를 이룬다. 그것의 시니피앙signifiant은 선으로 표시된 상像이고, 시니피에signifié는 부재중인 사람의 사랑받는 (혹은 이상화된) 얼굴이고, 지시대상référent은 그의 얼굴로부터 멀어진 현실이다.

이런 해석들 중 어떤 것에 동조하던 간에, 이런 해석들의 기반이 되는 모방의 개념과는 독립적으로 우리는 여기에서 이미지에 인정된 특성들은 문자 그대로 도상적인 모든 파생관계가 없음을 확인한다. 이런 해석들에서 형상은 그것이 기록되는 바탕을 고려하지 않고 접근되고, 사랑하는 존재의 단 하나밖에 없는 얼굴이라는 일화의 낭만적 수용, 이상화되어 그려진 정체성이라는 신고전주의 이론가들의 수용에 의해서 우리는 거기에 조형적이 아닌, 즉 주어진 시각적 상황의 성격을 지니기는 하지만 **변별적인** 기능을 부여한다. 또한 우리는 이 일화에서 얻을 수 있는 교훈이 진정으로 회화에 관련되는 것인가를 자문할 권리가 있다. 대大 플리니우스의 텍스트로 돌아가 보면 애초에는 실제로 그렇지 않았음을 알게 된다. 게다가 이 이야기에 바쳐진 단락은 다음과 같은 문장으로 시작된다. "그만하면 충분하고, 회화에 대해 필요한 것 이상이다." 염료와 옷감의 염색에 바쳐진, 전술된 꽤 긴 전개를 언급하는 문구이다. 디부타데의 이야기는 사실상 도자기를 다루는 장에 포함된다. 소녀는 일화에서 그녀보다 더 중요한 역할을 맡게 되는 부타데스라는 도공의 딸이다. 대大 플리니우스는 이야기의 도입부에서 그 점을 명백하게 알린다. 그는 쓴다. "흙을 이용해서 […] 시퀴온의 도공 부타데스는 진흙으로 초상 조각을 빚는 기술을 발견한 최초의 사람이다. 그 일이 일어난 것은 코린토스이다. 그는 자신의 발명을 한 청년을 사랑한 딸에게 빚지고 있다." 이야기는 계속되고, 대大 플리니우스는 이렇게 끝마친다. "그녀의 아버지는 스케치 위에 진흙을 발랐고 그것을 말린 후에, 나머지 그의 도기들과 함께 불로 강화시킨 부조를 만들었다." 대大 플리니우스는 지붕의 가장자리를 장식하는 기와의 끝에 놓이는 부조의 발명 역시 부타데스에게 돌리고 있다. 그리고 그는 끝맺는다. "조각가들이 플

라스타이plastae라는 이름을 얻게 된 것은 그로 인해서이다."[22]

서구인들이 그렇게 쉽게 회화와 조각의 기원을 혼동한 이유가 단지 그들이 이 두 예술에 부과한 구상적인 성향에서 기인하는 것만은 아니다. 빛나는 동시에 불투명한 외형이라는 수수께끼보다, 이미지들이 하늘에서 그런 것처럼 이미지들의 표면에서 관찰할 수 있는 경로와 대조의 다양함보다 – 회화의 자율성과 독창성을 구성하는 다양함이다 – 서구는 이 예술과는 아주 무관한 모델을 선호했다. 그렇지만 서구에는 이 모델의 모범으로 문자의 모델이 주어졌는데, 그것이 알파벳에서 즉 언어학자들의 용어를 사용한다면 **이산**離散**단위** unité discrète의 모델에서 빌려온 것이었기 때문이다. 이런 관점에서 조각술은 "형상"을 평면 바탕이라는 강제적인 규범에서 벗어나게 해준 예술처럼 보일 수밖에 없었다. 그리고 조각술은 소묘로 그리거나 채색된 그림의 윤곽을 잡을 수 있을 뿐이었던 종합적인 묘사를 그 완성에까지 이끌었다.

알파벳을 대상으로 하는 고대 그리스의, 특히 플라톤의 최초의 이론적 성찰들과 동시에 등장한 **미메시스**의 개념은 분명 우리의 주제와 무관하지 않다. 알파벳 문자들에서 그것을 인정하건 그렇지 않건 간에 『크라틸로스』[23]의 논쟁이 특히 모방의 가치에 의거하고 있음을 우리는 알고 있다.[24] 그렇지만 『테아이테투스』[25]는 이런 에크리튀르의 체계에 고유한 구조상의 역설에 관한 추론과 관련해서 훨씬 더 예리하고 적절한 방식으로 문제를 제기한다. 플라톤은 실제로 거기에서 알파벳 에크리튀르가 이질적인 세 층위에 따라 유기적으로 구성되어 있음을 보여준다. 첫 번째 층위는 **재료**élément 즉, 글자의 층위이고 두 번째는 에크리튀르가 음성학이 되는 음절의 층위이다. 하지만 이 층위에서 에크리튀르는 새로운 형태의 기초 단위를 만들어낸다. 그리고 세 번째는 의미의 이해가 가능한 단어의 층위이다.[26] 이런 분석은 엄밀한 의미에서 에크리튀르의 의미를 정의하는 분석과 무관하게 **대립된 추론에 의해**a contrario, 페브리에가 그런 것처럼 알파벳 안에서 가장 이성적이고 가장 확실한 개념의 접근 방식을 보고자 한 에크리튀르의 이론가들이 어떤 자의적인 이상화에 이끌리는지 드러내준다. 이런 분석은 체계의 합리성을 명백히 하지만 모순도 역시 드러낸다. 그것이 의미의 이상화 행위로서의 해석을 거부하기 때문이다.

그렇기는 하지만 그들이 그런 오류를 범한 최초의 사람들이 아니라는 점을 지적하는 것이 좋겠다. 내가 좀 전에 거론한 『회화론*De la peinture*』에서 알베르티Alberti는 그런 오류에서 영감을 얻어 1435년 화가들에게 조언한다.

> 회화에 첫발을 디디는 사람들이 글쓰기를 가르치는 사람들이 준수하는 것을 했으면 한다. 그들은 우선 재료들의 모든 특성을 따로따로 가르친 후에 음절을 구성하는 법을 가르치고, 마지막으로 표현을 가르친다. 그러므로 회화 입문자들이 그림을 그릴 때 이런 방식을 따르기를. 그들이 회화의 재료들이라 할 수 있는 표면들의 윤곽을 따로따로 배우고 나서 표면들의 결합을 배우고, 마지막으로 모든 구성 요소들의 형태를 배우기를.[27)]

우리가 플라톤에게서 발견하는 알파벳 에크리튀르의 분석은 그 후에 라틴어에서 기원한, 그런 분석과는 아주 다른 알파벳의 해석이 대신하게 된다. 프랑수아즈 데보르드Françoise Desbordes는 『에크리튀르에 관한 로마인들의 사상*Idées romaines sur l'écriture*』에 바쳐진 저작에서 에크리튀르의 기원을 다루는 키케로의 작품을 인용한다. 내 생각에 그것은 키케로의 이론을 뛰어나게 요약한 것이다. 그것은 플라톤의 이론을 능가할 뿐만 아니라 플라톤의 이론에 대한 분명한 거부를 의미함에도 불구하고 이미지의 영역에까지 플라톤의 원칙들이 전파되도록 했다. 키케로는 실제로 다음과 같이 쓴다.

> 겨우 불분명하게 미완성의 소리를 더듬거리며 말하는 인간들을 발견한 후에 바로 그 [정신은] **이 소리를 뚜렷이 드러내고, 그것을 분명히 발음하고, 기호처럼 사물에 단어를 새겨 넣고**, 언어의 교환이라는 너무도 다정한 관계로 그때까지 흩어져 있던 인간들을 연결했다. 유사한 정신이 **셀 수 없이 많은 것처럼 보이는 목소리를 기록하고 표현하도록 해주는 작은 수의 기호들**을 발명했다. 그것들 덕분에 우리는 자리를 같이 하지 않은 사람들과 이야기를 나누고, 자신의 의사를

알리고, 지나간 일들에 대한 기억을 간직할 수 있을 것이다. 거기에 삶을 살아가는 데 필수불가결한 것이자 유일하게 불변하며 영원한 것, 우리로 하여금 하늘을 바라보도록 하며 천체의 움직임에 대한 우리의 관찰에서 많은 것을 얻도록 부추기기까지 하는 것인 숫자가 덧붙여졌다.[28)]

이 텍스트는 에크리튀르를 말의 충실한 재현으로 정의하는데 만족하지 않는 만큼 더 주목할 만하다. 이 텍스트는, 만일 우리가 그런 정의를 받아들인다면, 별이 빛나는 하늘의 관찰이 에크리튀르의 출현에 일정한 역할을 할 수 있었다고 생각하는 것이 불가능하다는 사실을 보여준다. 키케로의 의도는 분명 논쟁적이 아니다. 우리가 플라톤에게서 여전히 어떤 의미로는 직관적인 수용을 인정할 수 있다면, 그의 의도는 표의문자적인 에크리튀르가 완전한 몰이해에 처해지기 시작한 시대에 표명되기 때문이다. 그리고 그런 몰이해는 거의 2000년간 지속되었다. 그렇지만 표의문자적인 에크리튀르 체계와 알파벳 체계 사이에 존재하는 근본적인 대립은 여기에서 가장 훌륭하게 상징적으로 증명된다. 키케로가 생각한 기호는 표의문자와는 아무런 관련이 없다. 그것은 족적이나 표시라는 의미의 "기호"가 아니지만 그것의 해독자가 예언자의 세속적 상속자인 한에서 마치 별이 빛나는 하늘이라는 선으로 그림 그려진 공간이 그렇듯이 **우리가 탐색하는 기호이다**. 반대로 라틴 문자는 정확한 소리를 지니는, 주어진 언어에 고유한 고정되고 닫혀있는 단위이다. 그것은 정렬의 법칙이라는 절대적인 공간의 법칙에 따른다는 사실을 제외하고는 그것을 실현하는 바탕과 기능적인 관계를 유지하지 않는다. 사실 문자가 텍스트의 독자들에게 텍스트가 재현한다고 생각되는 말에 접근할 수 있도록 하는 것은 그것의 총합에 의해서 일 뿐이다. 알파벳 문자는 **기호**signe의 영역이 아니라 **흔적**trace의 영역이다. 아마도 그것이 라틴어 문법학자들이 "signum"이라는 단어를 거의 사용하지 않은 이유일 것이다. 이 단어는 예언, 의학, 수사학의 영역에서만 사용되었다.[29)]

표의문자 체계에도 흔적이 부재하는 것이 아니라는 사실은 분명하다. 모든 에크리튀르는 그것을 실현하는 바탕에 “새겨지고”, 이런 기록은 꾸준한 손의 움직임이나 설형문자처럼 도구의 작용에 의해서 얻어진다. 그렇지만 중국에서 이런 흔적의 가치는 엄밀한 의미의 기호의 가치와 분명하게 분리된다. 중국에서 그것은 애초에 인간사회라는 세계에서 비가시적인 것을 해독하기 위한 의사소통 방식의 치환으로 이해된다. 그것은 **전용**appropriation을 나타낸다. 서예는 이런 전용의 궁극적이고 승화된 버전이다. 하지만 이런 버전은 에크리튀르의 초기 형태 속에서도 이미 감지될 수 있는 것이었다. 불로 지지는 기술에 의해서 얻어진 갑골문의 점술적 표시와 비슷한 기호들의 필체는 우연이라고 하기에는 그 기호들의 각진 외형과 너무 유사하다.[30)]

그 구조에서 의미와의, 신과의 모든 관계를 끊음으로써 알파벳 에크리튀르는 **로고스**의 사회로 하여금 자신의 환상을 그 선에 더 집중시키도록 유도했음이 분명하기 때문이다. 족적, 흔적, 윤곽, 데생 – 연인의 얼굴 윤곽을 그린 디부타데의 선이 그렇듯 – 서구의 전통에 대한 이야기는 사실상 언제나 동일하다. 사물들의 표면에서 잃어버린 정체성을 이끌어내어 그것을 자신의 것으로 만드는 것이다. 에크리튀르에서 현실세계로, 극동의 시는 다른 방법으로 훨씬 더 불명확하고 미묘한 관계를 맺었다. 19세기 일본 시인인 다노무라 치쿠덴은 “숭고한 작품들”의 범주에 속한다고 생각하는 중국의 그림 한 점을 이렇게 묘사한다. “줄기들, 낙관들의 에크리튀르에 그려진 기호들 중 어떤 것들, 풀들과 돌들의 에크리튀르에 그려진 기호들 중 어떤 것들, 백색으로 남겨진 단어들 중 어떤 것들.”[31)]

일본의 에크리튀르는 아마도 쓰여진 것에 관한 서구적 개념이 기대고 있는 심한 착오를 가장 잘 드러내주는 에크리튀르일 것이다. 그 역사가 전개되는 동안 내내 표명되는 놀랍고 지속적인 일본 에크리튀르의 다양해지고 더 복잡해지려는 경향은, 일본에는 그것을 가리키기 위해 **모지**文字, moji라는 단 하나의 용어밖에 존재하지 않음에도 불구하고, 일본의 에크리튀르에 대해 단수로 말하는 것을 주저하게 한다. 사실상 일본어의 체계는 그리스 알파벳처럼 차용의 에크리튀르 (**가나**라는 단어가 의미하는 것이 더구나 그것이다) 말하자면 자신의 언어에 잘 들어맞지 않았던 이전 체계의 국소적 변형에서 생겨난 에크리튀르이다. 하지만 일본 문화에서 이런 에크리튀르는 결코 말의 재현 혹은 말을 보존하기 위한 수단으로 느껴지지 않았다. 마치 중국에서 그랬듯이 그것은 무엇보다 먼저 의사소통 방식이었다. 일본 고유의 시인 **와카**和歌는 그것이 쓰여지는 순간부터 – 말하자면 완전히 다른, 심지어 원래의 구어적 표현과 모순될 수도 있는 규범에 따라 와카로 옮겨지는 순간부터[32] – 중세 귀족들에게는 특히 **메시지**를 의미했다. 하지만 이 경우 가장 중요한 것은 작가가 아니라 그 메시지의 수신자이다. 자클린 피조Jacqueline Pigeot는 다음과 같이 지적한다. "목소리로 읊어진 시의 경우 그 수신자가 알려지지 않는데 비해 쓰여진 모든 시는 응답을 바란다. [...] 궁여지책으로, 사회적 관계를 단절하지 않기 위해서 종이 한 면을 백지로 놓아두려는 결심을 할 수 있었을 정도로." 게다가 그 시대의 시론들은 그런 조언을 한다.[33]

쓰여진 것에 가치를 부여하는 것은, 비록 비어있다 하더라도, 그것의 바탕이다. 텍스트를 가시화시키는 물질matière에 바쳐진 경의이다. 우리는 일본 문화에서 거기에 관한 다른 많은 예들을 알고 있다. 그러나 그런 예들 역시 비밀스럽고 우회적인 방식으로 쓰여진 것이 비가시적인 세계와 맺고 있는 항구적인 관계를 증명한다.

> 만일 쓰여진 **와카**가 인간들 사이의 관계에서 중요한 위치를 점한다면, [...] 인간들과 신들 사이의 관계에서 그것의 역할은 더 적지 않다. 일본의 신들은 시를 즐긴다. 그들 자신 자신의 사유를 기꺼이 시로 표현한다. **와카**의 창조자는 신들 중 하나인 스사노오 혹은 미코토가 아닌가?[34]

---

1) James Février, *Histoire de l'écriture*, Paris, Payot, 1984, p. 17-18.
2) Carlo Ginzburg, ≪Signes, traces, pistes≫, *Le Débat* n°6, novembre 1980, p. 13-14.
3) James Février, *Histoire de l'écriture*, *op.cit.*, p. 18.
4) *Ibid.*, p.9.
5) *Ibid.*
6) Carlo Ginzburg, ≪Signes, traces, pistes≫, *op.cit.*, p. 14.

7) Carlo Ginzburg, ≪Signes, traces, pistes≫, *op.cit.*, p. 15.

8) 이 주제에 관해서는 다음을 볼 것. Geneviève Calame-Griaule, *Ethnologie et langage. La parole chez les Dogon*, Paris, Galimard, 1965, p. 431. 쓰여진 것의 탄생이라는 관점에서 제시할 수 있는 설명을 위해서는 *L'image écrite ou la déraison graphique*, *op.cit.*, p. 100-101 볼 것.

9) 발화연쇄의 같은 지점에서 상호 대체 가능한 사항들의 집합을 의미하는 언어학 용어. (역주)

10) 이 주제에 관해서는 다음을 볼 것. Genenvième Calame-Griaule, *Ethnologie et langage, La parole chez les Dogon*, Paris, Gallimard, 1965. 쓰여진 것의 탄생에 관한 견해는 다음을 참고할 것. *L'image écrite ou la déraison graphique*, *op.cit.*, p. 100-101.

11) 지구상의 인류가 거주하는 지역. (역주)

12) 팔레스타인의 중석기시대 문화. (역주)

13) Jacques Cauvin, *Naissance des divinités. Naissance de l'agriculture, la révolution des symboles au Néolithique*, Paris, CNRS Editions, 1994, p. 91-92.

14) James Février, *Histoire de l'écriture*, *op.cit.*, p. 10.

15) André Leroi-Gourhan, *Le geste et la parole*, Paris, Albin Michel, 1964, p. 262.

16) James Février, *Histoire de l'écriture*, *op.cit.*, p. 18. 강조는 필자에 의한 것임.

17) *Ibid.* 강조는 필자에 의한 것임.

18) Leon Battista Alberti, *De Pictura*, trad. fr. *De la Peinture*, Paris, Macula, 1992, livre I, p. 115.

19) 나는 이런 논증을 다음 글로부터 발전시켰다. ≪L'écriture selon Magritte≫, *Mélanges Philippe Minguet*, *Art & Fact*, n°18, Université de Liège, 1999, p. 96-100.

20) Pline l'Ancien, *Histoire naturelle*, livre XXXV, 151.

21) 이 주제에 관해서는 다음을 볼 것. Pierre Georgel et Anne-Marie Lecoq, *La peinture dans la peinture*, Musée des Beaux-Arts de Dijon, 1982-1983, p. 133-136.

22) Pline l'Ancien, *op.cit.* 디부타데라는 이름은 이 텍스트에 등장하지 않는다. 그 이름은 나중에 처녀에게 주어졌다.

23) 플라톤의 저서 (역주)

24) 특히 다음을 볼 것. Platon, *Cratyle*, 423e-426d.

25) 플라톤의 저서. (역주)

26) Platon, *Théétète*, 202a-206c.

27) L. B. Alberti, *De la Peinture*, *op.cit.*, livre III, p. 217.

28) Cicéron, *La République*, 3, 2. 다음 책에 인용됨. Françoise Desbordes, *Idées romaines sur l'écriture*, Presses universitaires de Lilles, 1990, p. 77-78. 강조는 필자에 의한 것임.

29) 이 주제에 관해서는 다음을 볼 것. Françoise Desbordes, *Idées romaines sur l'écriture*, *op.cit.*, p. 133.

30) 이 주제에 관해서는 다음을 볼 것. Léon Vandermeersch, ≪Écriture et langue

graphique en Chine≫, *Le Débat* n° 62, 1990, p. 61-73.

31) Tanomura Chikuden, *Bavardages d'un ermite de la montagne*, cité par Vera Linhartvorá, *Sur un fond blanc*, Paris, Le Promeneur, 1996, p. 469.

32) 이 점에 관해서는 다음 책에서 시의 서법에 관해 수집된 자료들을 볼 것. *L'image écrit*, *op.cit.*, illustrations XIII-XVI.

33) Jacqueline Pigeot, *Questions de poétique japonaise*, Paris, P.U.F., 1997, p. 18-19.

34) Jacqueline Pigeot, *Questions de poétique japonaise*, *op.cit.*, p. 20.

03

바탕과 도상성 혹은 특성 없는 외형

"이집트의 상형문자와 같은 모든 초기 에크리튀르에는 논리적이지 않은 종류의 도상, 표의문자들이 존재한다."[1] 이 문장으로 퍼스Peirce는 수세기 동안 분석을 속박했던 언어의 결정론과 사물의 결정론이라는 이중의 결정론으로부터 에크리튀르를 해방시켰다. 모든 의사소통의 기원이 되는 지점에 위치한("어떤 사상을 직접적으로 전할 수 있는 유일한 방법은 도상의 중개에 의해서이다"[2]) 표의문자, 그 기능이 말을 옮겨 적거나 보존하는 것이었을 표의문자의 권위는 더 이상 말에 빚지고 있지 않다. 표의문자가 첫 번째 축을 이루는 기호학 도표에서 언어는 상징적 해석항이라는 세 번째 축을 차지한다. 표의문자에 대한 사유는 단어에 대한 사유보다 앞섰고, 근본적으로 단어와는 독립적이었다. 반대로 그것은 "사물들"에 기대 있었지만, "유사함에도" 불구하고 **사고**idée인 까닭에 (나중에 다시 다루게 될 것이다) 사물의 사실적인 모방을 제안한 바버톤Warburton이 가정한 방식으로는 아니었다.[3] 퍼스에게 있어서 도상은 "물체objet"와 구별된다. 물체는 도상의 원인이 되고 도상에 영감을 줄 뿐이며, 거기에서 도상 그 자체가 이번에는 자신이 사유의 직접적 동인으로 고려되기를 요청하면서 "외형"으로서 다른 "물체"를 이룬다. 퍼스의 표의문자는 그것이 재현하는 사물 그 자체였을 그것의 과거와는 관련이 없다. 그것은 미래에 속하고, 최초의 새로움, 제안, 발견이다.

> 첫 번째 것은 [⋯] 재현과 비교해서 두 번째 것이 되지 않기 위해 현존해야 하며 즉각적이어야 한다. 그것은 새롭고 참신해야 한다. 그것이 오래된 것이라면 그것의 이전 상태와 비교해서 두 번째 것이기 때문이다. 그것은 첫 번째이고, 본래적이며, 자연발생적이고, 자유로워야 한다. 그렇지 않으면 그것은 유발 원인과 비교해서 두 번째 것이다. 그것은 또한 강렬하고 의식적인 어떤 것이다. 그것이 감각의 대상이 되는 것을 피할 수 있는 것은 이런 조건에서일 뿐이다. [⋯] 그것은 유기적 연관 방식으로 생각될 수밖에 없다. 그것을 긍정하라. 그것은 이미 자신의 독특한 순수함을 잃어버린다. 긍정은 언제나 다른 어떤 것의 부정을 내포하기 때문이다. [⋯] 그것에 대한 모든 묘사는 왜곡될 수 있을 뿐이다.[4)]

외형을 **사고**처럼 다루는 것, 다시 말해서 주체의 사유는 이 주체가 **지각하는** 순간부터 완전히 결집된다고 원칙적으로 인정하는 것이 에크리튀르의 발명을 설명하는 유일한 방법이다. 표의문자 체계의 기원에서 확인할 수 있는 결합인 동일한 바탕 위에서의 상형적인 그림문자와 추상적인 상징의 결합은 우리가 이런 사유의 존재를 받아들이고 그것의 작용 방식이 언어의 작용방식과는 다르다는 사실을 이해할 때만 의미를 지닐 뿐이다. 이런 관점에서 이런 결합들로 부터 "그래픽 언어langue graphique"로 구조화된 표의문자들의 총체로의 이행, 표의문자의 표음문자로의 변화는 더 이상 마법적인 방식으로 외적인 개입의 필연성을 가진 것으로 보이지 않는다.[5)] 그보다는 해석항들의 경험을 계속해서 다르게 만듦으로써 시각적인 현상들과 언어적 사실들을 하나의 체계 안에서 녹여내 긴밀히 결합시키고자 하는 동일한 방식의 자연적인 결과로 보인다. 그리고 역사가 증명하듯이 사실 에크리튀르의 발명자들은 법률적이고 권위적인 말의 인간들이 아니라 – 이런 말은 그들에게 단지 위임되었을 뿐이다 – **예언자**들이었다. 이 조용한 관찰자들은 동물의 간, 등껍질, 뼈에 새겨진 인간의 언어와는 다른 언어 속에 신들이 새겨놓은 메시지를 기호로 재구성하는데 몰두해 있는 예언자들이 아니면 하늘에서 별들로 이루어진 도표를 주시하는 **점술가**들이었다.[6)]

퍼스의 가설의 이점은 단지 그것이 소위 "원시적인" 에크리튀르의 기원에 지적인 일관성을 회복시켜 준다는 사실에 있는 것이 아니다. 그것은 이 가설이 이후의 모든 체계들 속에서 검증될 수 있다는 사실에 있다. 그것은 어떤 도상이 셈어 알파벳의 3자음 어근이라는 것은 3개의 자음을 가진 이런 구조가 읽는 이로 하여금 3자음 어근을 그대로 발음하도록 하는 것이 아니라, 그것에서부터 관여적 단어mot pertinent를 식별하도록 한다는 것에 있다. 방대한 의미장意味場, champ sémantique 속에서 그 구조가 "품질기호qualisigne" – 예를 들어 KTB라는 글자들을 위한 에크리튀르의 영역 – 같은 것을 가리키고, 읽는 이가 그것을 발견하는 문맥에 따라 **에크리튀르**écriture, **작가**écrivain, **쓰여진 것**écrit 등의 연관 단어를 식별하도록 하는 것이다. 하나의 도상은 알파벳으로 쓰여진 단어의 고딕체, 가라몬드체, 플랑탱체, 디도체, 보도니체, 퓌튀라체 혹은 비퓌르체로 된 활자이다. 단어가 조판된 스타일의 시각적 이해는 매번 다른 방식으로 그 단어를 해석하도록 우리를 이끌기 때문이다.[7)]

분명 도상에 대한 퍼스의 개념은 에크리튀르에 적용되어 커다란 효력을 지닌다. 그것은 초보적인 것으로 상정된 표의문자적인 에크리튀르의 비논리성에서 완벽한 것으로 상정된 알파벳의 음성학적인 선형성에 이르는 작위적인 진보 대신에 체계들의 다양성으로부터 그것들 모두에 공통된 기능적인 원칙을 이끌어내도록 허용한다. 문자로 쓰인 **기호의 시각적 인과관계**라는 원칙을.

그렇지만 이런 개념은 여전히 불만족스럽다. 예를 들어 그것은 그런 인과관계를 결정짓는 필연성에 대해서도, 역사를 가로질러 그 개념들이 지속되는 이유들에 대해서도 아무것도 밝혀주지 않는다. 사실대로 말하면 퍼스는 이 문제에 완전히 무관심했던 것으로 생각된다. 그는 "&, et와 소리는 모두 단 하나의 단어를 형성할 뿐이다."[8)]라고 썼다. 그에 의하면 "특질qualité"은 외부의 물질들에서 생겨나고, 물체들은 자연히 "역동적dynamoïde" 힘을 부여받는다. 하지만 이런 물질들substances 혹은 이런 물체들의 특수한 덕목은 어떤 방식으로도 그의 흥미를 끌지 않는다. 그가 보기에는 마치 모든 인식의 효과는 포괄적이거나 어쨌든 동질적이라고 상정되는 동일한 근원을 가지는 것이 자명한 것처럼.

퍼스의 이런 무관심은 다른 것, 그가 표의문자에 대해 가지는 개념 자체로 보완된다. 그가 이 기호를 도상들 사이에 포함시킨다면 그것은 그가 거기에서 의미를 지니는 "이미지"를 보기 때문이다. 그런데 이런 정의는 두 가지 면에서 잘못된 것이다. 우선 표의문자가 그 자체의 구어적인 가치로 인해 "품질기호"에 만큼이나 "법칙기호légisigne"에 속한다는 사실을 고려한다면 그것은 불충분하다. 다른 한편 퍼스에 의하면 표의문자는 그것이 출현한 어디서든지 법칙기호를 이루는 "아주 잘 확립된 정체성"을 지니는 기호로는 결코 이해된 적이 없다. 반대로 그것의 독창성은 **부유하는**, 혹은 더 정확히 말하면 **선택적인** 기호라는 점이다. 그것은 내가 이미 강조한 것처럼 원칙적으로 아주 다르고 서로 독립적인 **표어문자**, **표음문자**, **표의 문자의 의미 한정부**라는 세 가지 기능을 지닐 수 있다. 거기에 대해 "등에taon"라는 곤충의 구체적인 예를 들 수 있다. 그것은 때로는 곤충 자체의 이름을 쓰는데 사용되고, 때로는 "temps"이나 "tant"과 같이 동일한 방식으로 발음되는 다른 단어, 혹은 "-tant-"과 같이 한 단어의 음절, 혹은 단어를 새로 만들도록 해주는 첫 자음을 쓰는데 사용될 수 있을 것이다. 그렇지 않으면 발음되지 않은 채 문자로 다른 단어를, 이 단어가 지시하는 물체가 속하는 범주를 가리키고 해석을 이끌어가기 위해 예를 들어 "꿀벌abeille"이라는 표음문자를 동반할 수 있다.

이것이 도상-표의문자의 역동성이다. 그리고 퍼스는 이렇게, 가장 확실한 방식으로 입증되는 것을 보고 기뻐했을 것이 분명하다. 이 방식은 물체의 영매적médiumnique 특성이 아니라 그 체계의 첫 번째 층위인 순수한 논리적 예측에 의해서 그가 부여한 혁신의 미덕인 주체-독자의 주도에 관계되기 때문이다. 게다가 이런 역동성과 에크리튀르의 시각적 기능 사이에는 사실상 상관관계가 존재했다. 그것은 서구 알파벳의 인쇄상의 변이형에 대해 해석하면서 존재한 것과 같은, 아랍어나 히브리어로 쓰여진 텍스트들의 선별적인 독서에 의해 기호를 어휘 중심으로 평가하면서 그토록 행해졌던 바로 그 선택의 자유였다. 하지만 퍼스에게서 기호는 부유하지 않는다.

그렇다면 이런 부유浮游, **에크리튀르의 기호**에 고유한 이런 기능적 유연성은 어디에서 기인하는가? 우리는 퍼스가 행한 "가시계"에 대한 연구를 특히 다른 방식으로 추진시켜 심도를 더함으로써 그것을 설명할 수 있다. 마치 비밀열쇠처럼 그의 분석 전반을 관통하는 "유사함"의 원칙은 도상의 선택이 사실 그가 주장하는 것만큼 근본적이 아님을 우리에게 알려준다. (게다가 그는 자신의 기호학의 세 번째 층위를 "순수 수사학"의 층위로, 말하자면 이상화된 언어의 층위로 정의하지 않았는가?) 이미지 속에서 그의 흥미를 끄는 것은 전체 속에서 고찰된 이미지 그 자체가 아니라 단지 거기에 새겨진 **형상**이다. 그는 그것이 배경fond과 관련해서 이미지 속에 존재하는 형상에서 기인할 뿐이라는 사실을, 그리고 이 본질은 형태의 부정이 아니라 그 **바탕**support을 구성할 뿐이라는 사실을 모르거나, 모르는 척한다. 배경이 바탕을 구성한다는 것은 두 가지 의미에서인데, 본질은 그 속에서 형상을 "지탱하는" 물질matière – 나무나 종이, 잉크나 기름 – 을 불가분의 방식으로 물리적으로 장악하고, 배경은 한 형상과 이웃하는 형상들 사이에서 그것이 만들어내는 간격에 의해 자신의 명료함을 결정한다는 의미에서 그렇다.

에크리튀르의 기호가 부유한다면, 그것은 기호가 형상들에서 만큼 혹은 형상들에서 생겨난 것보다 더, 이런 바탕과 그 공백들 사이에서 생겨났기 때문이다. 만일 에크리튀르라는 기호의 독창성이 그것이고 그것을 다른 모든 형태의 기호들의 독창성으로 환원시키는 것이 불가능하다면, 그것은 에크리튀르라는 기호가 자신을 지탱하고 있는 공간에서 자신의 이질성을 빌려왔기 때문이고 원칙적으로 그것이 존재하는 문맥과 분리해서 생각할 수 없으면서도 그것이 해석 가능하고 이해할 수 있게 되기 위해서 이런 **현존**présence에 기대기 때문이다. 이 현존은 실증적인 것이 아니다. 이해되고 해석되기 위한 작업이 행해지는 것은 분명 현실이 아니라 상상계의 층위에서이다. "유사함"은, 쓰여진 것의 유희 속에서, 기억에는 결국 함정일 따름이다.

퍼스의 도상성은 외형으로부터 이산단위의 형태 하에서 분석될 수 있는 것만을 인식할 뿐이다. 그 결과 이런 단위들은 기호학의 구조 속에서 연이어 재배치될 수 있다. 하지만 외형이 **능동적**이 되는 것은 그 현존의 불명료하고 가공되지 않은 직접성에 의해서다. 역설적이게도 최초로 그것을 감지한 것은 퍼스였다. 1908년 12월 그는 실제로 빅토리아 레이디 웰비Victoria Lady Welby에게 보내는 편지를 이렇게 시작했다.

> 제가 사용하는 종이를 용서하세요. 아주 놀랍게도 저는 당신에게 편지를 쓰기에는 진짜 알맞지 않은 이 종이 밖에 가지고 있지 않음을 방금 알아차렸습니다. 그리고 지금은 새벽 3시 30분이고, 가장 가까운 문방구는 5마일 밖에 있습니다.[9)]

철학자가 표하는, 편지에 어울렸을 종이를 사용할 수 없었던데 대한 유감은 분명 단순한 예의는 아니다. 그가 생각하기에 다른 것들보다 편지에 더 적당한 어떤 종이가 존재한다는 것은 의심할 수 없다. 그리고 퍼스의 용어를 사용한다면, 사실 소위 "편지지" 만큼 그렇게 커다란 "역동적dynamoïde" 효력을 지니는 사물은 거의 없다. 필자로 하여금 수신자의 사유에 자신의 사유가 미리 덧붙여지는 방식으로 표현하도록 유도한다고 간주되어, 편지지는 그것이 지니는 메시지 이상으로 필자와 수신자를 서로 결합시켜 줄 긴밀하고 민감한 중계 지점을 구성하는 것이 분명하다.

역시나 미묘한 암시력을 부여받은 편지지는 놀라게 하거나 매혹시키는 효과를 지니는 양면적인 물체이다. 게다가 퍼스가 같은 편지의 이어지는 문장에서 레이디 웰비에게 내가 방금 인용한 것을 털어놓을 때, 그는 우리에게 그것을 증명한다. "편지봉투 위에 쓰여진 당신의 필체를 보고 지난 토요일에 얼마나 행복했는지 몰라요." 편지봉투는 편지지와 같은 물체의 범주에 속한다. 게다가 필기도구들이 항상 그것들과 함께 어우러져 놓인다. 그렇지만 편지봉투는 편지지와는 다른데, 그것이 주소의 작성이라는 독특하고 상투적인 메시지를 받아들이도록 운명 지워져 있기 때문이다. 편지봉투는 접힌 자국 속에 편지 발송을 정당화하는 편지 그 자체의 텍스트라는 제2의 텍스트를 감추는 기능을 갖기 때문에도 편지지와는 다르다. 결국 우리는 편지봉투의 주소가 결코 실제의 수신자를 위해서 쓰인 것이 아니라 익명의 중개인을 위한 것임을 깨닫게 될 것이다. 익명의 중개인은 일종의 가공의 수신자인데, 우리는 그가 편지봉투의 형식적인 외형과 비밀스런 메시지는 알지 못한 채 단지 정보에만 주의를 기울일 것임을 알고 있다. 그러므로 편지봉투는 그것의 강제적이고 평범한 구조에도 불구하고 편지의 종이보다 더 특별한 대상이 된다. 그것은 편지의 작성자, 운반자 그리고 수신자라는 서로 다른 세 파트너의 계속적인 개입을 내포하기 때문이다. 그리고 그것은 서로 이질적인 두 요소들을 결합하지만, 각각은 서로의 상호관계와 그것들 모두가 준거하고 있는 기록을 통해서만 기능을 충족시킬 수 있을 뿐이다. 하나의 바탕 – 엄밀하게 말해 편지봉투 – 과 하나의 이미지 – 거기에 적힌 주소. (혹은 편지봉투는 주소의 기입을 기다린다.)

퍼스가 편지봉투에 쓰여진 그녀의 에크리튀르를 알아보고 느낀 행복감을 레이디 웰비에게 고백할 때 그는 우리 모두에게 친숙한 경험을 이야기하지만, 우리는 그런 경험에 그만큼 주의 깊지 못하다. 그가 그런 경험을 피상적인 방식으로, 그리고 부분적으로 부정확하게 언급하는 만큼 더욱 놀랍다. 아마도 그는 단지 봉투 위에서 자신의 이름과 주소를 알아보았다는 사실에 감동한 것이 아니라 거기에서 그가 읽은 에크리튀르 – 다시 말해서 그것들의 이미지 – 에 감동한 것을 자각하고 있다. 하지만 그가 이미지에 대해 내리는 정의는 그 복합성을 감소시킨다. 그에 따르면 사실상 "형상"이 "배경"과 분리되는 것처럼 에크리튀르는 그것이 기입된 봉투로부터 분리될 수 있다. 그런데 한 에크리튀르의 이미지를 그래픽 형상으로만 축소시키는 것은 어려워 보인다. 첫째로는 이런 형상 자체가 필연적으로 혼합적이기 때문이다. 낱말들 각각이 모두 개별적으로 변별적인 "형상들"을 구성하는 문자들의 결합의 결과일 뿐더러 주소에 이미지로서의 가치를 부여하는 것은 그것의 완벽한 구조, 그것을 구성하는 단어들의 총체이다. 그런데 이런 단위를 정의하는데 필요한 기준을 어떻게 결정할 것인가? 그리고 퍼스로 하여금 다른 에크리튀르들 중에서 이 에크리튀르에서 **레이디 웰비의 에크리튀르**를, 즉 그로 하여금 레이디 웰비의 정체성 표시가 구체화되는 텍스트들과 비교해서 충분히 독립적인 그래픽 스타일을 식별하도록 하는 표시는 어떤 성격을 지니는가?

이런 어려움에 내가 보기에는 제일 중요한 다른 어려움이 덧붙여진다. 그것의 레이아웃 스타일도 고려하지 않고서 레이디 웰비의 필체의 특징을 정의하는 것은 불가능하기 때문이다. 그런데 마치 그것들이 서로 독립적으로 존재하는 것처럼, 편지의 "봉투 위에서" 에크리튀르를 알아보았다고 말할 때 퍼스가 사용하는 표현이 **선험적으로**a priori 금지하는 것이 그 어려움이다. 이런 표현은 우선 철학적 주제를 다루는 편지의 문맥 속에 놓여있는 아주 내면적인 주목이라는 부차적인 성격에 의해 분명 정당화될 수 있다. 그럼에도 불구하고 내가 보기에 그것은 벌써 도상에 관한 자신의 정의를 바탕과의 연관과 거리를 유지하고자 하는 퍼스의 방식에 대한 의미 있는 징후가 되는 것 같다. 실제로 레이디 웰비의 에크리튀르가 그 사람의 "표시indice"로 간주될 수 있다면, 그것은 그녀의 편지에 쓰인 선이 그녀의 편지에 특별한 어떤 펜의 효과를 지니기 때문이며 또한 동시에 이렇게 쓰인 단어들과 문장의 행 사이에 그것들과 분리할 수 없는 공간의 리듬이 존재하기 때문이다. 그런데 그런 리듬은 필체에 의한 에크리튀르에서 나오는 것이 아니라 그것을 둘러싸고, 그것을 텍스트로 결정짓는 것에서 나온다. 그것은 종이의 백색에서 생겨난다.

백색에서이지 종이에서가 아니다. 시나 서예와 같이 의도적인 기술이 이루어진 다른 모든 종이에서와 마찬가지로 편지지에서 실제로 제일 중요한 것은 엄밀한 의미에서의 물질이 아니라 그것이 필자에게 **선택되었다**는 사실, 말하자면 필자가 자신의 에크리튀르의 계획에 필요불가결한 특성을 인정했다는 사실이다. 이런 장점은 두 가지 차원의 것이다. 첫 번째 특성은 실제로 종이의 조직과 연관이 있다. 하지만 이 조직이 편지를 쓸 때 필자의 손에 확실한 바탕을 제공한다는 정확한 요구사항을 그에게 만족시켜야 한다는 한에서 그렇다. 제스처의 습관과 그가 사용하는 도구의 성격이 동시에 고려되는, 손이 필요로 하는 잡을 곳이 그것이다. 편지를 쓸 종이를 선택하는 데 물질이 일정한 역할을 한다면 그것은 잊혀지고, 사라지고, 혹은 "애정이 담긴" 방식으로 텍스트의 완성에 참여할 수 있는 능력에 의해서이다. (우리가 몇몇 인쇄용 종이에 대해서 "잉크와 사랑에 빠졌다"고 말할 수 있는 것은 이렇게 해서이다.) 종이가 획득한 다른 특성은 많든 적든 다른 색채가 가미된 백색, 강하거나 약한 색 강도 등 그것의 시각적인 외형과 관련된다. 필자에게 선택된 미묘한 차이는 실제로 종이를 눈앞에 두게 되었을 때 종이를 미래의 텍스트에 대한 기다림과 수용의 장소로 만드는데 기여할 것이다. 그리고 그것은 필자가 자신의 공간 속에서 자신의 사상이 탄생하는 것을 보게 될 단어들의 건축물을 구성하도록 유도할 것이다. 그렇지만 또한 – 여기서는 편지를 쓰기 위해 선택된 종이에 관련되기 때문에 – 이런 색깔은 **스크린**의 가치를 지닐 것이다. 그것 너머에 편지의 수신인이라는 다른 상상적 형상이 존재하게 될 것이고, 우리는 그의 시선이 바로 같은 페이지 위에서 편지를 쓰고 있는 사람의 시선을 대체하게 될 것임을 안다.

하나의 텍스트 혹은 하나의 이미지의 바탕의 도상성을 만드는 것은 모든 흔적에 선행하는 외형의 특성이다. 이런 도상성은 사물이 외부로부터 자신의 – 구조적인 – 유사성이 형상에 영향을 미치도록 하는 방식으로가 아니라 **바탕의 내부 그 자체**로부터 작용하는 방식을 취한다. 바탕의 표면은 그것이 기록되는 문맥의 절박함에 의해서 하나의 형상이 가시화되도록 하는 유일한 힘을 지닌다. 도상성의 개념에서 이런 특성을 배제한 책임을 퍼스에게 전가할 수는 없을 것이다. 방금 전 우리가 확인한 것처럼 그는 반대로 완전히 그것을 감지하고 있었다. 이런 배제는 실제로 플라톤에게서 빌려온 "도상"의 정의와 가까운 것 같다. 우리는 다시 거기로 거슬러 올라가야 하는데, 단지 이미지 속에서 바탕의 역할에 대한 무지가 실제 거기에서 핵심적이기 때문이 아니라 그런 무지의 동기들에 대한 분석이 우리에게 퍼스 기호학의 첫 번째 층위를 지배하는 기이한 모순에 대해 설명해 줄 수 있기 때문이다.

플라톤의 도상은 세 가지 이유로 인해 바탕을 가질 수 없을 것이다. 플라톤에 의하면 가장 본질적인 것은 도상은 현실의 사물이 아니라 이데아를 재현하고, 이데아 그 자체는 "우상"과 같은 물질적 가시계가 아니라 상상계와 관념의 영역에 속한다. 그는 이런 도상의 초월성을 어떤 관찰에 기반을 두고 이해한 것이 아니었다. 그것은 이상적 시각 훈련의 존재를 전제로 상정하는 추론의 산물이며, 이상적 시각 훈련은 뒤이어 구체적인 시각의 모델이 될 것이다. 『티마이오스』에서 세상의 창조가 신의 시선에서 기인하는 것으로 묘사되는 것은 이렇게 해서이고, 우리 세상은 그 타락한 결과일 것이다.[10] 이런 추론은 아주 오랜 형이상학적 전통에 기대고 있고, 거기에서 예언이 생겨난다. 게다가 플라톤 역시 같은 텍스트에서 그런 언급을 했다.[11] 플라톤이 모든 도상적 바탕에의 신뢰를 거부하는 두 번째 이유는 시각vision의 이론에 그 근원이 있다. 이 이론 역시 고대 세계에서는 보편적인 것이었는데, 그것에 따르면 우리의 시선은 보고자 하는 사물에 도달하기 위해서 안광眼光, 플라톤에 따르면 "완전히 순수한 불"[12]을 발산할 것이다. 이 이론은 결과적으로 우리로 하여금 이 빛에 방해가 되거나 그것을 무력하게 하는 모든 표면을 시각 자체만이 아니라 사물의 진실을 왜곡하는 것으로 간주하게 만든다.[13] 이렇게 해서 심각하게 거짓된 환영의 근원에 자리할 수 있게 된 외형들의 표면은 원칙적으로 의심스럽거나 비난받을 만한 것일 뿐이었다. 요컨대, 그리고 아주 다른 관점에서 도상에 관한 플라톤의 개념은 이름들의 미덕에 기초하는데, 이 미덕으로 인해 이름들은 현실로부터 가시적인 사물들의 세계를 해방시키고, 자신들의 형상들이 상상적이고 상징적인 창조 속에서 결합되는 것을 허용한다. 『향연*Le Banquet*』[14]에서 소크라테스와 알시비아드가 실레우스의 조각에 대해 말하는 것과 같은 은유와 직유는 이상적 시각과 동일한 자격으로 도상을 구성한다. 은유와 직유는 한층 정당하게 그렇게 불릴 자격이 있다고 생각되기조차 할 것이다. 우리가 가시계의 본질에 접근하는 것은 가시계 자체에 의해서가 아니라 그것을 암시하는 단어들에 의해서이다.

가시계를 그렇게 정의하는 것을 더 효과적으로 설명하기 위해서, 가시계로부터 그것에는 생소한 다른 것으로 이렇게 추론의 차원을 옮기는 것은 놀랍다. 언어가 우리에게 어떤 형상이나 사물과의 유사함만을 전해줄 수 있는 것으로, 다시 말해 그것의 주체에 대해 간접적인 정보만을 전해줄 수 있는 것으로 보이는데도 불구하고, 반대로 가시계는 그것이 어떤 것이든 명증의 영역에 속하는 것으로 보이는데도 불구하고, 언어를 도상의 특권적 매개물로 만드는 것은 무슨 이유에서인가? 아마 이런 성찰은 플라톤에게는 자연스럽고 필연적인 것으로 생각되었을 것이다. 그리고 그가 살던 시대에 강요된 미학개념은 절대적으로 "재현représentation"의 개념, 달리 말해서 현실에 대한 유추적 해석 그 자체에 기초한 것이 사실이다. 이런 관점에서 보면, 플라톤에 따르면 언어의 특징인 간접적 지시기능référence indirecte은 회화적 재현으로 인해 이끌려갈 위험이 있는 착각으로부터 형상을 벗어나게 해주는 것이 분명하다. 회화적 재현은 형상에 대한 이런 타락한 견해에 - 이런 견해는 형상을 구체화하기 때문이다 - 바탕의 근본적 불분명함을 결합한다. 플라톤은『공화국』제 6권에서 다음과 같이 말한다. "나는 우선 그림자, 이어서 물이나 불투명하고, 윤이 나고 반짝이는 사물의 표면에서 보는 반영, 그리고 모든 유사한 재현을 이미지라 부른다."[15] 만일 분명 여기에서 암시하고 있는 이미지인 "우상"이 "도상icone"과 대립되지 않을 수 없다면, 그것은 우선 우상이 긴밀한 방식으로 바탕에 의존하기 때문이고, 더 크게는 그것의 물질적 특성에 의해서이다. 우리가『공화국』제 6권에서 발견하는 철학자들의 이상 국가 건설 방식에 대한 묘사는 이 점을 아주 명확히 설명해준다.[16] 그것은 플라톤이 회화에 대해 아주 잘 알고 있었으며, 회화의 첫 번째 원칙이 사물의 형상을 평평한 표면 위로 옮겨 놓는 회화의 가능성에 있고, 회화의 주된 어려움이 거기에 도달하는 방법에 있다는 사실을 알고 있었음을 입증한다. 하지만 그는 바탕의 문제에 접근하지 않고, 이상적이기를 바라는 형상들의 생성이 얼마나 주저의 산물인지 보여주기 위해 그것을 참조케 할 뿐이다. 그런데 바탕의 본질이 회화의 어려움들에, 그 본질이 회화로 하여금 도달하도록 허용하는 결과의 어려움들에 존재한다면 회화는 형상들로 하여금 그만큼의 **계시들**révélations로 만드는 것, 즉 이미지들로 하여금, 이미지들이 완전히 사실적이라 하더라도, 이상적 사실 만큼이나 강력한 시각적 사실을 제안할 수 있도록 만드는 것이다.

하지만 플라톤이 특히 회화를 비난한 것은 내가 이미 지적할 기회가 있었듯이,[17] 우리가 "우상"이라는 단어에 대해 받아들인 의미 때문인데, 그것이 마법으로 이끌 수 있다는 사실이 아니라 언어적 메시지를 전하거나, 그것을 만들어내기는 더 불가능하다는 사실로 인해서이다. 또한 우리가 제기해야 하는 문제는 오히려 회화를 통해서 그가 단죄하는 것이 실제로는 **에크리튀르**가 아닌가를 알아보는 것이다. 알키비아드가 행한 소크라테스와 실레노스 조각상의 비교가 실제로 어떤 점에서 "도상"의 특성일 수 있는가? 아니면 이미지와는 확실히 다르게, 우선적으로 특히 쓰여진 텍스트와는 다르게 플라톤이 원론적으로 에크리튀르를 구전에 속하는 것으로, 말하자면 말의 직접적 산물로 간주했기 때문인가? 그런데 거기서는 특히 임의적인 정의가 문제되는데, 우리는 시각적 묘사가 담긴 몇몇 텍스트 – 예를 들어 "에크프라시스ekphrasis" – 가 멀리 호메로스의 모델에서 영감을 얻었음에도 불구하고 – 쓰여진 것l'écrit에 의해서만 문학 장르가 됨을 알고 있다. 그럼에도 불구하고 견실하지 못한 논증은 플라톤이 그것에 부여했던 중요성을 더욱 드러낸다. 사실 플라톤을 사로잡았던 것은 텍스트의 구조라기보다는 그것이 **쓰여진 것으로 탄생**될 수 있다는 사실이었다. 그에게 있어서 에크리튀르는 거울이 시선視線, rayon visuel에 대해 그렇게 하듯이, 기억의 보조자로 가정되지만 기억을 배반하는 기만적인 표면 위에 말을 기록하도록 함으로써 말을 왜곡하는 바탕을 상징했다. 그리고 바탕은 사유 그 자체를 왜곡하고, 말과 사유를 모두 수상쩍고 근거 없는 독서의 법칙에 따르도록 했다.

『페드라』는 플라톤이 가졌던 쓰여진 것에 대한 불신의 새로운 동기들도 드러내면서, 에크리튀르와 회화의 동일시를 확인시켜 준다. 이 대화에서 플라톤은 이번에는 형상과 바탕이라는 회화의 두 가지 구성요소를 고려하고 아주 특별한 방식으로, 동굴 내벽이 부수적인 역할 밖에 하지 않는 동굴의 우화에서 우리가 확인한 것과는 반대로, 바탕을 강조했다. 사실상 플라톤은 그것을 단지 착각의 한 요소로가 아니라 담화와 담화의 본질적 기능에 불충실한 것으로 묘사한다. 우리 시대에 이르기까지 플라톤의 관점이 지속되고 있음을 증언하는 장 프랑수아 리오타르Jean-François Lyotard의 표현을 빌려보자. "말은 화자와 수신자의 공존을 내포한다. 화자의 존재를 제거하면 당신은 에크리튀르를 갖게 된다. 변별적 특질은 주체와 담화 간의 관계이다."[18] 에크리튀르에서 플라톤을 분노케 한 것이 이것이다. 화자와 청자의 부재. 그것은 지식으로 이끌 수가 없는데, 단지 에크리튀르에서 이 지식의 흔적들이 의심스럽기 때문이 아니라 회화에서 상속된 에크리튀르의 바탕이 지식에 침묵을 강요하기 때문이다.

> 그건 에크리튀르, 페드라가 회화와 아주 똑같이 중대한 단점이 있기 때문입니다. 회화 작품들은 마치 살아있는 것 같습니다. 하지만 그것들에 질문을 하나 해보세요. 그것들은 근엄하게 침묵을 지킵니다. 서술된 담화들도 마찬가지입니다. 그것들이 지식인으로 이야기한다고 믿을 수 있을 정도입니다. 하지만 자신들이 하는 말을 설명해 보라고 해보세요. 그들은 언제나 똑같은 한 가지 대답만을 할 겁니다. 한번 글로 쓰여지면 담화는 도처에 유포되고 전문가와 문외한의 손을 구별 없이 넘나들지요. 그리고 그것은 누구에게 필요한지 구별하지 못하고 누구에게 말하지 않아야 하는지 모릅니다.[19]

에크리튀르에 대한 이런 비난은 그것이 표명된 시대적 문맥 속에 위치시키지 않고서는 이해도 논의도 불가능하다. 기원전 4세기 그리스에서 에크리튀르는 아직도 의사소통과 표현의 한 방식이었다. 그리고 그것이 문학적으로 사용된 것은 극히 최근의 일이고, 그것은 구어성에 기반을 둔 사고의 전통을 전혀 문제 삼지 않았다. 하지만 특히 에크리튀르에 대한 플라톤의 고찰은, "우상"이라는 개념이 거기에서 비롯되었는데, 알파벳이라는 그가 알고 있으며 그가 실제로 사용하는 체계의 아주 특별한 성질에 기초한다. 알파벳 체계에서 문자는 독자에게 말의 자의적 구조만을 보여주는 신호-소리signe-son이다. "재현"의 개념, **미메시스**mimesis의 개념이 그 직접적인 결과인 만큼 이 체계에 더 잘 들어맞는다. 그렇지만 그런 개념은 에크리튀르의 도상적 기반을 드러낼 뿐만 아니라 알파벳에 선행했으며, 에크리튀르들 중 가장 조형적이고 지리적으로 가장 근접한 곳에 존재한 상형문자를 위시해서 그에게는 아직도 동시대적이었던 에크리튀르들에 대해 공정한 평가를 불가능하게 만들었다. 우상에 대한 동태動態적 정의 - 그것이 그의 기호학이 가지는 중대한 이점들 중 하나이다 - 에 근거해서 퍼스는 상형문자를 이런 혼란과 궁지에서 벗어나도록 했다. 그럼에도 불구하고 그는 이런 역동성을 불변의 단위로 이해된 기호의 생성에 한정했다. 그러므로 그 모델은 여전히 알파벳 문자였다. 내가 이미 언급한 것처럼 퍼스에게 있어서 표의문자는 "부유하지" 않는다. 그것은 기능의 유동성에 의해서 정의될 수 없다. 철학자의 사유 속에서 표의문자는 외형만이 그 의미를 결정지었던 이런 **표면**surface을 야기하지 않았기 때문이다.

그런 맹목은 피할 수 있는 것이었는가? 그것은 논리학자의 맹목이고, 비트겐슈타인과는 다르게 그는 논리학에서 일종의 역설적 서정성의 원천을 길어내려고까지 하면서 강박관념에 사로잡힌 냉정한 논리학자로 남는다. **기호의 시각적 사유**pensée visuelle du signe는 그것이 외형에 대한 - 혹은 더 폭넓게는 스크린에 대한 - 사유를 함께 내포하는 한 모든 일반기호학의 시도와 모순되는 원칙을 지닌다. 퍼스가 도상성의 개념으로 그것을 시도한 것처럼 설령 저자가 시각적 사유를 그 체계의 근원에 둘 것을 주장한다 하더라도 말이다.

---

1) Charles S. Peirce, *Écrits sur le signe*, présentation G. Deledalle, Paris, Seuil, 1978, p. 150.
2) *Ibid.*., p. 49.
3) Warburton, *Essai sur les Hiéroglyphes des Egyptiens où l'on voit l'Origine et le Progrès du langage et de l'écriture, l'Antiquité des Sciences en Egypte, et l'Origine du culte des Animaux*, trad. fr., 1744.
4) Charles S. Peirce, *Écrits sur le signe*, *op.cit.*, p. 72-73.
5) Léon Vandermeersch는 최초의 중국 문자 체계를 정의하는데 있어 "문자 언어langue écrite" 보다 "그래픽 언어langue graphique"라는 표현을 선호한다. 다음을 참고할 것. ≪Ecriture et langue écrite en Chine≫, *Écritures*, Paris, Le Sycomore, 1982, p. 255-270. 이 주제에 관해서는 다음도 볼 것. Jean-Marie Durand, ≪Trois appro-

ches de la notion d'idéogramme sumérien≫, *Écritures II*, Paris, Le Sycomore, 1985, p. 25-44 et Pascal Vernus, ≪Des relations entre textes et représentations dans l'Egypte pharaonique≫, *ibid.*, p. 45-70.

6) 다음을 볼 것. *L'image écrite*, ≪L'écriture et les dieux≫, *op.cit.*, p. 97-100.

7) 인쇄 형태의 역사에 관해서는 다음을 볼 것. C.E.R.T. *De plomb, d'encre et de lumière*, Paris, Imprimerie nationale, 1982. 필자의 다음 논문 역시 참고할 것. ≪Rhétorique et typographie, la lettre et le sens≫, *Revue d'esthétique* n° 1-2, 1979, Paris, U.G.E., 10/18, p. 297-322.

8) Charles S. Peirce, *Écrits sur le signe*, *op.cit.*, p. 31.

9) Charles S. Peirce, *Écrits sur le signe*, *op.cit.*, p. 35.

10) Platon *Timée* 28a et *Phèdre* 249d-250c.

11) *Timée* 71d-72c et *Phèdre* 244b-245a.

12) *Timée* 45c.

13) 이 주제에 관해서는 다음을 볼 것. Gérard Simon, *Le Regard, l'être et l'apparence dans l'optique de l'antiquité*, Paris, Seuil, 1988.

14) *Le Banquet* 215b.

15) *La République*, VI, 510a, trad. cit., p. 267.

16) *Ibid.*, 500c-501d, p. 257.

17) 상기上記 참조할 것. ≪이미지와 문자≫, p. 15-28.

18) Jean-François Lyotard, *Discours, Figure*, Paris, Klincksieck, 1971, p. 271.

19) *Phèdre* 275d-276a, trad. cit., p. 166.

04

에크리튀르가 형성한 이미지

이미지는 보이지 않는 세계를 드러낸다. 환영이 박탈된 우리 사회에서도 그 마법은 손상되지 않는다. 들라크루아Delacroix의 화폭 앞에서 보들레르Baudelaire는 적는다. "이 그림은 마법사와 최면술사처럼 자신의 사유를 멀리서 투사하는 것 같다."[1] "중개 없이, 직접적 매혹의 수단인 조형예술에 의한 이 상화는 표면에서 매혹의 빛나는 비밀을 일깨우는 분위기의 소산인 것 같다." 말라르메는 지적했다. 그는 구전되는 시에 고유한 굴절된 암시의, 작가가 창조하는 예술과 마네Manet와 그의 계승자들의 회화 속에서 발견되는 투시적 내재성의 예술을 대립시킨다.[2] 하지만 에크리튀르 자체가 이미지의 한 결과임에도 불구하고 에크리튀르는 이미지에 대한 우리의 접근 속에 그리고 우리가 이미지로부터 당연히 기대하는 것 속에 주저와 괴리를 받아들였다. 그것들 중 몇몇은 이따금 단순한 이해부족이 아니면 변심에서 비롯되기까지 한다. 에크리튀르의 문명에서 "이미지"는 구전 사회에서 그것이 어떤 존재였는지 - 혹은 여전히 어떤 존재인가 - 로 환원할 수 없다. 그것의 본질이 변했기 때문이 아니다. 이미지는 이제 자신 속에 쓰여진 것에 대한 지울 수 없는 기억을 지니고 있기 때문이다. 이미지는 그것이 근본적으로 모호한 것이니만큼 더 함축적이다. 이미지에는 사실 원칙적인 (말하자면 표의문자적인) 에크리튀르의 본질과 일정한 사회에서 선택된 특별한 체계의 본질이 결합되는데, 이것은 이미지에 모순될 수 있다. 서양 문화의 기초를 이루는 그리스 알파벳은 극단적인 경우를 나타내는데 그리스 알파벳에서는 이전의 체계들에서 쓰여진 기호를 특징지었던 모든 시각적 관계가 박탈되었다는 한에서 그렇다.

따라서 이런 알파벳의 등장이 "재현"이라는 개념의 출현 및 "서술narration"을 그것의 거의 당연한 모델로 삼음으로써 회화라는 개념의 출현을 수반했다는 사실에 놀라서는 안 될 것이다.[3] 재현과 서술은 이 에크리튀르가 태어난 동력의 에크리튀르를 상실했고, 동시에 순전히 도상적 기원을 갖는 동시성과 대조만을 중요시한 문명에서만 회화 창조의 기준이 될 수 있을 뿐이었다. 그런 문명에서 에크리튀르는 적어도 이론적으로는 가시계라는 의미를 상실했는데, 우리가 이 책의 마지막 장들에서 확인할 수 있게 될 것처럼 실제에서는 달리 진행되었기 때문이었다.

나는 이미 "재현"의 개념이 바탕을 무시한 채 이미지 속에서 단지 그 형상들만을 중시하는 것이 아니라는 사실을 지적할 기회가 있었다. 그것은 바탕을 새로움으로, 더욱이 계시의 가능한 원천으로 이해하는 것을 금한다. 더구나 거기에서 형상들 자체는 비록 상상의 산물이라 해도 초월적 존재의 초라한 반영, 그림자가 아니라 - 플라톤이 『공화국』에서 꼭두각시 인형이라 말하는 - 가장 소박하고 가능한 한 가장 하찮은 가시계의 초라한 반영, 그림자로 생각될 뿐이다.

서술에 있어서도 사정은 마찬가지이다. 서술은 "행위자actant"들 각각이 사전에 특별한 개인으로 정의되었고, 이야기 내내 그 기능이 동일하게 지속된다는 (그렇지 않다면 그의 육체적인 정체성 자체가 변신을 받아들일 수 있다는) 조건에서 가능할 뿐이다. 그런데 그 기호들과 마찬가지로 문장구성법도 변하지 않아야 한다는 구어적 의사소통의 가장 명백한 법칙을 반영하는 이런 이중적 특징은 알파벳 체계의 구조적 엄격함 속에서 강하게 지지된다. 이런 지지는 역으로 알파벳 체계의 음성학적 정당성을 옹호하는데 기여하니 만큼 더 강력하다. 반대로 이런 이중적 특성은 에크리튀르에는 아주 낯선 것이다. 에크리튀르에서 기호는 그 기능의 유동성에 의해서, 애매함에까지 이를 수 있도록 에크리튀르가 허용하는 해석의 다양함에 의해서 특징지어진다. 게다가 중국 문학에는 서사시가 존재하지 않고, 중국의 에크리튀르가 그때까지는 충실하게 기록할 필요가 없어 보였던 음성적 특징을 명확하게 밝히고 나서야 비로소 중국 문학에서 소설이 생산되었음은 주목할 만하다.[4]

우리 문화에서 알파벳의 이론적 영향력은 너무도 강력해서 우리는 레싱Lessing에게서도 그것을 확인할 수 있다. 그러나 그의 표현에 따르자면 "집단적 행위들"인 회화 작품을 단순하고 소박한 결합체로 축소할 때 그는 회화로 전환된 서술에 대해서 비판적이다.[5] 그는 설명한다. "사람들은 다양한 유형의 육체적 아름다움을 동시에 그리기 위해서 역사화를 고안해냈을 뿐이다." 그는 계속한다. "단지 중요한 것은 "전체의 효과", "총체적 아름다움"이다."[6] 순수하게 논리적이고 완전히 근거 없는 추론으로부터 탄생된 가설이다. 그것은 실제로 그 준거가 전혀 시각적이지 않은 모델을 조형의 영역에 적용한다. 그것은 알파벳이 그 그래픽 법칙을 창조했고, 그 결과 아름다움과는 아무런 관련이 없는 음소들의 총합에서 착상을 얻었기 때문이다.

또한 회화를 짓누르고 있는 아카데미풍의 모델들로부터 회화를 해방시키기를 주장하는 모리스 드니Maurice Denis의 유명한 문구를 보게 되는 것은 더 이상 놀랍지 않다. 그는 단언한다. "어떤 그림이 전쟁의 말, 나체의 여인, 혹은 어떤 세부적인 것이 되기 전에 본래 일정한 질서에 따라 조합된 색채들로 뒤덮인 평평한 표면이라는 사실을 기억하라."[7] 그는 이 "질서" 속에서 비어있는 부분들의 역할을 강조하는데 소홀하다. 정확히 이미지는 비어있는 부분들에 의해서 가장 효과적으로 세부적인 것에서 벗어난다. 그에게 있어서도 역시 회화 예술은 "가득 참" 즉, 한 번 더 말하건대 알파벳에 의해서 지위가 격상된 불변하는 항項들의 총합에 속할 뿐이다. 본보기가 되는 그의 그림에서 여백은 보이지 않는다. 하물며 여백이 의미로의 길을 열어주지는 않는다.

에크리튀르에 정통한 – 말하자면 그곳에서 발명된 표의문자에 정통한 – 중국이 우리에게 주는 교훈은 아주 다르다. 중국의 표의문자에서는 "부수"가 되는 무음의 기호가 기술된 어휘의 가장 중요한 부분, "이데오포노그램 idéophonogrammes"[8]의 부분을 생성한다. 역시 그곳에서 발명된 풍경의 두 가지 표현 방식을 비교해 보면 아주 잘 이해된다. 돌과 작은 나무들로 이루어진 부유하는 정원인 "연못 풍경" – 롤프 A. 스타인Rolf A. Stein의 표현을 따른다면 "축소된 세상" – 과 중국에서 중세 초기부터 회화에서 시작된 "문인화"는 각기 자신의 방식대로 극동의 철학에서 근본적인 자연과의 관계를 옮겨놓는다. 하지만 이 두 가지 종류의 창조물을 구별하는 차이점은 단순히 물질적인 것이 아니다. 그것은 무엇보다도 정신적이다. 정원이라는 소우주는 마법적인 사유에 사로잡혀 있다. 사람들은 그것에서 다른, 초자연적인 현실이 불쑥 나타나기를 기다린다.[9] 두루마리 위 그림의 지혜는 예지력divination에서 영감을 받은 것이다. 그런 회화는 세상에 대해서 어떤 힘을 행사한다고 간주되는 것이 아니다. 관람객은 그림을 주시함으로서 진리의 경험에 도달할 수 있게 된다고 확신한다.

여기에서 사상과 사상을 구현하는 사물들은 긴밀하게 연결되어 있다. 숙련된 기교로 일치를 이루고 있을지라도 축소된 풍경은 현실의 원형 그대로의 여건에 의존한다. 문인화는 에크리튀르로 인해 중국에서 밝혀진 대로의 이미지의 정신적 잠재성을 활용한다. 적어도 서양인에게는 에크리튀르 속에서 그 제스처의 역동성 밖에는 거의 야기하지 못하는 이런 연속성의 가장 명백한 양상은 서화가로 하여금 필치의 동일한 특징을 자체字體의 가장 중요한 요소로 상정하게 하고, 한 잎의 대나무를 재현하게 이끈다는 사실에서 기인한다. 그렇지만 그것은 그 본래적 임무가 몇몇 특권적 표면들이 피안의 세계에 대한 기호의 바탕이 될 수 있다고 정의하는 스크린에 대한 사유의 어떤 의미로는 비종교적이고 인본주의적인 결과이다. 거기에서 인간은 에크리튀르의 원칙들을 이끌어냈다. 그때부터 인간은 거기에서 우주와의 융합을 실현했다. 풍경화의 근원에서처럼 중국의 에크리튀르의 근원에서 기본적인 경험은 기록이 아니라 "공백"의 – 즉 여백의 – 경험이다. 그 덕분에 주어진 표면과 그것을 초월하는 세계 사이의 모든 의사소통이 시작될 수 있다. 화가인 장세위蔣世衛, Chang Shih에 의하면 "3평방피트의 네모난 종이 위에서 눈에 띄게 그림이 그려진 부분은 3분의 1에 불과하다. 종이의 나머지 부분에는 전혀 이미지가 존재하지 않는 것처럼 보인다. 그렇지만 거기에서 이미지는 고도의 존재감을 지닌다. 이처럼, **비어있음**은 무無가 아니다. **비어있음**은 그림이다."[10)]

「시각예술의 기호학적 몇몇 문제들 : 도상 기호들 속에서의 표면과 매개수단」에 관한 논문에서 마이어 샤피로Meyer Schapiro는 선언한다. "그림의 표면은 기호에 대한 우리의 감정에 영향을 미치는 국부적 특성들을 갖는다." 그리고 그 역시 그림에서 여백의 중요성을 강조한다. 그렇지만 그의 추론은 나의 추론과는 반대로 진전된다. 예술사가들에 의하면 실제로 여백이 자신의 필연성을 발견하는 것은 이미지의 기원에서가 아니었다. 예를 들어 그는 쓴다. "나는 선사시대의 표면이 중립적이었다는, 아직 불명확한 이미지의 단순한 바탕이었다는 생각으로 기울고 있다." 그것은 "[회화의] 모방적이지 않은 요소들이 재현의 실제적 요소들로 전환"되는 핵심적 단계인 원근법의 법칙이 성립되는 무렵이었다. 계속 인용해 보면, 그때 "형상들을 구분하는 그림 표면의 여백은 3차원에서 연속된 공간의 기호가 되기" 때문이다.[11)]

이런 결론은 샤피로 역시 자신의 논거를 중국 회화와 서구 예술의 비교에, 에크리튀르 - 거기에는 중국의 에크리튀르가 포함된다 - 의 실천에의 명백한 참조에 근거하니 만큼 더 기이하다. 이런 결론은 재현의 토포스 속에 여백을 더 단단히 가두기 위해서 서술의 **토포스**topos[12)]의 여백을 해방시킬 뿐이다. 하지만 이런 종류의 비교가 제기하는 가장 중요한 문제는 가능한 한 상세하고 엄밀한 방식으로 우리의 것과는 아주 다른 에크리튀르와 문화에 대해 알아볼 수 있다는 사실이 아니다. 그것은 이런 차이들이 우리가 **선험적으로** 증명할 수 있을 것이라 기대하는 것과 상반된다 하더라도, 우리가 우선 이런 차이들이 내포하는 모든 결과를 이런 차이들에서 이끌어내는데 동의한다는 점이다. "전체라는 느낌이 시각의 습관에 의지하는 것은 분명하다. 그리고 습관은 변하기 쉽다." 샤피로는 단언한다. 그럼에도 불구하고 그가 중국 회화에서 비어있음의 중요성에 주목할 때 그는 우선 중국에서 **낙관을 새겼다**는 사실에 민감한 태도를 보인다. 그것은 명백히 공백에 대한 "사실적인" 해석과는 양립 불가능하다. 그리고 결론 내린다. 중국에서 "전문가는 탄복하는 작품을 응시하면서 비어있는 배경과 가장자리를 정말로 작품의 일부를 이루지 않는 것으로 간주할 수 있었다. 어떤 책의 독자가 텍스트의 가장자리와 간격을 주석에 열려있다고 생각할 수 있는 것과 마찬가지로."

이 문장은 완전히 교훈적이다. 그것은 우리에게 역사가가 그림의 여백이 현실을 재현하고자 하는 필요와 분리될 수 없다는 사실을 그 정도로 확신하고 있음을, 더 이상의 비판 없이 어떤 현상에 대해 탐색하는 것을 포기했음을 보여준다. 분명 확실히 역설적이지만 그는 그것이 책의 공간에서도 동일하다는 사실을 발견했음을 지적했다. 또한 그의 방식을 이끈 것이 단지 알베르티의 "창문"으로 세상을 관찰하는 사실주의 소설에 대한 그의 믿음만은 아니다. 게다가 이 믿음은 우리가 예술에서 이 창문 이외에 "인공적인 장방형의 영역"에 대한 다른 예들 특히 중국과 일본의 그림 그려진 두루마리라는 영역을 발견한다는 사실을 위태롭게 했을 수도 있다. 에크리튀르에 대한 해석 역시 그가 관심을 갖는 문명이 제시하는 그의 실수에 관한 모든 증거에도 불구하고, 레싱의 시대에 그랬던 로고스중심주의logocentrisme[13]에 사로잡힌 채였다. "쓰여진 단어는 잉크 색깔이 어떻든 동일하다." 그는 선언한다. 이 단언은 퍼스의 실수를 반복한다. 하지만 우리가 그렇게 많은 – 서예, 삽화, 인쇄, 시의 – 창조물들을 생각한다면 그것이 예술사가의 발언이라는 점은 놀라울 뿐이다. 이런 창조물들에 의해서 서구의 작가들과 조형 예술가들은 표의문자가 누리는 시각적 의미 내용을 알파벳 문화에서 정확히 복원시키려 했다.

여백은 하나의 형상, 하나의 단어나 하나의 문자와는 아주 다르기 때문이다. 그것은 동일한 공간을 점할 수 있지만 기능은 상이하다. 여백의 기능은 이미지의 요소들 사이에서 **다른 것을 매개로 어떤 것을 검토**하게 할 이웃함의 효과를 확립하는 것이다. 중국의 풍경화에 영감을 부여하기 위해서 에크리튀르에 스며든 세속화된 신성 역시 여백에 존재한다. 이런 회화에서 신비는 더 이상 단지 이미지의 외부에 존재하는 것이 아니다. 두 모티브의 틈을 은밀히 드러내는 신비의 출현이라는 불가사의 속에서 결정되지도 않는다. 신비는 회화의 표면 자체에 존재하며, 그 형상들의 결합을 이끌어내는 원칙이다.

내 생각에는 그것이 중국에서 회화의 소장자들과 애호가들이 풍경의 "빈자리"에 자신들의 낙관을 새기는 것이 허용되었다고 믿은 이유이다. 이 공간들이 소용이 없거나 부차적이기 때문이 아니라 그 반대이다. 이 공간들이 **기억의 장소**라는 것을 의식하고 있었기 때문이다. 세계 형성의 증인인 이 공간들은 세계에 대한 기억을 지니는데, 그 기억은 어떤 흔적에 대한 잠재적인 기억이다. 표의문자에서 볼 수 있는 것처럼 이 공간들은 기억을 다음 기억으로 이끌 때까지 그 리듬을 연장하거나, 그런 방식으로 시선을 무감각하게 만들어 하나의 자연 경관의 모티브를 다른 것으로 변모시키는 데 기여했다. 또한 동시에 그런 공간들 속에 자기 이름의 그래픽 이미지 (결코 사인이 아니라 언제나 낙관에 관련되기 때문이다)를 넣는 것은 필수적이었다. 이런 기억에 찬사를 보내고, 자기 자신의 기억으로 그 기억을 확장시키고, 그 힘을 이용하기 위해서이다. 그리고 다른 한편으로 이렇게 하는 것이 그림에 해로운 결과를 가져오지 않았는데, 이런 여백들은 다른 시간의 비가시적이고 추상적인 공간 속에서만 존재했기 때문이다.

기독교는 알파벳 문명이 에크리튀르를 고안하도록 이끈 피안의 세계의 이미지와 다시 관계 맺도록 허용했다. 하지만 그런 기도는 여러 세기를 필요로 했음이 분명하다. 중세 시대에 학식을 지닌 화가가 된다는 것은 – 모든 화가들이 학식이 풍부하지는 않았다 하더라도 적어도 그들이 부여받은 임무를 완수하기 위해서 학자들과 함께 일하는 것이 필수적이었기 때문이다 – 사실상 서구에서는 동시대의 중국이나 일본에서와는 아주 다른 것을 의미했다. 거기에는 상이한 이유들이 존재했다. 우선 서구에서 에크리튀르와 사회를 잇는 이데올로기적인 관계는 종교적인 기원을 가진 것이었는데, 그 결정적인 한 부분은 분명 신화에 – 말하자면 이야기에 남겨져야 했다. 더욱이 유대-기독교는 그 점에서 놀라운 독창성을 지닌다.

> 오래된 고대 동양의 종교들과 비교해서, 인도와 그리스에서 완성된 개념 그대로의 영원 회귀의 신화적-철학적인 개념들과의 비교에서와 마찬가지로 유대교는 중대한 혁신을 이룬다. **유대교에서 시간은 시작이 있고, 끝이 있을 것이다**. 순환적인 시간의 개념은 극복되었다. 여호와는 더 이상 (다른 종교의 신들처럼) **우주적인 시간** 속에서가 아니라 비가역적인 **역사적인 시간** 속에서 나타난다.14)

세상의 창조자인 신 역시 유대의 전통 속에서 우선적으로 민중의 신이라는 사실은 신으로 하여금 민중에 고유한 구전의 세계에 긴밀하게 참여하도록 한다. 다른 문화적 전통 속에서 외부적인 것에의 접근을 집단에 허용해 주는 가시적/비가시적 관계들과 연관되는 "피안의 세계"는 여기에서 집단의 내적 구조들 속에 흡수되어 있다. 게다가 바빌로니아 사회에서 실천된 두 가지 계시의 방식, 점술과 신탁 중에서 오직 후자만이 증거로 유대교에서 인정되었다. 꿈에서 비롯한 통찰력은 일단 담화로 옮겨지고 나서야 신빙성 있는 증거로 받아들여질 수 있었다. 그렇지만 신기하게도 이미지의 위상은 이런 전통 속에서 양면성을 지닌다. 다른 곳에서 숭배되는 모든 신에 대한 거부를 내포하는 일신론이 신을 묘사한 모든 성상을 경멸하고 비난해야 했음은 자명했다. 유태인들의 신은 자신의 이름 이외에 다른 이미지를 지닐 수 없었다. 하지만 이 신은 또한 인간을 "자신의 이미지" 대로 창조했다. 재현의 개념 역시 아주 철저하게 단죄 받지 않을 수 없었다.

> 기독교는 **역사적 시간**에 대한 가치부여 속에서 또 한걸음 나아간다. 왜냐하면 신은 **강생했고, 역사적으로 조건 지워진 인간의 존재**를 수용했기 때문이다. 역사는 성스러운 것이 될 수 있었다. [···] 의식의 시간에 참여하는 동시대의 기독교도는 예수가 살았고, 죽어갔고, 부활한 **태초의 신화적 시간**l'illud tempus을 되찾는다. 하지만 더 이상 신화적인 시간이 아니라, 본티오 빌라도가 유대를 지배했던 시간에 관련된다.15)

신자들을 교화시키는데 사용되는 교훈은 메시아의 말씀 속에 만큼 예수의 전기와 예수의 삶에 대한 이야기들 속에 존재한다. 이 새로운 종교에 의해서 시작된 이데올로기적인 변화는 이미지에도 관련되는데 이미지는 단지 재현으로만 이해될 수는 없었다. 예수의 강생이라는 교리는 비가시적인 것의 가시적인 것으로의 이행에 너무도 본질적인 중요성을 부여해서 사람들이 그것을 아주 피상적으로 정의하는데 만족하도록 한다. 분명 이런 교리는 적어도 이론적으로는 그 자체로서 이미지에 영향을 미치지 않는다. 그것은 물질적이고 완전히 인간적인 실현에 관련되기 때문이다. 하지만 그럼에도 불구하고 유사한 관점에서 이런 실현은 필연적으로 그 실현의 힘들의 기원, 본질, 한계에 관한 특별한 질문의 대상이 되어야 했다. 모든 질문은 유대교의 전통과는 완전히 무관하다.

이 두 종교의 토대가 되는 성서의 집필에 사용된 에크리튀르 체계들은 이 두 종교가 이미지에 접근하는 방식을 구분하는 차이점을 더 두드러지게 하는데 기여했다. 신의 이미지가 그의 이름이라는 사실은 셈족의 알파벳으로부터 전적으로 이해된다. 이 체계에서 문자는 표의문자가 그랬듯 의미와의 직접적인 연관을 유지하기 때문이다. 거기에서 문자화된 자음은 소리 내어 발음될 필요 없이 즉, 바로 이웃한 문자에 의해서 보충될 필요 없이 텍스트의 공간을 통해 그 기억을 확산시킬 수 있는 구어적 근원의 요소를 표현한다. 하지만 그리스어의 문자는 하나의 음소를 가리키고, 상황에 따라 각각의 문자는 엄격히 코드화한 기능을 갖는다. 그리스 문자를 읽을 때 우리가 그 과정의 복잡성을 잊기에 충분한 자동성automatisme이 생성된다는 사실은, 플라톤의 『테아이테토스』가 증명하는 것처럼, 그리스 문자를 분석하고자 하는 이상 그 구조로 되돌아올 수밖에 없다는 사실에서 아무것도 변화시키지 않는다. 이 책에서 소크라테스가 이끌어가는 과학의 정의에 관한 논쟁은 글자/음절의 대립에 기대고 있다.[16] 에크리튀르에 의해서 의미를 갖는 모든 것은 서로가 선형으로 연결되어 있는 단위들로 분석된다. 그리스어의 체계와 관련해서 이론의 여지가 없고, 음성적 특징을 강조한 라틴어의 체계와 관련해서는 더 그렇다. 이런 견해는 마치 그것이 에크리튀르의 본래적 모델이 되어야 하는 것처럼 다른 에크리튀르의 체계들에서도 원칙에 따라서라면 말할 것도 없고, 심지어 부당하게라도, 우리가 쓰여진 것 그리고 특히 이미지와 비교하고자 하는 모든 형태의 표현에서 반드시 일반화되었다.

그렇지만 알파벳의 지배적 경향은 기독교 세계의 시원에서부터 받아들여진 것 같지는 않다. 사실 그 시대에 이미지는 특히 그것 자체가 신성한 매개물인 성서 속에 내포된 신성한 말씀에서 생겨난 존경이라는 자신의 보완적 신앙심을 표현하는 한 방법으로 느껴졌다. 로마의 지하교회의 벽에 새겨지거나 그려진 상징들은 그것들이 선사시대에 그랬듯이 가시계에 의한 비가시계와의 상응의 신호들이다. 그 가장 주목할 만한 예는 4세기 초에 출현한 예수의 모노그램[17])이다. 우리가 고대 회화에 고유한 마술적 예술을 도상을 통한 의사소통의 진정한 체계로, 새로이 조직될 예술로 이끌어야 하는 변화의 시작을 목격하는 것처럼 모든 것이 전개된다. 그런 변화는 그리스에서 알파벳과 동시에 이루어졌다.

아마 여전히 신흥 종교였던 종교에 연관된 이런 창조적 진솔함에 의해 지탱된, 기독교로 개종한 로마제국은 5세기부터 이런 의사소통에 필요한 조건들을 발견했다. 우리는 15세기 지오토Giotto에게서 거의 동일한 조건들을 재발견하게 될 것이다. 이런 조건들 중 첫 번째 것은 이미지가 – 중국에서 행해진 선택과는 반대로, 왜냐하면 중국에서 에크리튀르는 여전히 이미지의 영향을 받고 있었고 다른 철학의 성격을 지니고 있었기 때문에 – 글자가 쓰여진 바탕과 거리를 두어야 한다는 것이었다. 글자가 쓰여진 바탕은 거기에 적힌 언어인 라틴어가 여러 세기 동안 사람들이 날마다 실제로 사용하는 언어에서 조금씩 멀어졌음이 분명하니만큼 더욱더 엄밀하게 특화된 사람들을 위한 것이었다. 게다가 이 사람들은 텍스트 속에서 기원 자체가 구전적인 지식과 교훈을 찾으려 애쓸 뿐이었다. 이미지의 재생은 공동체의 집전의 장소들에서만 이루어질 뿐이었다. 사람들이 같이 응시하는 이미지들만이 복음의 초대라는 힘에 상응하는 힘을 지녔다. 그리고 아마도 라벤나Ravenne의 산 비탈레Saint-Vital 성당에서 잘 볼 수 있듯이 국가 권력은 이렇게 신에게 바쳐진 경의에서 이익을 얻으려 할 수 있었다. 하지만 그것은 능숙하게도 자신을 여백에 재현되도록 했고, 여백 속에 물러나있는 듯이 보이는 환상을 줄 수 있었다. 기독교적인 이미지의 목표는 수사학의 목표와 동일한 종류의 것이다. 유혹하고 설득해야만 한다. 하지만 전략은 다르다. 그 전략에는 사실상 하나의 원칙만이 존재한다. 응시의 대상이 되는 표면에 절대적 우선권이 주어져야만 한다는 것이다. 건물의 건축 양식, 건물의 재료, 혹은 건물을 장식하기 위해 선택된 성상의 문제이다. 산 비탈레 성당의 내부 공간을 파 들어가고 확대시키는 주랑의 연속, 그 유색의 결이 시선을 몽환적 기하학으로 안내하는 것 같은, 사람들이 마치 예술작품처럼 신경을 써서 테두리를 만든 대리석판은 분명 그 미로 같은 매력으로 인해 신자의 주위에 그가 그곳에서 아주 환영받는 존재임을 설득하는 환경을 제공하며, 보이지 않는 세계를 응시하도록 하는 장소를 창조해 냈음이 분명하다. (여러 세기가 지나 베네치아의 성 마르코 대성당에서 동일한 방식이 행해질 것이다.) 그 장소는 - 아마도 선사시대의 동굴들의 경우가 그랬을 것처럼 - 신자에게 그곳에 갇히게 될 것이라는 느낌을 부여하거나, 신자로 하여금 그것이 증언하는 힘을 두려워하게 만드는 것과는 거리가 멀었다. 고대로부터 상속된, 재현과 관람객 사이에 일정한 거리를 유지했던 연극적 환상이 그 방식을 사용함에도 불구하고 반대로 계시의 바탕이 되는 예술로 대체되었다. 산 타폴리나레 누오보Saint-Apollinaire-le-Neuf 성당 중앙 홀의 양편에 줄지어선 주랑이 저항할 수 없는 시각적 반복의 효과에 의해서 신자의 시선을 성직자석으로 향하게 한 것과 마찬가지로 산 비탈레 성당의 건축양식은 돌연 바닥과 궁륭 - 대지와 하늘 - 사이에 펼쳐지는 직접적이며 상징적인 대조 덕분에 신자의 시선을 동일한 근본적 장소로 이끈다. 그것은 바닥과 궁륭을 완전히 뒤덮은 모자이크의 유희에 의해서인데 바닥의 광택 없는 대리석, 하늘의 유리와 금의 조합이라는 재료는 아주 다른 시각적 효과를 만들어낸다. 하늘의 빛에의 간접적 입문 혹은 그 빛의 존재 자체인가? 어두운 색의 토가를 입은 젊은 예수가 하늘과 자신을 둘러싸고 있는 천사들의 흰빛과 금빛의 조화를 깨뜨리는 청명한 푸른 천체 위에 당당히 자리 잡고 있는 제단 뒤 반월형 부분을 우리가 응시할 때 우리 눈앞에 있는 것이 숭고한 하늘인지, 혹은 눈앞의 등장인물들이 어깨에는 인조 장신구 조각들을 달고 사람들의 눈에서 그들을 숨겨주었을 벽돌과 크리스털이라는 스크린에서 모습을 나타내는 것인지 알 수 없다.

눈속임의 회화인 순수하게 유희적인 목적을 가진 그리스-라틴 회화에 의해서 명백해진 기술을 신성한 예술에 유리하도록 왜곡시키면서 벽면 공간의 이런 초월성은 거기에 재현된 옷감들과 벽지들 속에서 똑같이 주목할 만한 방식으로 나타나기 때문이다. 눈속임의 원칙은 모든 구상적 재현이 수반하는 도상의 두 차원이라는 이론적 분리에 기초한다. 그것은 배경의 차원과 사물의 차원이라는 두 차원의 분리를 의미한다. 배경의 재현은 거기에 놓인 사물들을 재현하기 전에 지면, 벽 혹은 양피지라는 실재의 바탕과 혼동될 수 있어야 한다. 사실 이런 배경의 완벽한 모방만이 허구적 물체들의 현실로의 이행을 보증하는 힘을 지닌다. 문장紋章의 예술에서와 마찬가지로 여기서 가장 기본이 되는 것은 배경이다. 파라시오스는 그 점을 잘 이해했는데, 그는 제우크시스와의 대결에서 배경을 제거했기 때문이다. 그는 커튼만을 그림으로써 이 대결에서 승리를 거두었다.[18] 기호들의 세심하고 면밀한 목록에 대한 여백이라는 붙잡을 수 없는 수수께끼로 이루어진 가시계의 최초의 승리이다.

라벤나에서 커튼은 모여 있는 신자들 곁으로 천상의 금이 예정된 사람들보다 덜 신성하거나 덜 존엄한 지위를 지니는 인물들을 들어오게 하기 위해서 여는 벽걸이 천이다. 그게 아니라면 토가, 식탁보, 봉헌물 같은 유사한 기능을 가진 천과 관련된다. 강력한 필연성이 모자이크 화가들을 이런 모티브로 이끈 것으로 보인다. 하지만 여전히 소박하고 경험적인 방식으로 이용되고 있다. 우리는 그것이 은폐로서 일시적으로만 추상적인 가치를 가지기 시작하는 것을 본다. 산 타폴리나레 인 클라세Saint-Apollinaire-in-Classe 성당에서 그것은 이단으로 선고된 고위 성직자의 이미지를 숨기는 것을 허락했다. 그의 초상화는 예전에는 벽 위의 만신전에 새겨져 있었다.

에크리튀르로 되돌아오자면, 그것은 라벤나의 모자이크 위에 존재한다. 전혀 에크리튀르가 존재하지 않는 아리우스파의 세례당을 제외한 모든 기념물들은 돌에 글을 새기는 것을 허용한다. 사실 에크리튀르의 바탕들은 새로운 종교와 그 신앙의 근거에 대한 중요한 증거가 된다. 내용을 추측하기 위해서는 그 크기를 보는 것으로 충분하다. 두루마리만 볼 수 있는 아리우스파의 세례당을 제외하고 거의 모든 건축물의 모자이크들과 화장 회반죽 위에 번갈아 나타나는 책과 두루마리들은 구약이 **파피루스 두루마리**volumen라는 바탕 위에 쓰여 졌다면 **코덱스**codex[19]는 신약에만 속한다는 사실을 다시 한 번 우리에게 상기시켜 줌이 분명하다. 코덱스는 신약과 함께 받아들여졌기 때문이다. 게다가 천과 벽걸이천의 선택을 좌우하는 표면의 도상적 논리는 여기서 특별한 가치를 부여받는다. 열려진 문으로 보이는 작은 책장의 선반들 위에는 4복음서가 보이고 각각의 책은 이름으로 지칭된다. 작은 책장은 가장 본질적인 신성한 신비를 암시하는데, 신성한 신비 속에서, 무명이며 무언이지만 바탕은 여전히 **에크리튀르의 힘**을 지닌다. 그것은 갈라 플라디키아Galla Placidia 모졸레움[20] 깊숙한 곳의 벽 위에 사제복 차림의 성 로렌조의 시복된 이미지와 대칭을 이루어 재현되어 있다.

쓰여진 것과의 이런 본질적이지만 오로지 시각적인 관계는 뒤이은 세기들에서는 다소간 경시되거나 손상되었다. 사실 7세기에서 13세기까지 에크리튀르에의 참조는 회화를 아주 다른 길로 이끌었는데, 이미지의 사명이 공동체적인 것으로부터 성직자들을 위한 것으로 일시적으로 방향이 바뀌는 결과를 낳게 되었다.

아주 역설적이게도 당시 대두하기 시작한 우상이라는 비난으로부터 기독교의 이미지들을 방어하고자 한 교황 그레고리우스 1세가 이런 방향전환의 실제적인 원인은 아닐망정 중대한 결함을 가진 그 원칙을 정한 사람이다. 실제로 그는 600년 성당에서 이미지들을 제거한 것에 대해 비난을 가한 바 있는 마르세유의 세레누스 주교에게 편지 한통을 썼다. 이 편지의 기억은 분명 긴 세월동안 전해져 왔다.

> 한 점의 회화 작품을 경배하는 것과 […] 회화에 재현된 장면에 의해서 숭배해

야 하는 것을 깨우치는 것은 별개입니다. 회화는 그것을 바라보는 문맹의 사람들에게 쓰여진 것이 독자들에게 제공하는 것을 안겨주는데, 이 무지한 사람들은 거기에서 그들이 모방해야만 하는 것을 보기 때문입니다. 회화는 문자를 알지 못하는 사람들의 책이고, 그 결과 그것은 특히 이교도들에게서 책의 역할을 합니다.[21]

텍스트나 이미지는 모두 교황 그레고리우스 1세에게 있어서 비가시적인 것에 도달하기 위한 등가의 물질적인 수단을 이룬다. 하지만 텍스트와 이미지의 기능은 무엇보다도 교육이다. 오직 말만이 허용하는 것과 같은 교육 즉, 서술에 의한 교육을 의미한다. 이 교훈들 중 첫 번째 것이 곧 『샤를마뉴의 책*Libri carolini*』(794)에서 부인되었음이 분명하다면, 이 책은 제2차 니케아 공의회의 성상파괴를 지시하는 호로스horos에 대한 거부를 정당화하기 위해서 두 번째 교훈을 견지한다. 제2차 니케아 공의회는 787년 동로마제국이 주장한 이미지의 신성한 가치를 인정했다. 실제로 종교적일 뿐만 아니라 정치적인 동기가 있었음에 분명한 샤를마뉴의 측근들에게 그것은 물질적인 것에 불과한 이미지가 정신적인 소명을 가질 수도 있다는 점을 인정하는 문제가 아닐 수 있을 것이다. "우리가 정신적인 논리의 박식함을 획득하는 것은 이미지 속에서가 아니라 책 속에서이다."[22] 그렇지만 화가들은 **성사**Histoire sainte의 삽화들 속에서 그들의 재능을 발휘하는 것이 허용되었는데, 그런 시도의 교육적인 이득은 전혀 의심할 바 없었기 때문이다.

이런 양보는 분명 화가들이 스타일의 혁신에 의해서 그들의 예술이 따라야 했던 자연에의 맹종을 거의 자유롭게 보상하도록 하는 결과를 가져왔다. 그렇지만 11세기 서구에서 이미지의 정신적 가치들의 인정에 유리한 반작용이 나타나기 시작했을 때, 화가들은 자연을 그레고리우스파의 관례에 대한 존중 속에서 표현하려 했다. 즉 **서술적 모티브**motif narratif를 **시각적 기호**signe visuel로 변화시키려 함으로써 그것을 표현하려 했는데, 이런 모티브에 강요된 논리적 연관이나 하물며 그것이 근거하고 있는 기호의 종류는 다시 문제 삼지 않았다. 교황 그레고리우스 1세가 "문맹자들의 성경"인 이미지에 관해 말하면서 암시한 대로 화가들은 성스러운 책들의 **에크리튀르**를 참조할 생각을 했다. 하지만 그들은 사실 언어적 모델을 다른 모델로, 알파벳 문자를 오래전부터 단어와 동일시되고 있었던 형상으로 대체한다는 것을 깨닫지 못했다. 장 비르트Jean Wirth는 11세기에서 12세기의 예술을 특징짓는 회화적 기호에 대한 이런 추구를 자세히 분석했다. 그리고 그것이 예술가들로 하여금 – 반대로 철저히 "문자에 의한" 것으로 간주되었으니만큼 더욱더 기이한 – 환상을 어떻게 실현시키도록 이끌었는지 지적했다.[23]

---

1) Charles Baudelaire, *Exposition universelle de 1855*, dans *Curiosités esthétiques*, Paris, Garnier Frères, 1962, p. 237.
2) 뒷부분 참조할 것. ≪이미지에서 텍스트로 : 『주사위 던지기』의 경험≫, p. 167-189.
3) 특히 다음을 참조할 것. Jean Pierre Vernant, ≪De la présentation de l'invisible à l'imitation de l'apparence≫, *Image et signification*, Paris, Documentaton française, 1983, p. 25-37 et p. 294. 서구예술의 역사에서 알파벳의 역할에 관해서는 필자의 논문을 참조할 것. ≪Figures de l'alphabet≫, dans Anne-Marie Christin et Atsushi Miura (dir.), *La lettre et l'image : nouvelles approches*, *Textuel* n° 54, Université Paris-Diderot, 2007, p. 43-54.
4) Léon Vandermeesch, ≪Écriture et langue écrite en Chine≫, *Le Débat* n° 62, 1990, p. 73.
5) G. E. Lessing, *Laocoon*, Paris, Hermann, 1990, p. 120.
6) G. E. Lessing, *Laocoon*, 1802, p. 274 et 289.
7) Maurice Denis, ≪Définition du néo-traditionnisme≫, *Art et Critique*, 23 août 1890.
8) 표의문자idéogramme처럼 하나의 개념에 상응하거나 표음문자phonogramme처럼 하나의 단어로 이루어진 소리에 상응하는 문자. 한자를 가리키는 데 있어서 표음문자보다 선호되는 용어이다. (역주)
9) Rolf A. Stein, *Le Monde en petit*, Paris, Flammarion, 1987, p. 57.
10) 다음의 저서에 인용됨. François Cheng, *Vide et plein*, Paris, Seuil, 1979, p. 63.
11) Meyer Schapiro, *Style, artiste et société*, Paris, Gallimard, 1982, p. 11 et 33.
12) 문학에서 몇 개의 모티브들이 자주 반복되면서 이루어내는 고정형이나 진부한 문구를 지칭하는 말. (역주)
13) 문자 언어보다 음성 언어를 중시하는 말 중심주의. (역주)
14) Mircea Eliade, *Le Sacré et le profane*, Paris, Gallimard, 1965, p. 98. 원문에 이탤릭체로 표기되어 있음.
15) Mircea Eliade, *Le Sacré et le profane*, *op.cit.*, p. 98-99. 원문에 이탤릭체로 표기되

어 있음.

16) 전기前記한 ≪기호에서 흔적까지≫ p. 38 볼 것.

17) 이름의 첫 글자를 합쳐서 만든 글자. (역주)

18) Pline, *Histoire naturelle*, livre XXXV, 65-66. ≪이미지와 문자≫, p. 21 역시 참조할 것.

19) 고대 로마의 발명품으로 양피지 두루마리를 대체한, 오늘날 일반적인 책과 비슷한 형태를 말한다. 양면에 글을 쓸 수 있어 보다 많은 내용을 담을 수 있으며 낱장으로 작성된 것들을 묶어 겉표지를 싸서 보관한다. (역주)

20) 거대한 무덤. (역주)

21) Ep. IX, 209. Pierre-Alain Mariaux에 의해 다음에 인용됨. ≪L'image selon Grégoire le Grand et la question de l'art missionnaire≫, *Christianesimo nella storia*, 14, 1993, Université de Bologne, p. 3.

22) Jean Wirth에 의해 다음에서 인용됨. *L'image médiévale*, Paris, Méridiens-Klincksieck, 1989, p. 135.

23) 특히 다음을 볼 것. Jean Wirth, ≪L'emprunt des propriétés du nom par l'imagerie médiévale≫, *Études de lettres* n° 3-4, 1994. Université de Lausanne, p. 68.

05

회화와 서술 : 바탕의 수수께끼

"현자들의 지성을 만족시키기보다는 무지한 사람들의 눈을 즐겁게 하기 위해 그림을 그렸던 자들의 오류 속에 수세기 동안 파묻혀있던 이 예술(회화)을 재인식한 점에 있어서 지오토는 이론의 여지없이 피렌체의 영광의 별들 중 한 사람이다."[1] 보카치오Boccace가 그에게 보낸 찬사의 표명이 다소 지나쳐 보일 수 있다면, 지오토가 서양회화를 대폭적으로 변혁했고 이런 변혁이 회화의 기원을 부활시키는 이미지의 개념에 기대고 있음은 의심할 나위 없다. 프레스코화에 대한 지오토의 관심은 이탈리아 미술이 겪은 이후의 변화와의 비교를 통해 정당화될 수 있을 뿐이라는 어빈 파노프스키Erwin Panofsky의 분석을 받아들이기는 사실상 어려워 보인다. "우리는 "근대적 공간"의 탄생을 목격하고 있는데, 그것은 "고딕적 본성을 매개로 본" 그리스-로마의 공간으로 묘사될 수 있다. 이렇게 설명하고 예술사가는 덧붙인다. "이 모든 것이 시작에 불과했을 뿐이라는 사실은 말할 필요도 없다." 그의 주장은 다음과 같다.

> 기술적 불완전함에도 불구하고 두치오Duccio와 지오토의 작품들은 더 이상 불연속적이지도 한정되지도 않은 (적어도 잠재적으로) 연속적이고 무한한 공간이

우리 앞에 불쑥 나타나도록 한다 [···]. 그림은 다시 "창문"이다. 하지만 이 "창문"은 "닫히기" 전의 창문과는 더 이상 같지 않다. 벽 안의 잘려진, 혹은 두 개의 벽 기둥을 나누는 단순한 열린 부분이 아니라 그것은 알베르티가 **반투명 유리**vetro tralucente라고 불렀음직한 것을 갖추고 있었다. 평평하고 단단한 동시에 투명한, 그러므로 역사상 최초로 진정한 투영면의 역할을 할 수 있는 상상의 유리판을.[2)]

파노프스키가 지오토와 두치오의 독창성을 비교한 것은 의미심장하다. 게다가 같은 텍스트에서 역사가 자신이 지적한 것처럼 시에나의 화가 두치오는 지오토와는 반대로 그리스-로마 시대 말이나 초기 기독교시대의 예술에는 결코 주의를 기울이지 않았다. 달리 말하면 그는 결코 기법과 **회화철학**philosophie pictural이라는 정의가 타당할 만한 것에 끌리지 않았다. 회화철학은 벽면 프레스코화에 고유한 것이고, 지오토의 가장 중요한 독창적 기법들은 정확히 그것에 기초한다. 다른 한편 파노프스키는 화가의 작품을 그의 작품과 비교할 만한, 확실히 명백한 역할을 했음이 분명한 이전 세기의 작품 - 일단 피에로 델라 프란체스카Piero della Francesca의 작품 - 들과 연관 짓지 않고 이론적인 텍스트와 연관 지었다. 그리고 그는 이론적 텍스트에 100년 전에 생각 가능한 것이었다고는 증명하지 못할 합목적성을 부과했다. 하지만 그것은 그가 샤피로Schapiro와 동일한 편견에 따르기 때문인데, 무감각하게도 중국의 탐미주의자들이 여백으로 남아있던 공간에 자신들의 낙관을 남김으로써 풍경화에 대한 그들의 찬미를 표현했다는 사실을 정당화함으로써 그렇다. 알베르티에 대한 언급은 바탕의 존재가 이미지의 구성에 확실히 결정적이라면, 이미지의 개념 속에서도 그렇다는 사실을 부정하기 위한 보증으로 사용된다. 물질로부터 회화를 해방시키는 회화에 대한 정의는 전적으로 그를 만족시키는데, 그것이 예술에 대한 도상적 접근에 - 자신의 정의가 그렇듯이 - 조형적이라고 인정될 수 있는 정당성을 부여하기 때문이다. 반면 그 모델은 사실 여전히, 누가적cumulatif이고 거짓으로 투명한, 알파벳이다. 알베르티에 의하면 **역사**storia는 "문맹자들을 위한 성서"와 동일한 원칙에 따라 구성되었다. 그것들을 나누는 유일한 차이점은 **역사**의 당사자들은 더 이상 단어나 상징이 아니라 분명하게 식별이 가능한 개인들이고 거울로 간주된 그림들 속에서 그렇게 표현되었다는 점이다.

그런데 그 모든 것 중 아무것도 지오토의 관심사에 상응하지 않는데, 지오토의 관심사는 라벤나의 모자이크 화가들의 관심사와 훨씬 더 가깝다. 그는 외부를 향해 이미지의 세계를 열었다기보다는 회화를 통해서 동일한 장소의 내부에서 자신 너머에 존재하는 현실적이거나 상징적이거나 일상적이거나 초현실적인 세계에 관련되는 모든 것을 결합한다고 주장한다. 그 "창문들"은 파라시오스의 커튼처럼 이미지들의 벽을 구성하는 특별한 현실을 더 민감하게 느끼도록 하기 위한 눈속임에 불과하다. 이미지들의 벽의 첫 번째 기능은 인간과 인간을 지배하는 초월적 존재 사이에 교류의 구조를 확립하는 것이다. 지오토에게 있어서는 우선 라벤나의 예술가들의 직관적 방식을 회복하면서 다시 한 번 알파벳 기록물의 엄밀하게 기호화된 세계로부터 벗어나는 것이 문제되었다. 하지만 이제는 마침내 있는 그대로 받아들여진 즉, 그 바탕의 태생적 불투명성 속에서 바로 그 이미지들을 통해서 도상적 사고의 원칙들을 재발견하기 위해서 알파벳 기록물이 이미지들의 예술을 혼란으로 이끌 수 있었음을 의식하면서이다.

게다가 지오토가 아씨시로 소환된 상황은 산 비탈레 성당의 장식을 지배했던 상황과 정말 신기하게도 비슷했다. 대성당의 벽 위에서 기리려한 신앙심은 어떤 방식으로는 그 역시 여전히 아주 새로운 것이었다. 그리고 그것은 완전히 공식적인 권력의 관대함 덕분이기도 했다. 기독교 신앙 속에 성 프란체스코회의 사상에 의해서 유입된 단절은 전혀 도식적이지 않다. 사실상 그것은 아주 과감한 개혁으로 특징지어지는데, 이미지가 그 덕을 볼 수 있었다고 해도 놀라운 것은 아니다. 성 프란체스코 자신이 그렇다고 자부한 것처럼 "문맹자들"에게 자신들의 언어로 성서를 이해하도록 하기 위해서 라틴어로만 쓰인 성서를 성직자들이 독점적으로 장악하는 것의 거부, 자연과 일상세계로의 열림, 더 이상 전능자 그리스도Pantocrato의 천상의 영광만이 아니라 십자가 위 그리스도처럼 고통 받는 인류에 대한 특별한 관심. 더구나 성자가 죽은지 불과 몇 년이 지나지 않아 성 프란체스코회 수도사들의 명령은 전권의 지위를 획득했다. 성 프란체스코가 태어난 도시 아씨시에 세워진, 지하에는 성인의 유해가 안치된 성당은 교황에 의해 특권이 부여된 교황 성당이다. 성당의 위엄 있는 장식은 성 프란체스코회 출신 최초의 교황인 니콜라오 4세의 배려에 의한 것이었다.

십자가 위 그리스도에게 바쳐진 성 프란체스코회의 신앙심을 매개로 13세기 이탈리아에서는 비잔틴 도상의 영향이라는 다른 영향력이 미치게 되었다. 이탈리아에서는 프랑스에서와는 달리 성 프란체스코회가 확실히 어떤 위엄을 계속 유지했던 것이 사실이다. 가시적인 이미지가 비가시적 세계로의 접근 수단이라는 사실은 멋지게 그림이 그려진 나무십자가가 증명한다. 거기에는 구약 성사의 사건들이 그리스도의 주변에 펼쳐진다. 그리스도의 신체와 성사의 사건들은 쓰여진 페이지의 한 부분이 아니라 민중예술에 속하는 수직적 구조 속에서 서로 뒤섞인다. 게다가 몇몇은 지오토 자신에게서 기인한 것이다. 그리고 그리스도 얼굴의 흔적이 남아있는 것으로 간주된 천인 베로니카[3)]가 바티칸에 안치되고, 그 복제품이 이탈리아에 확산되기 시작한 것 역시 13세기이다.

또한 지오토의 내부에 존재하는 화가는 아씨시의 수사들이 제안한 종교적 주제들에서 받은 자극만큼이나 그의 주변에서 늘어난 조형적 혁신에서도 자극받았다. 하지만 그의 선택은 일관성 있는 것이었다. 그는 공간에만 몰두했는데 추상적으로 산정되는 공간, 건축 고유의 대상인 공간이 아니라 보여주고 전달하는 **표면의 시각적 물질**matière optique de sa surface이라 부를 수 있을 공간이다. 프레스코화의 기법을 단순화시키고 프레스코화의 효과를 더 강력하고 더 지속적으로 만들고자 하는 로마 화가들의 탐구, 여전히 로마에서, 산 비탈레 성당의 연속되는 장식 속에서 다색 대리석으로 새로운 건물들의 정면에 삽화를 넣는 코스마티 화가군Cosmati[4)]의 창작물들, 마지막으로 건축에서 비롯된 조형의 영향권에 속하는, 복잡한 동시에 투박한 실루엣의 아르놀포 디 캄비오

Arnolfo di Cambio의 조각품들은 인물상의 간략한 옷 주름 속에 햇빛의 그늘을 모은다. 비잔틴 예술에 더 가까운 치마부에Cimabue의 발견과 교훈에 결합된 발견과 교훈은 모두 지오토에게 회화예술을 쇄신하기 위해 영감을 얻을 수 있었던 요소들을 제공했다.

그가 아씨시에서 실현한 프레스코화들은 화가에게 시각적 에크리튀르의 원칙을 세울 수 있도록 했다. 그 원칙은 이전의 경우들이 그랬듯이 단어나 글자에, 즉 엄격한 통사체계에 의해 분절된 지시 단위들unités référentielles에 형상을 동일시하는 것에가 아니라 진정한 **공간의 독해**lecture spatial에 기초한다.

이런 변화는 지오토가 중앙 홀의 상단부에 그린, 젊은 시절의 작품들인 ≪이삭의 일생*Histoires d'Issac*≫에 관한 두 점의 프레스코화에서 이미 감지된다. 그 구성과 스타일은 로마 석관의 얕은 돋을새김으로부터 영감 받은 것이지만 인물들의 묘사는 인물들이 표현된 장소의 묘사보다 훨씬 더 체계적이고 친밀하게 거기에 가담한다. 명확한 실루엣, 화가가 토가의 주름에 부여한 중요성은 - 사실 알코브로 제한된 - 방의 건축과 조화를 이룬다. 방은 벽걸이 천의 이중적인 배치가 강조하는, 직선으로 된 입방체 속에 그려져 있다. 첫 번째 것은 극장의 막처럼 간격을 두고 무대 앞쪽으로 떨어져 있고 두 번째 것은 안쪽을 차지하고 있다. 상응의 또 다른 효과들이 공간과 등장인물들의 긴밀한 상호의존성을 강조한다. 예를 들어 벽걸이 천의 붉은 황토색에 응답하는 이삭의 옷의 붉은 황토색과 같은 색깔들의 배치, 방의 협소함으로 인해 마치 눈속임처럼 방이 대성당의 벽에 붙어있는 것처럼 보인다는 사실, 특히 프레스코화 ≪에서를 밀어내는 이삭*Issac repousse Esaü*≫에서 침대를 둘러싸고 있는 가로 봉 위에 걸쳐진 벽걸이천의 방식 같은 벽걸이천의 스타일은 정확히 다른 가공의 벽걸이천 - 지오토가 중앙 홀을 쭉 둘러 벽의 하단부에 재현한 벽걸이천 - 의 효과들을 상기시킨다는 사실. 끝으로 그 장면의 조명이 대성당의 창문들 그 자체에서 직접적으로 오는 것처럼 보인다는 사실. 이 모든 것이 시각에 대한 기이한 불확실성을 불러일으키는데 협력한다. 관람객은 그가 보는 것이 허구라는 사실을 의심할 수 없음에도 불구하고 이런 허구의 현실을 지탱하는 - 그것조차 일부는 그려진 – 벽이라는 현실에의 통합에 혼란되지 않을 수 없다. 이런 공간의 논리에 의해 추론된 다른 색다른 결과들이 장면 그 자체 속에서 감지된다. 그들이 모습을 드러내도록 선택된 장소의 협소함으로 인해 화가가 등장인물들 중 몇몇이 다른 등장인물들 뒤에 부분적으로 가려지게 그림을 그리게 되었다고 실제로 추측할 수 있다면, 이런 장면의 연출에 대한 독해는 서술적일 수밖에 없다. 장면이 구약의 일화들에 관련되며, 등장인물들이 다른 등장인물들과 비교해 뒤쪽에 자리하고 있다는 사실이 그들의 의사에 의한 것으로 해석될 수 있기 때문이다. 그런데 무감동한 얼굴을 한 이 존재들의 내밀한 사유를 우리에게 가르쳐주는 아무런 징후도 없다. 그들의 손만이, 마치 그들에게 중요한 것은 단지 신화라는 머나먼 세계에 포함되는 것뿐이라는 듯이 의도를 표현한다기보다는 공간에 표시를 하는 것처럼 보이는 손만이, 부재하는 동시에 엄숙한 이 존재-물체들êtres-objets의 인성을 증언한다.

이 대성당 속에서 지오토에게 제안된 세계가 더 이상 여러 세대에 걸친 예술가들이 자신들의 해석과 자신들의 스타일로 흔적을 남긴 구약의 성사들이 아닐 때, 경험은 훨씬 더 개인적인 방향전환을 했음에 분명하다. 아마도 화가 자신과 거의 동시대인이었을 수 있는 성자의 일생을 성자가 알고 있는 장소들이 아직도 온전히 남아있는, 성자가 살았던 도시 바로 그 안에 묘사해야 했다.

성 프란체스코의 일생을 설명하기 위해서 화가가 형상화한 마지막 프레스코화인 ≪순박한 사람이 바치는 경의*L'Hommage de l'homme simple*≫는 대성당의 성직자석에서 시작하는 연작을 시작하는 작품이다. 지오토의 혁신적인 면이 가장 잘 드러나는 작품이 바로 이 작품이기도 하다. 한 이야기를 그림으로 표현하는데 있어 등장인물의 행동을 그 행동이 일어나는 배경보다 우선하는 관례적 장면배치와는 단절하고자 했을 뿐만 아니라, 그림 구성의 중심축으로 선택한 것이 바로 이 배경 자체이다. 이미지의 중심에 존재하는 것은 사실 우리 시대에도 아씨시의 중앙광장에서 볼 수 있는 미네르바에게 바쳐진 작은 신전의 정면이다. 이 신전은 그때는 교회로 바뀌어 있었다. 십자가는 이중의 자격으로 필수적이다. 그것은 이미지의 구조 속에서 공간적 관계들의 질서를 서술적 질서로 대체하고자 하는 화가의 의지를 입증한다. 그리고 그는 거기에 아주 새롭고, 명백히 불필요한 것이기 때문에 어느 정도는 엉뚱한 **현재의 재현**이라는 효과를 하나 덧붙인다.

그렇지만 이 경우 문제되는 것이 분명 "재현"인가? 이 건물의 정면은 사실 지오토가 그 앞에 있는 기둥들의 직경을 극단적으로 가늘게 만들어서 인위적으로 내부의 벽을 노출시킨 만큼 더 기이하다. 대성당의 외부에서 단지 몇 걸음만 옮겨도 쉽게 확인할 수 있는 변화이다. 특히 시선을 끄는 것은 신전이 가지는 모델과의 유사성이 아니라 신전 벽의 빈 공간이다. 쑥 들어가 있는 위치로 인해 빈 공간의 흰 빛은 옅은 미광으로 부드러워져 있다. 단지 창살이 달린 두개의 작은 창문만이 그 공간을 단절시킬 뿐이다. 열주가 지탱하고 있고, 얕은 돋을새김의 두 명의 천사들로 둘러싸인 꽃모양 원형장식이 새겨진 삼각형의 박공으로 이루어진, 건물의 돌출된 부분은 건축물로의 길을 열어주는 계단과 마찬가지로 강한 빛을 받고 있다.

이미지의 아래쪽에는 이 계단들 앞에 역시 흰 빛이지만 조금 회색 색조를 띤 천이 계단 앞에 펼쳐져 놓여 있는데 그 천은 가로를 거의 전부 차지하고 있다. 한쪽 면에서 볼 수 있는 목둘레선으로 그것이 외투임을 짐작할 수 있다. 의복과 건물 정면의 조형적 상호보완성은 - 의복은 건물 정면의 반영으로 보인다 - 서술적 설명이라는 측면에서 무의미한 여백에 불과했을 것에 절대적인 존재감을 부여한다. 관람객은 반대로 거기에서 중대한 계시를 기다릴 수밖에 없다. 이중으로 된 화판의 왼쪽과 오른쪽에 시선이 놓일 때에야 관람객은 프레스코화의 하단에 새겨진 전설이 환기하는 이야기의 주인공들을 발견한다. 아씨시의 프란체스코는 그에게 경의를 바치기 위해 "순박한 사람"이 땅위에 펼쳐놓은 옷 위에 한발을 내려놓고 있다. 그리고 "순박한 사람"은 그의 앞에 무릎을 꿇은 채 여전히 두 손으로 옷을 잡고 있다. 이미지의 중앙에 위치한 여백 속에서 미세하게 앞으로 향하는 성자의 움직임은 다른 쪽에 있는 무릎 꿇은 남자의 초록색 튜닉과 계단의 흰 빛에 또렷이 드러나는 들어 올린 얼굴과 마찬가지로 두 인물이 모두 단순한 일화가 아니라 이 불투명한 벽과 건물 정면의 꽃모양 원형장식의 수수께끼에 속한다는 신호이다. 극장의 안쪽에서 그렇듯이 벽과 꽃모양 원형장식 앞에서 그들은 시선을 교환한다. 두 사람의 뒤쪽에 각각 두 명의 등장인물이 더 있다. 그들은 서서 아마도 대화에 열중하고 있다. 그들은 살짝 상징적 인물들인데 그들의 의상으로 보아 성 프란체스코를 수행하는 성직자들이며 무릎을 꿇고 있는 사람을 동반하는 부르주아들임을 납득할 수 있기 때문이다.

이미지의 최종적 요소가 여전히 관람객의 주목을 끈다. 신전 정면 위 그림의 중심부 - 즉 꽃모양 원형장식의 높이 - 푸른 하늘에 나무 콘솔의 돋을새김 같은 것이 보인다. 그것은 대성당 성상벽의 최초의 시공부인데, 당시 그곳에는 대성당의 지지대가 놓여 있었다. 그러므로 지오토가 생각한 대로의 이미지는 신전의 재현이 그렇듯이 단지 암시적인 것만이 아니라 손으로 만질 수 있는 것, 프레스코화와 더 성스러운 어떤 것을 지니는 대성당의 구조를 긴밀하게 연결하는 현실의 소재를 고려하는 것이었다.

이미지 속으로의 현실의 이런 침입은 외부로부터 이미지에 투영되어 더 필연적이고 더 실제적으로 이미지의 구조에 생명력을 불어넣고, 거기에 형이상학적이면서도 일시적인 **통로**의 기능을 부여한다. 성상벽 아래쪽에 위치하고 있는 성 프란체스코와 성직자인 그의 친구들로 형성된 그룹은 대성당의 성직자석에 속하고, 오른쪽에 있는 3명의 등장인물은 중앙 홀에 즉 신자들의 세계에 속한다. 신전 정면의 빈 공간을 건널 준비를 하는, 순박한 사람의 옷 위로 옮겨놓는 성 프란체스코의 발걸음은 세상 속으로, 인간들의 역사 속으로 들어가는 행동 그 자체이다. 하지만 간접적으로 암시된 이런 시간성은 그 이야기의 일화를 설명하지 않고도 보나방튀르Bonaventure의 텍스트 역시 해석 가능하게 해준다. 사실 전설은 "순박한 사람"이 성자 앞에 자신의 외투를 펼침으로써 지나가는 성자에 경의를 표했음을 분명히 한다. 그리고 덧붙인다. "사람들이 믿듯이 신에게서 계시를 받은 프란체스코는 온갖 존경을 받을 만한데, 그가 머지않아 위업을 완수할 것이기 때문이다." 사실 그런 사람만이 성자를 예배의 신성한 장소에서 신자들의 장소로 안내할 수 있었다. 왜냐하면 그 역시 "계시를 받은" 사람이기 때문이다. 성상벽의 근접성이 입증하고, 이미지 자체 속에서 교회의 정면이기도 했던 신전의 정면이 계승하는 것이 이런 신의 계시이다. 꽃모양 원형장식에 의해 신성화된 무언의 벽 뒤에 신이, 아씨시의 남자에게 성 프란체스코의 운명을 알려주고 순례자들의 헌신에 함께하듯이 그들의 만남에 함께하는 신이 존재함을 우리는 **안다**.

그러므로 프레스코화의 중심부에 놓인 작은 신전이 이야기의 배경이 되거나 - 게다가 신전이 등장인물 아주 가까이에 위치하고 그 정면의 폭이 순박한 사람의 외투의 폭과 같다는 것은 신전에서 모든 사실성을 제거한다 - 이야기에 어떤 기하학적인 구성요소를 과하는 기능만을 갖는다는 것은 당치도 않다. 수세기 전부터 이야기의 회화로의 전환을 지배한 추론적인, 더 정확하게는 알파벳의 기원을 갖는 도식을 지오토는 여백과 여백의 양면성에 근거하는 시각적 구조로 대체했다. 여전히 한 장소의 재현이 이야기에 의해서 그 장소에 부과된 문맥의 역할을 한다면, 재현은 장소에 고유한 현존의 효과와 결부된 다른 역할에 의해서 장소를 보완하고 혼란시킨다. 표의문자 속 의미한정부나 부수처럼 진정한 **공간의 표지**marqueur spatial인 미네르바 신전의 벽은 명확히 진술되지는 않았지만 본질적인, 관람객에게 주어진 메시지의 가치에 대한 증인이다. 이런 방식은 상형문자 체계 속에서 마주치는 방식과 아주 가깝다. 상형문자 체계 속에서 의미한정부의 기능은 기술기호 뿐 아니라 형상에 의해서 수용될 수 있는데 이 기호는 그 축소되고 약호화된 버전일 뿐이다.5)

대성당을 장식하기 위해서 아씨시의 수도사들이 지오토에게 주문한 성 프란체스코의 일생을 묘사하는 프레스코화는 허구와 현실 사이에, 그림이 그려진 표면과 신성한 공간 사이에 기본적이고 강력한 어떤 상응을 확립하도록 해주었다. 스크로베니Scrovegni가는 파도바에 있는 성모마리아에게 바쳐진 예배당 장식을 지오토에게 맡겼다. 이런 경험이 더 엄격하고 더 체계적인 풍부함과 시각적 논리를 부여하도록 지오토를 이끌었음이 분명하다. 그 후로 문제는 더 이상 "**이미지 속에 이야기를 어떻게 나타낼 수 있을 것인가?**" 하는 것이 아니다. "어떻게 이미지가 **이야기를 가시화**할 수 있는가, 이미지가 가진 계시의 힘의 혜택을 받게 할 정도로 이미지가 이야기를 자신에게로 끌어당길 수 있는가?"이다.

하지만 사실은 아레나 예배당 속에서 "읽도록 주어진" 연작들 중 연대기적인 순서에 따라 오른쪽 벽 위쪽에 위치한 ≪성모마리아 부모님의 이야기 *Histoire des parents de la Vierge*≫가 첫 번째라고 간주한다면 매 장면마다 그가 입고 있는 장미 빛의 동일한 외투로 식별이 가능한 요아킴Joachim[6)]이 성직자석으로부터 - 우리는 그곳에서 그가 사원에서 내쫓긴 것을 본다 - 점차 예배당 안쪽으로 - 그는 그곳에서 황금문 입구에서 성녀 안나[7)]를 만난다 - 나아가는 것처럼 보인다는 사실을 인정해야 한다.

하지만 이 연작의 독해는 왼쪽부터 오른쪽으로 선형으로 이어지는 일화들을 단순히 가늠하는 것으로 제한될 수는 없을 것이다. 요아킴의 전진은 사실 중심부에서 그에게는 낯선 장면 - 천사 한명이 안나에게 와서 머지않아 성모마리아가 탄생할 것임을 알려주는 장면 - 에 의해서 중단된다. 그 장면이 그것에 특징적인 구조 속에 나타나니 만큼 더 주목할 만하다. 이 사건에 의해 만들어진, 주제적인 동시에 구조적인 단절은 지오토가 이 사건을 요아킴에게만 관련되는 이야기의 선형성과 경쟁관계에 위치시키고자 했다고 믿게 할 수 있을 것이다. 하지만 그런 문제는 아니다. 이 단절은 화가에게 있어서는 무엇보다 그가 사용하는 재현의 두 가지 방식 사이에서 그가 확립한 층위이다. 하나의 방식은 유추적인, 담화의 방식 - 서술 - 이고 다른 하나의 방식은 그가 첫 번째 방식보다 선호하는, 공간을 직접적으로 다루는 방식이다. 서술적인 장면의 배치는 어린 시절부터 처음부터 끝까지 잘 알고 있는 이야기를 한 단계 한 단계 재발견하는 소박한 행복을 신자에게 안겨주기 위한 구실, "점검표"에 불과하다. 이 연작의 각각의 일화들의 교훈은 - 성모마리아의 생애와 예수의 생애에 바쳐진 다른 두 연작들도 사정은 마찬가지다 - 물질적 조건들로부터 이해될 수 없다. 물질적 조건들은 단지 이 교훈을 인간 세상에 적용시키도록 허용해줄 뿐이다. 교훈은 공간에 대한 우리의 시각적 이해를 결정하는 초월적 관점 안에 나타난다.

복음서 최초의 사건임에도 불구하고 아마도 복음서의 다른 일화들의 주변에 위치하는 성녀 안나에게의 고지 장면은 사실 파도바의 프레스코화들 중 핵심적 이미지들 중 하나이다. 구조에 관련되기 때문에 극도로 현재적이며 의미심장한 공간적 환경에 등장인물들을 종속시키면서 그 구조로부터 기인하는 회화의 일관성은 그 구조에서 더 커다란 자율성뿐만 아니라 직접적 전후관계를 넘어 확산의 효과들을 퍼져나가게 할 가능성을 얻는다. 이 효과들 중 첫 번째 것은 연작의 구조의 다른 두 끝으로 관람객의 주의를 끌어당기는 것인데, 이 허구의 구조들이 각각 직접적으로 예배당 자체의 구조와 연결되는 한에 있어서 그 기능은 은유적인 동시에 환유적이다. 하나는 대리석 경계에 의해 요아킴에게 주어진, 신에게 바쳐진 공간에의 접근 금지를 의미하며 다른 하나는 반대로 문 쪽으로 넓게 열린, 미래의 아기의 고지를 의미한다. 그것은 또한 예배당에 모인 신자들에게 그들 자신의 현존에 의해 머나먼 시간 속에서 그들 사이에서 강생하고자 한 신의 결정의 증인이 되었음도 알려준다. 우선 이 성스러운 장소에서 중요한 것은 과거가 아니라 - 성스러운 이야기의 "전기들"을 신화와 심지어 전설로 변화시키는 과거가 아니라 - 유일하게 믿을 수 있는 절대적 형태로서의 현재이기 때문이다.

아마도 그것이 지오토가 **확산되는 수수께끼**의 최초의 근원 앞에 존재하는 것처럼 가장 수수하고 가장 일상적인 구조를 그의 프레스코화를 위해 선택한 이유이다. 성녀 안나가 예고의 천사가 나타나는 것을 보는 작은 집, 혹은 작은 방의 입구에는 실제로 실 잣는 여인이 앉아 있다. 그 여인은 화가가 살던 시절 분명 파도바의 집들에서 마주칠 수 있었을 여인들과 아주 흡사하다. 사람들은 너무 성급하게도 이 의외의 발견에서 화가의 사실주의적인 천재성만을 신뢰했다. 그녀는 실제로 안나를 방문한 천사에만 오로지 집중되어 있는 일화 속에 요아킴의 이야기 속에서 이 일화 자체가 만들어내는 단절과 동일한 단절이 생기도록 한다. 실 잣는 여인의 존재는 그녀가 이 장면에 가져올, 하나의 간결한 문구로 요약하거나 한 이야기 속에 위치시키는 것이 가능할 의미나 진실임직함의 증가라는 이름으로 정당화되지 않는다. 그것이 정당화되는 것은 그녀가 자리하고 있는 장소의 이름으로이다. 그녀 역시 자신의 방식으로 **공간의 표지**, 즉 자신에게 고유한 시각적 맥락 속에 서술적 사건의 재현을 통합하기 위해 마련된 요소이다. 그녀는 도상적 논리는 담화와는 달리 종합적 일관성이 아니라 그 요소들의 동시성에 근거한다는 사실을 드러낸다. 달리 말해 우연에 의해서건 예술가의 의지에 의해서건 서로 이질적이거나 서로 모르는 사물들과 형상들이 결합되어 있을 수 있다. 이미지에 고유한 수수께끼의 힘이 표현되는 것은 그런 우연한 만남 속에서이다. 이미지를 더 색다르게 만드는 것은 주역들이 닫혀있는 문에 의해서 떨어져 있다는 사실이다. 떨어져 앉아 있는, 하지만 우리와 마주하고 있는 실 잣는 여인은 서술의 전략이 내포하는 것과는 반대로 원심적 가치를 부여받고 있는 것으로 보인다. 그녀는 관람객으로 하여금 "이야기"의 외부에서, 예배당의 열린 공간 속에서, 이 형상에 결국은 하나의 의미를 부여함으로써 자신의 불안을 만족시킬 수 있을 상응들을, 그물망을 찾도록 한다.

지오토는 우리의 탐구를 안내하기 위해 노력했다. 성녀 안나의 집은 마리아의 탄생을 설명하기 위해서 예배당의 왼쪽 벽 위에 똑같이 재현되었다. 하지만 이번에는 방과 입구를 나누는 칸막이벽은 장벽의 기능을 하지 않는다. 반대로 그 문은 열려 있고, 여인 한명이 그녀에게 세탁물을 가져오는 하녀를 맞으러 온다. 자신의 일에 몰두하고 있는 이전 에피소드의 실 잣는 여인은 그러므로 의도적인 것이었다. 하지만 왜? 그녀가 위치하고 있는 벽의 표면을 가로질러 시선을 던진 후에야 마침내 우리는 그녀의 흰 빛에 응답하는 듯이 보이는 흰 빛의 실루엣을 발견하게 된다. 그리고 그녀 역시 물레의 토리개를 쥐고 있다. 거의 정확히 실 잣는 여인 밑에, 하지만 땅 가까이, 신자들이 모이는 층위에 위치하고 있는 그녀는 절제의 알레고리이다.

지오토에게 있어서 그려진 이미지들과 이미지들의 구조적 바탕을 연결시키려는 유혹은 단지 이런 형상들에 일정한 지역적 기반을 부여하고자 하는 배려를 나타내는 것만은 아니다. 그에게 있어 그것은 우선 도상적 재현과 성찰,

외형과 의미를 유기적으로 연결하고자 하는 필요에 상응한다. 벽들의 아래 부분을 따라 그리자이유 기법으로 그려진 알레고리들과 번갈아 이어지는 가짜 대리석 화판들의 프리즈는 예배당 벽의 윗부분에 전개된 장면 배치와는 다른 스타일에 속하는 구성으로서가 아니라 개념의 교대를 보증하기 위해 마련된 기억의 이미지들의 정돈된 총체로서 대비를 이룬다. 예배당의 입구 아래 확고하게 자리 잡고 있는 실 잣는 여인으로부터 신자들과 나란히 있는 환영들까지 화가는 이미지의 힘을 부인하지 않았다. 반대로 그는 사실주의적 환상이 맨 처음 그로 하여금 따르게 했던 합의에서 벗어남으로써 그 힘을 긍정했다. 가짜 대리석과 그리자이유 기법으로 그려진 형상들은 현실의 질서를 벗어나는 것처럼 담화의 질서를 벗어난다. 그 형상들은 환상과 계시, 허구와 현실 사이의 분배가 회화에서는 가상의 사물들에의 충실성 – 서술적 논리가 암시하는 것 – 의 이름으로 이루어지지 않는다는 사실을 증언한다. 반대로 그것은 공간적인 근접에 의해 귀납된 의미의 변화를 통해서만 이루어진다. 눈속임의 근원이기도 한 형상들의 조형적 근원을 드러내면서 알레고리적 형상들은 그것들이 구현한다고 간주되는 추상적 준거를 강조하기 보다는 자신들의 현존의 근거를 제공하는 바탕을 강조한다. 이미지를 둘러싸고 있는 허구의 대리석은 그것들 각각의 뒤에 위치한다. 허구의 대리석은 틀이라는 규범에 따라 조정되었는데, 이 틀은 그들의 공모를 강조하기 위한 것처럼 형상들의 틀과 동일하다. 하지만 아직 그 형태도 윤곽도 벗어나지 않은 채 대리석의 물결무늬가 동시대인들에게 주어진다.

아레나 예배당의 전체 프레스코화 속에서 대리석의 재현은 중요한 역할을 한다. 아마 지오토는 그와 동시대를 살았던 로마와 피사의 조각가들에게서 영감을 받아 이 모티브를 선택했을 것이다. 하지만 그것은 여기에서 완전히 독창적인 전략적 가치를 갖는다. 그것은 지오토에게 한 대상이 자기 자신만을 재현할 때 생겨나는 **정지된 순간**instant suspensif의 경험을 하나의 이야기에서 도출된 – 한 생애의 연대기에서 결정적인 돌발사건을 나타내기 때문에 – 일시적 사건으로 대체하는 것을 허용했다. 순수한 외형 – 빈 공간 – 이 시선과 시선이 보고자 하는 것 사이에 와서 놓인다. 게다가 파도바의 프레스코화들에서 계시적인 가면의 기능을 갖는 것은 단지 대리석만이 아니라 아씨시에서처럼 천이다. 그의 이야기의 첫 번째 장면에서 요아킴의 면전에서 사제를 감추는 대리석 담장은 예수를 배반하는 순간 입맞춤으로 예수를 가리는 유다의 넓은 노란색 외투와 대응된다. 이미지 속에서 치명적으로 보이는 것은 미래 혹은 과거의 범주, 즉 부재가 아니라 다른 것이 된 현재를 가리킨다. 단어의 고유한 의미로의 현재, **소외된** 현재이다.

그것이 가리는 것에 의해서 소외된 이 시각적 현재는, 아마도 이것이 먼저일 것인데, 그것이 드러내는 것에 의해서도 소외될 수 있다. 열려있는 문, 벽걸이 천은 지오토가 아씨시에서 발견한 용법을 파도바에서 체계화한 공간적 표지들의 일부를 이룬다. 성모마리아에게 고지하는 장면은 이 구조에 보충적 차원을 부여한다. 이 장면은 사실 예배당 성직자석 양편에 위치한 별개의 두 개의 칸에서 묘사된다. 왼쪽 칸에는 대천사 가브리엘이 오른쪽 칸에는 성모마리아가 있는데 두 칸은 중앙 홀을 가로지르는 선에 매달린, 눈속임을 위한 작은 커튼으로 연결된다. 그리고 그 시점의 중심은 건축적 장식에 의해서 그것들을 나누는 제단 위에 놓여진다. 이 구성의 의도는 하나의 장면을 재현하는 것이 아니다. 그것은 이 장면 자체가 영향 하에 있는 계시로의 길을 열어주는 것이다. 신은 눈에 보이지 않지만 성당 제단 뒤의 반월형 부분에 존재하고, 신의 현현에 대한 고지를 모방하고 있는, 그림으로 그려진 이 두 등장인물은 그 앞에서 비켜나 있는 것처럼 보인다.

이 장면의 배치를 위해서 지오토가 사용하는 회화적 바탕은 단지 예배당 벽이 아니라 신의 발견이라는, 다른 어떤 것에도 관련되지 않는 경험의 무대로 이해된 예배당 구성의 총체이다. 교회의 이미지들로 장식된 이 벽은 단순한 서술적 공간일 수 없기 때문이다. 그것은 우선 인간들의 세계와 보이지 않는 세계 사이의 경계이며, 스크린이며, 신의 출현의 고유한 영역이다. 대리석과 천으로 그곳에 표현되는 형상들의 공간적 확산과 보여주기/감추기 놀이는 지오토에게 있어서 예배당의 내부를 예배당 외부에 존재하는 것과 대립시키고, 그 표면들로 하여금 프레스코화가 그려진 판의 숫자만큼 피안의 세계를 느낄 수 있게 하는 형이상학적인 관계를 고려해서 정당화될 뿐이다. 이런 배려는 각각의 화판에서 명백하다. 이미 언급했듯이 성직자석과 안쪽의 칸막이벽을 연결하는 것이 이런 배려이며, 창문들의 궁형과 허구의 아치형 회랑으로 중앙 홀의 두 측면을 연결하는 코스마테스크 양식[8)]의 상감세공으로 그려진 일행을 연결하는 것도 이런 배려이다. 이 아치형 회랑을 가로지르는, 별이 빛나는 하늘을 암시하는 "바다 저편의" 푸른 색 궁륭은 사실 라벤나 혹은 더 멀리는 파라오 시대의 이집트에서 그랬듯이 초월적 존재의 구체적 이미지와 상징일 뿐만 아니라 그 현존의 증거이다. 그 장면들 중 많은 장면들이 대낮에 일어나는데도 궁륭이 놓여있는 모든 장면의 배경을 점하고 있는 이 푸른색의 존재가 그것을 증명한다.

하지만 이 고안물들 중 가장 기묘한 것은 아마도 예배당 입구의 칸막이벽이 만들어내는 것이다. 거기에서는 지각의 환상과 신앙심이 직접적이면서도 긴밀하게 결합되기 때문이다. 실제로 우리가 예배당의 정문을 열 때 외부로부터 생겨난 빛이 중앙 홀의 공간 속에 눈부신 수직의 줄무늬를 새긴다. 하지만 일단 정문이 닫히면 신자는 줄무늬 위 동일한 축에서 밝은 금빛으로 그려진, 그 빛과 아주 가까운 기억이 꿈틀거리도록 하는, 그리스도가 떠나버린 십자가를 조금씩 발견한다. 수직의 십자가는 조금 더 높은 곳, 후광 속에 당당히 자리하고 있는, 커다란 3엽 장식 창의 빛 아래 위치한 최후의 심판의 그리스도를 향해 시선을 옮기도록 한다. 여기서는 모든 것이 인간의 현실이 예언적 계시가 이끄는 초월과 합류하는 힘을 얻은 것처럼 전개되는 것 같다.

이런 변신은 사물이나 존재의 본성에 물리적 방식으로 작용하는 마법의 질서에서 기인하는 것이 아니기 때문이다. 그것은 그 외형에만 관련된 성찰, 즉 환영 혹은 진실에 구별 없이 제공된 통찰력에 근거한다. 환영과 진실 사이의 분배는 개인적인 지지 혹은 신앙심의 이름으로 이루어질 수 있을 뿐이다. 그 모델은 독해이다. 하지만 더 이상 알파벳의 해독과 구속력 있는 배열을 지배하는 것이 아니라 독해의 출발점이 되는, 계시를 받은 표면들의 다소간 우연한 질문을 지배하는 독해이다. 그것이 천국의 맨 꼭대기에서 **파피루스 두루마리**volumen처럼 하늘을 펼치는 두 천사가 우리에게 알려주는 것이다. 우리는 거기에서 신성한 텍스트에 열중하지 않는다. 우리는 거기에 지식이나 지혜를 섞어 넣지 않는다. 우리는 그 공간과 영광스런 상징들을 주시한다. 십자고상의 장면에서 그리스도의 튜닉은 벗어놓은 옷처럼 보이지 않는다. 그것은 일시적으로 그의 것이었을 지상의 삶에 대해 그런 것처럼, 그것을 입고 있던 개인 - 그는 곧 신이 될 것이다 - 에 대한 모든 암시에서 해방된, 스스로 자족적인 현실이다. 그리고 우리는 벽을 따라 그 이야기를 지켜볼 것인데, 그의 삶은 단지 이미지의 "빛나는 비밀"로 환하게 빛난다.

화가들이 **이야기들**을 적절히 분리시키는 것은 육체와 외형 사이의, 표면과 일화 사이의 분리로부터이다. 그들에게 있어 일련의 형상들은 언제나 - 프로망탱Fromentin에게 있어 라구아Laghouat[9])의 베일 쓴 여인들이나 스필리아르트Spilliaert에게 있어 오스탕드Ostende[10])의 목욕하는 여인들 같은 동질다형의 모임이나 클레랑보Clérambault의 드레이프진 옷을 입은 여인의 사진들 같은 유사한 것들의 수집으로 이끈다. 겹겹이 쌓인 책의 모양을 띠면서, 거의 부재하는 이미지가 마침내 그 바탕의 최초의 수수께끼 속에서 다시 나타날 때까지 그것은 물러가는 물결처럼 거기에서 모든 흔적이 사라지게 만들 수 있다. 필립 클레르Philippe Clerc의 창작품들과 같은 몇몇 투사지 위에 그린 최근의 창작품들이 보여주는 것이 그것이다.[11])

---

1) Boccace, *Décameron*, sixième journée, 5e nouvelle, Paris, Livre de Poche, 1994, p. 507.

2) Erwin Panofsky, ≪La peinture italienne du Trecento≫, *La Renaissance et ses avant-courriers dans l'art de l'Occident*, Paris, Flammarion, 1990, p. 140-141.

3) 성녀 베로니카는 십자가를 짊어지고 골고다 언덕을 오르던 예수를 만났고, 가지고 있던 수건으로 예수의 얼굴에 맺힌 땀을 닦아주었다. 이때 예수의 얼굴이 천에 흔적을 남겼다고 전해지는데, 여기서는 말하는 것이 바로 이 성녀 베로니카의 수건이다. (역주)

4) 12세기 초엽부터 14세기에 걸쳐 로마 및 주변지역에서 활약한 일군의 대리석 장식화가를 일컫는 이름이다. (역주)

5) 특히 다음을 볼 것. Pascal Vernus, ≪Des relations entre textes et représentations dans l'Egypte pharaonique≫, *Écritures II*, Paris, Le Sycomore, 1985, p. 45-70.
6) 성모의 부친. (역주)
7) 성모의 모친. (역주)
8) 중세 이탈리아의 특징적인 포장鋪裝 양식. (역주)
9) 알제리 북부의 도시. (역주)
10) 벨기에의 도시. (역주)
11) Philippe Clerc, *OX* n° 79, *Dieppe, marée basse*, mars 1998 ; *OX* n° 158, *Dippe, cerfs-volants*, octobre 2004. 이 주제에 관해서는 다음의 내 논문도 참고할 것. ≪Narration and Visual Thought : Philippe Clerc's *Revues-images*≫, *Verbal-Visual Relations*, San Diego University Press, 1997 et ≪Idéogramme et création visuelle : la revue-image *Riga*≫ dans Nathalie Roelens et Yves Jeanneret (dir.), *L'imaginaire de l'écran*, Amsterdam-Atlanta, Rodopi, 2004, p. 237-248.

06

가에탕 가시앙 드 클레랑보의 시각적 사유에 관한 제안들

정신과 의사인 가에탕 가시앙 드 클레랑보Gaëtan Gatian de Clérambault가 옷감에 기울인 관심은 잘 알려져 있다. 일반적으로 알려진 사실 이상이 있는데, 최근에 그를 사진으로 인도하고, 그로 하여금 모두 드레이프진 옷을 입거나 옷자락을 움직이는, 대개의 경우 여자인 인물들을 표현하는 엄청난 수의 사진을 촬영하도록 한 사람이 밝혀졌기 때문이다.[1)]

이 사진들은 한 눈에 보아도 명백한 독창성으로 인해 그것이 어떤 장르에 속하는지 말하기 어렵기 때문에 매력적이다. 초상사진인가? 빈번히 얼굴이 가려진 사진은 분명 그 가능성을 제거한다. 하지만 인공적으로 재구성된 공간 속에 합의하에 고립된 인물들, 선 채로 움직이지 않도록 표현된 인물들은 그것이 인물사진으로 보이도록 한다. 우리는 클레랑보가 우연히 찍은 단체 사진에는 커다랗게 촬영한 고독한 인물 사진에 기울이는 만큼의 주의를 기울이지 않았다는 사실을 알고 있다. 하지만 우리가 보는 사진은 이따금은 줄무늬가 있는, 몸에 의해서 연극적 방식으로 펼쳐진 흰 색의 옷들로 구성되어 있다.

적절한 몸의 포즈는 몸이 단지 베일로 감추어져 있을 뿐 아니라 존재하지 않는 것처럼 보이게 한다. 그렇다면 이것은 민족학 자료일까? 사실 우리는 이 의상이 모로코의 의상임을 알고 있다. 그리고 사진들의 뛰어난 정확성은 분명 그 모든 측면을 잘 감지하도록 하려는 사진사의 배려에 의해서 정당화된다. 하지만 우리가 모로코 사람들을 이해하는데, 비록 그것이 아주 꼼꼼하고 세심하다고 한들, 이렇게 부분적인 정보가 무슨 소용이 있겠는가? 한 이미지에서 다음 이미지로 같은 모자이크 벽 앞에서 혹은 같은 정원 안에서 거의 지각할 수 없는 방식으로 자신들의 베일을 움직이는 것이 아니라 자신이 살고 있는 환경 속에서 활동하고 있는 여자들과 남자들을 보여주어야 했을 것이다.

그렇다면 옷의 주름에 주목한 사진들인가? 분명 그렇다. 하지만 작가의 의도는 역시 수수께끼이다. 클레랑보는 데생에 재능이 있었고, 청년기에는 미술을 공부했다. 그리고 우리는 옷의 주름이 아카데미 교육의 일부임을 알고 있다. 하지만 아카데미 교육에서 그것은 누드나 해부학 교육 보다 훨씬 덜 중요한 역할을 한다. 게다가 우리는 그가 국립 미술학교에서 맡은 강의가 중단된 이유들 중 하나가 그런 주제를 다루려한 선택 때문이었음을 추측해 볼 수 있다. 다른 한편 북아프리카를 발견한 19세기의 화가들 모두가 현지인들의 의상을 고대 그리스-라틴의 옷과 동일시했고, 고전에 대한 지식이 북아프리카 현지인들의 의상을 친숙하게 만든 것이 사실이지만, 그들은 결코 옷의 주름을 체계적인 연구의 주제로 삼지는 않았다. 마지막으로 사진에 도움을 구하는 것은 옷의 주름의 묘사에 대한 학구적 정당화와 근본적으로 모순된다. 옷의 주름은 눈을 훈련하는데, 특히 그 재질과 복합적인 입체감이 섬세한 그래픽적 묘사의 산물인 표면 위에서 화가의 손을 훈련하는데 사용되었음이 분명하다. 들라크루아뿐만 아니라 수많은 화가들이 했던 것과 같은 몇몇 준비된 상투적 표현들이 확실히 이해된다…

사람들이 이미지들에 다가가는 어떤 방식으로 인해, 마치 작가 안에서만 이미지의 수수께끼의 해답을 발견할 수 있는 것처럼 이미지들은 우리로 하여금 필연적으로 그 작가를 참조케 한다. 하지만 이것이 이미지들의 역설들 중 가장 사소한 것은 아니다. 내가 방금 윤곽을 잡은 3개의 정의는 사실 공통적으로, 사진 작업을 할 때 **객관적** 방식으로 행동하고자 하는 클레랑보의 의지를 반영한다. 클레랑보가 여봐란 듯이 펼쳐진 넓은 천들의 대상으로 겨냥한 것은 추상적인 대중이다. 그는 감동을 불러일으키거나 표현하기 위해서가 아니라 **지식**을 전하기 위해서 천을 연출했다. 대체 어떻게 그토록 감동적이지 않은 이미지들이 그 정도로 개인적인 작품들로 보일 수 있는가? 이 질문은 다른 질문을 이끌어내는데, 이 이미지들 속에서 우리에게 제시된 의복의 재현과 클레랑보가 일생동안 천에 대해 표현했던 관심 사이에 존재하는 문제에 관련된 질문이다. 이렇게 지속적인 관심이 하나의 동일한 강박관념에서 기인하는 것으로 추측하도록 우리를 이끌 수 있다면, 사실 각각에서 상이한 표현법을 구분하는 것이 더 중요하다. 분명 클레랑보는 천의 "애호가"였기 때문에 그 용도와 효과의 다양함에 아주 민감할 수밖에 없었다. 특히 "하이퍼필리아적인 hyphéphilique" 호기심의 관점에서 이루어진 그의 개인적인 경험들, 임상적인 관찰들 혹은 그가 모로코에서 했을 수 있는 관찰들의 결과와 혼동하지 않는 것이 필수적이다.

우리가 사용하는 텍스트들, 그리고 그 텍스트들과 관련되는 경험들은 클레랑보의 생애와 경력의 상이한 두 단계를 참조케 한다. 1908년의 「여인에게 있어 옷감에 대한 에로틱한 열정*La passion érotique des étoffes chez la femme*」은 순전히 임상적인 맥락 속에 포함된다. 정신의학자가 1923년에서 1926년까지 국립미술학교에서 담당했던 옷감의 드레이프에 관한 교육이 그런 것처럼, 1928년의 『드레이프 의상의 분류*La classification des costumes drapés*』는 모로코의 발견과 사진 작업의 이후에 위치한다. 우리는 이 두 텍스트의 상이함에 충격을 받을 수밖에 없다. 하지만 두 텍스트는 같은 주제를 다루고 있다.

첫 번째 것은 완전히 옷감의 **촉감**에 집중된다. 더욱이 클레랑보는 그의 환자들의 열정을 가리키는데 "하이퍼필리아"라는 용어보다는 "압토필리아aptophilie"라는 용어를 선호한다. "[…] 옷감을 손으로 만져보는 것은 여기에서 불가결하다. 그것의 상상적 재현, 그것의 소리조차도 그것을 대신할 수 없다. 옷감의

소유라는 관념은 보통 무시해도 좋다. 피부의 감각이 불가결하고 결정적이다." 그는 쓴다.[2)]

옷감의 짜임새 역시 결정적이다. "다양한 종류의 실크는 불균등하게 작용한다. 모피는 언급되지 않고, 벨벳은 높이 평가되지만 실크 보다는 못한 것으로 판단된다."[3)]

그런 정열의 물질적 특성을 확증하기 때문만이 아니라 병적인 차원의 끌림이라는 기원을 더 일상적이거나 약호화된 준거를 가지는 에로틱한 행동으로 바꾸어 놓기 때문에 이런 구분은 중요하다. "남자는 그 폭신함 속에서 옷감에 아주 여성적인 특징의 총체를 요구하는 반면 여성은 표면의 부드러움을 넘어, 근육 혹은 무엇이건 아주 다른 긴장을 떠올리게 하는 일종의 내적인 에너지를 요구할 것이다."[4)]

"자연적인" 감수성으로부터 병적인 정열에 이르기까지 차이점은 정도의 문제인 것으로 보인다.

> 선택적인 촉각의 감각과민증은 사실 여기서 강도에 의해서만 병리학적인 사실일 뿐이다. 그것은 약한 정도에서는 거의 모든 예민한 사람에게서 정상적으로 존재하기 때문이다. 그것이 예술가적 감수성의 일부를 이룬다고 말할 수조차 있다. 마찬가지로 여기서 병적인 성적 공감각은 건강한 주체 속에서 생겨날 수 있는 것의 과도함에 지나지 않지만, 병적인 성질은 이미 생겨난 흥분의 기분 좋은 느낌이 많은 다른 것들 사이에서 하나의 보조적 역할로 그치는 것이 아니라 그에게만 이런 흥분을 유발한다는 사실에서 기인한다.[5)]

이런 관찰은 속내 이야기의 의미를 지닌다. 클레랑보 자신이 "예술가적 감수성"을 부여받았다고 스스로 평가했음은 의심의 여지가 없을 것이다. 그러므로 우리는 여기서 옷감에 관련된 개인적인 민감성에 대한 확인을 발견한다. 하지만 그것은 또한 정신의학자에게 있어 촉각에 대한 이해는 **목적성 있는**finalisé 옷감의 용도, 즉 제한되거나 탈선된 것과 같은 활용을 이룸을 나타낸다.

사실 클레랑보는 이 주제에 관해서 이상하게 모호하다. 그의 환자들이 "감미로운 포도주를 음미하는 고독한 미식가보다 더 많은 몽상을 갖지 않고"[6] 실크를 즐긴다고 단언할 때, 우리는 실제로 시각적 상상력의 결핍이 그들의 경험에 진정으로 해로운 것인지 혹은 반대로 부차적인 단점일 뿐이라는 점을 이해해야 하는지 알 수 없다. 내가 보기에 이런 모호함의 이유는 필시 그가 관찰하는 여인들이 옷감에 어떤 시각적 감수성도 지니지 않은 채, 이중으로 왜곡된 세계 속에서 방황하는 것으로 그에게는 보이기 때문이다. 그는 말한다. "실크와의 접촉에서 그녀들은 수동적이다. 그녀들의 인성은 외부세계에 닫혀 있다. 시각도 없고, 욕망도 없다. 이성異性은 더 이상 존재하지 않는다. 그녀들의 쾌락은 아주 성적이지만, 그 자체로서 너무 충분하기 때문에 무성無性적이라고 부를 수도 있을 것이다."[7] 하지만 그녀들은 또한 실크에 "매혹되는" 기이한 방식을 통해 옷감에 대한 직관을 증명한다. 그녀들의 직관 속에서 옷감은 다루기 쉬운 물질로만이 아니라 더 본질적으로 **표면**으로도 작용한다. "옷감의 내재적 특성들 중에서 새로움에서 기인하는 균일한 신선함이 특히 높이 평가된 것으로 보이고 (적어도 실크에서는) 구겨진 흔적은 옷감의 가치를 떨어뜨릴 것이다."[8]

다른 피부l'Autre-peau의 에로티즘은 디디에 앙지외Didier Anzieu의 저서인 『자아-피부*Le Moi-peau*』라는 제목을 무력화시키는, 클레랑보가 "하이퍼필리아"라고 부르는 환자들의 경험일 것이다. 그녀들은 사랑의 감정에 대한 일종의 이상화된 대리자로 실크를 선택할 것이다. 그것은 인공적이니만큼 더 이상적이다. 그 본질이 그녀들의 본질에 가능한 한 가장 낯선 동시에 가장 가까운 한에서 그녀들은 이 옷감에 매혹될 것이다.

반면 아이크haïk[9]나 고대 드레이프의 물질은 그 촉각의 효력과 마찬가지로 클레랑보의 관심을 끌지 못한다. 『드레이프에 대한 과학적 탐구*Recherches technologiques sur le drapé*』에서는 자신의 주제를 예증하고, 직조의 질과 그 색깔을 한층 더 강조하기 위해서 숄의 "흰 색의 섬세한 모직의 결합"[10]을 환기시키기 때문이다. 다른 한편 그가 숄에서 벗어날 수 없었다면, 또한 그 표면이 그것을 두르는 사람에게 "피부"가 되기 때문이다. 그는 단지 그것을 의복으로, 즉 순전히 징후적이고 상징적인 가치를 갖는 외형으로 생각한다. 환자들의 옷차림의 묘사는 그들이 선택한 의복의 객관적인 설명 뒤에서 그들의 정신적 불안을 짐작할 수 있도록 하기 위해서 행해질 뿐이다.[11] 1928년 『드레이프 의상의 분류』의 주석은 유사한 고정관념에 따른다. 하지만 그것은 민족지적이 됨으로 인해 더 추상적인 의미를 갖는다.

> 소용돌이 모양의 스카폴라리오scapulaire는 언제 어느 곳에나 존재한다. 그것은 보편적인 드레이프이다. 그것은 그리스-로마와 이슬람 사회에서, 달리 말하면 지중해 세계에서 중요성, 복잡함, 아름다움의 절정에 닿았다.
>
> 반대로 골반에 두르는 소용돌이 장식spiral pelvien은 일정한 시간과 장소 - 고대 아시리아, 고대 이집트, 오늘날의 인도, 말레이시아 - 에서 발전되었을 뿐이다. 이처럼 두 방식들 중 하나는 지중해 주변을 중심으로, 다른 하나는 인도양 주변을 중심으로 분산되어 있다.[12]

사실 드레이프가 클레랑보의 관심을 끈 것은 그가 보기에 그것이 "다른 피부"를 이루기 때문이라고 말할 수 있을 것이다. 하지만 우리가 이전에 그것에 부여했던 것과는 아주 다른 의미로 이 표현을 해석해야 한다. 라틴어 *alter*와 *alius* 사이의 구분이 그것을 잘 이해할 수 있도록 도와줄 수 있을 것이다. 사실 이러한 드레이프들이 그 관찰자를 필연적이고 구속력 있으면서도 설명할 수 없이 모호한 공모의 규약과 연결하는 낯섬étrangeté의 지배를 받도록 하는 것은 보완물 혹은 복제품 - 자아에 대한 환유의 표시 - 으로서의 다른 것이 아니라 **본질에서의 이타성** 즉, 그 *alius*의 가치이다. 클레랑보의 드레이프는 시간과 공간에서 동시에 **다르다***alius*. 그렇다. 우리가 그것을 마주치는 이국의 사회는 먼 고대의 문화이기도 하다. 조각가들에 의한 경직된 환영들만이 존재하는, 현대인들이 그 서구적 가치를 모르거나 거기에 대해 무관심한, 모로코 사회와 같은 고대의 문화. 클레랑보에게 있어서 **백색**이 상징적인 색깔이라면 아마 그것은 우연이 아니다. 이 색은 다른 모든 색보다 그것이 구체적으로 표현하는 대상의 수사학적인 본질을 잘 표현한다. 이 대상의 주목할 만한 사회적 확장은 그 안에서 단순한 의복의 도구와는 다른 것을 더 보도록 자극한다. 그것을 에크리튀르의 백색과 비교할 수 있을 것이다. 에크리튀르의 문명처럼 드레이프의 문명은 주어진 언어적 일관성에 의해서 정의되는 그룹들의 경계를 넘어선다는 사실에 의해 특징지어진다. 드레이프의 문명 역시 시각적 방식으로 그렇다. 그것은 다른 질서에 속하는, 엄격한 사회적 교환의 질서보다 더 수수께끼 같고 더 방대한 문화적 사유를 드러낸다. 에크리튀르가 이미지의 매체적 특수성의 언어체계 논리로의 본래적 통합에 근거하고 있는 것처럼 드레이프의 문명은 물질적 외형에 대한 자율적 철학을 유도한다.

비교는 그 자체로는 전혀 근거 없는 것은 아니다. 하물며 클레랑보의 관점에서는. 클레랑보가 드레이프에 관한 자신의 주석을 가시의 기호 - 그래픽적인 가시 - 아래 위치시키기 때문이다. 사실 이 텍스트에서는 상형문자에 기초하는 분석 개념이 민족지적인 추상화에 상응한다. 구체적인 드레이프로부터 행해진 묘사가 도달하는 것은 상형문자이다.

> 원형의 스케치와 긴 목걸이형의 스케치, 하나는 흉곽에서, 다른 하나는 견갑골에서 서로 덧붙여져 이렇게 얻어진 상형문자 (고리 모양 상형문자)는 이번에는 자신이 집정관의 토가나 황제의 토가와 같은 여러 중요한 형태들을 낳는다. 아주 복잡한 것처럼 보이는 이 두 형태는 나선형을 수반하는 고리 모양 상형문자와 다르지 않다. 고리 모양 상형문자가 그것들을 이해하도록 해주며, 그것들이 처한 고립에서 그것들을 벗어나게 한다.[13)]

종합적인 동시에 역동적인 상형문자 속에서 순전히 기하학적인 본질의 일반화 덕분에 물질에 대한 모든 기억이 사라진다. 하지만 이것으로 이끄는 진술 역시 교훈적이다. 클레랑보는 사실 거기에 드레이프의 **묘사적 진술**이라 특징지을 수 있을 언어의 부분을 포함시킴으로써 그것들을 해석했다.

> 드레이프진 의복은 그 구성의 스케치에 의해 정의되어야 한다. 이 스케치는

요소들의 세 가지 질서에 따라 제시된다. 1) 중심이 되는 받침점 2) 이 점에서 시작되는 천의 움직임 3) 완전히 뒤덮인 부분의 이름들, 그리고 거기에 맞는 방식. 예: "소용돌이 모양의 스카폴라리오의 드레이프, 앞쪽의 몸, 왼쪽의 가짜 소매, 덧붙여지는 머리 부분의 마무리."[14)]

이처럼 클레랑보에게 있어 드레이프를 묘사하는 것은 대상에 대해서 "모든 것을 말하는" 것이 아니라 변별적 어휘와 유일하게 적절한 것으로 간주된 두 범주로 제한된 표면의 요소들 자체를 동일한 체계 안에서 결합하는 것이다. 선이 파생되는 점들의 범주와 거기에서 생기는 형태들의 범주. 방식은 이질적이다. 일관성 없는 방식이라고 해야 할까? 문학에 의한 완곡어법은 우리에게 아니라고 대답한다. 프란시스 퐁주는 실제로 동일한 주장을 한다.

요컨대 이것이 중요한 점이다. 사물에 대한 선입견은 단어에 대한 고려에 필적한다.PARTI PRIS DES CHOSES égale COMPTE TENU DES MOTS.

몇몇 텍스트에는 더 이상 혼합된 사물들에 대한 고정관념이 존재하지 않을 것이고, 다른 텍스트들에는 단어에 대한 고려가 존재하지 않을 것이다... 상관없다. 어쨌든 **둘 다**l'un *et* l'autre 존재해야 한다. 그렇지 않으면, 사실 아무런 쓸모도 없다.[15)]

분명 클레랑보와 퐁주의 의도는 아주 다르다. 퐁주는 선택된 단어를 통해서 그를 매혹하는 사물을 정복하려한다. 그리고 그는 단어뿐만 아니라 – 단어는 세상의 사물과 같은 본성을 지닌 사물이기 때문이다[16)] – 사물에 대한 그의 개인적인 경험과의 유사성을 발견할 어원에 대한 열광을 사전에서 끌어온다. 그렇지만 클레랑보와 퐁주의 묘사를 지배하는 원칙은 동일하다. 그것은 퐁주가 말하듯이 "결과적으로 그것에 대해 이야기하는 시선le regard de-telle-sorte-qu'on-le-parle"[17)]이다. 그것은 메를로 퐁티Merleau-Ponty의 시선과는 다르게 육체의 성격을 지니지 않고, 퐁주의 가방과도 관계없다. 시인의 표현을 다시 되풀이하자면 "통증을 느끼지 않는 [...] 대부분의 시간, 이 큰 가방, 나는 그것을 매우 원한다, 하지만 언제나 너무 부피가 크고, 무겁고, 불편한 이 가방"[18]과도. 그것은 순수한 광학에 속한다. "세상 속에서 (그리고 문장 속에서) 주체(주어)의 위치를 **초점**의 위치와 비교할 것. 내 생각에 광학은 인간의 시각에 관해 많은 것을 알려줄 것이다."[19]

클레랑보가 드레이프에 관한 자신의 묘사를 마네킹에 관한 소개로 보충한 것은 그가 그런 사람이었기 때문이다. 그는 **초점**, 세상의 중심이나 지배자가 아니라 – 그의 세계는 전혀 데카르트적이 아니다 – 가시계에 대한 상세한 분석자이다. 그가 자신의 강연을 예시하기 위해 관절이 있는 작은 나무 마네킹을 사용한 사실과 그의 아파트에서 그런 나무 마네킹이 여러 개 발견되었고 그 위에 천이 덧붙여져 있었다는 사실은 변덕이 아니면 편집증으로 잘못 해석되었다. 그런 인형들의 존재는 미술Beaux-Arts의 영향권에 속하는 예술가의 아틀리에에서는 아주 자연스럽다. 클레랑보는 그런 예술가였다. 드레이프진 옷에 대해 연구하고자 한다면 그런 인형들의 존재는 필수적이기까지 하다. 그것들 덕분에 화가는 인간 육체의 갖가지 자세를 모형으로 재현하고 거기에서 나오는 옷감의 효과를 동일하게 만들어낼 낼 수 있었다. 클레랑보에게서 감탄할 만한 것은 이런 마네킹을 이용했다는 것보다 그것이 독점적이며, 결코 해부학적인 탐구를 동반하지 않는다는 사실, 그리고 그것이 데생이나 그림을 수반하지도 않는다는 사실이다. 그것은 인간 위에 걸쳐진, 그러나 인간이 없는 드레이프이다. 그의 관심을 끈 것은 의복의 포즈 연습이지만 그래픽적인 활용이 배제된 경우이다. 달리 말하면 육체와의 모든 연관에서 벗어난 **드레이프진 옷에 대한 순수한 사고**인데, 육체와의 연관은 그 바탕이나 그것들이 야기했을 예술적 조작과 관계된다.

드레이프에 관한 클레랑보의 강연에서 마네킹에의 의뢰는 사실 그가 거기에 대해서 제안하는 묘사의 방법에의 의뢰와 아주 밀접하다. 우선 각각이 각 체계 속에서 언어의 구조 혹은 언어의 구조와 유사한 구조 – 마네킹의 관절들은 아주 정확하게 정의를 위해 선택된 단어들에 상응한다 – 의 작용과 결합하는 한에서 그렇다. 언어의 구조와 유사한 구조는 언어의 구조와 겹쳐지고 언어의 구조를 정당화하지만 가시계의 영역인 다른 질서와는 다른 영역에 속한다. 구성의 계획, 드레이프 자체. 다른 한편 두 방식의 목표가 똑같이 **이상화하기**라는 것은 주목할 만하다. 묘사의 경우 그것은 상형문자로 이끈다. 마네킹에 대한 연출은 클레랑보 자신이 흥분해서 적듯이 고대 드레이프의 상징적 복원에 이른다.

> 게다가 작가는 관절로 연결된 30센티 크기의 인형을 전시했다. 인형들은 고대풍의 우아하고 주름진 느슨한 옷을 입고, 옷의 앞뒤로는 커다란 주름깃이 달려있고, 오른쪽 측면은 벌어져 있는데 씨실의 양편 가장자리는 (벌어진 곳을 둘러싸고 있는 것들인) 작은 꽃 자수로 장식되어 있다. 아주 선명한 붉은 실의 장식이다. 고대 이래로 최초로 페플럼의 형상화가 아주 정확하고 그 효과가 완벽하다.[20)]

클레랑보에 의해 실현된 사진은 이런 관점 속에 포함된다. 혹은 적어도 클레랑보는 메모를 작성할 때 그것을 정당화한다. 그에게는 사진의 물질적 특성이 아니라 기능이 중요하다. 물체로서 마네킹이 구체적인 사전준비, 우선적으로 **추상적 가시성**으로 이해된 드레이프의 실제적이고 불가피한 부속물에 지나지 않는다면 사진은 그 부차적 침전물, 잉여물이다. 사진은 분석의 용이함이라는 관점에서만 관심을 끌 만하다.

> 아직도 존재하는 모든 드레이프에 대한 조사와 일람표의 작성이 시급하다. 전통적 구성은 단순화되고, 퇴화되거나 사라진다. 분석적 목적 없이 촬영된 사진이 구성을 복원할 수 있게 해주는 일은 거의 없다.[21)]

분명 클레랑보의 모로코 사진들은 "분석적인" 의도 하에 촬영되었다. 대부분의 사진이 드레이프 구성의 상이한 단계들의 연속으로부터 쉽게 벗어날 수 있도록 번호가 매겨졌다는 사실에서 그런 의도는 확인된다. 소장품의 현 상황은 완전한 연속이 아니지만 우리는 30번 혹은 47번이 매겨진 이미지를 발견한다. 계획이 체계적이었고, 극도로 세심하게 행해졌다는 표시이다. 사진사가 두꺼운 종이로 된 동일한 바탕 위에 4개 혹은 6개의 음화陰畵, clichés를 차례로 배치한 것에서도 역시 이런 의도가 드러난다. 그것은 단순화한 방식으로 동일한 효과를 노린다. 그것이 이미지들 자체 속에서 발견되는 것은 더 놀랍다. 인물들에게 설명할 수 없이 색다른 특성을 부여하는 것이 그것이다. 사실 **드레이프진 의상으로 몸을 감싸고 있는 사람들이** 우리에게 제시되는 방식은 아주 "분석적"이다. 정확하고 놀랄 만큼 독창적인, 그러나 어떤 의미 있거나 심리적인 가치가 제거된 제스처 속에서 화석화된 남자와 여자들을 달리 정의할 수 없기 때문이다. 거의 모두가 동일한 거리에서, 흐릿한 녹색 바탕이나 더 빈번하게는 벽 혹은 벽걸이 천을 배경으로 촬영된 이들은 아틀리에의 인형들처럼 마네킹들이다. 클레랑보의 의도에 부합하는 포즈와 옷태에만 몰두하고 있는 그들은 그들 자신에 관해서는 우리에게 아무것도 알려주지 않는다. 이따금 그들에게 맡겨진 역할에 놀라는 여성들, 특히 소녀들의 은밀한 미소를 제외하고는. 하지만 그 미소 역시 주어진 역할을 잘 수행하는데 열중한다. 감동적이고 매혹적인 괴리를 보여주는 미소인데, 과학적 단층사진의 실천 보다는 지나친 멋의 실천에 더 가까운 도구적 실천과, 그 동기를 이해하지도 그것에 대해 염려하지도 않고서 확신을 갖고 그 사회의 의복 전통의 복잡성을 펼쳐 보이는 사회의 너그러움 사이의 괴리이다. 아마 가장 감동적인 것은 여전히 음화를 풍자화나 모작으로 삼는 방식을 따랐음에도 클레랑보가 그토록 많은 그의 선배들이 빠졌던 함정 - 민족지적 관음증의 함정 - 을 피했다는 점이다.

하지만 사진가의 흥미를 끄는 것은 **현실**이나 현실이 제기하는 해석 혹은 치환의 문제가 아니라 단지 **분석**이다. 그 증거는 가장 설득력 있는 클레랑보의 음화들은 그 시선조차 보이지 않을 정도로 모델들의 얼굴이 감추어져 있는 음화들이라는 사실이다. 그때 촬영기사가 집중하고 있는, 그가 묘사하게 될 것과 동일한 목표로부터 우리의 주의를 다른 곳으로 돌리게 하는 것은 아무것도 없다. "가장 중요한 받침점"과 "이 점으로부터 시작하는 천의 움직임"이라는 두 가지 구성요소로부터 시작해서 옷에서 그 스케치를 제거하려는 목표가 바로 그것이다. 주목할 만한 유일한 차이는 스케치의 원칙을 조금도 벗어나지 않고, 반대로 원칙을 확고하게 할 뿐이다. 이 이미지들 속에서는 "가장 중요한 받침점"에 옷 입기의 단계들 혹은 의복의 일상적인 용도에 관계되는 "부차적인" 받침점들이 덧붙여진다. 그런 것들은 손과 팔, 아이크 아래에서 그것들을 잡는 방법을 우리에게 세심하게 보여주는 다기 혹은 버드나무 그릇과 같은 몇몇 용구들이다.

내 느낌으로는 시선의 놀이 속에서 클레랑보가 당시의 소위 "동양 취향의" 사진가들보다 훨씬 더 절제되고, 그의 사진이 사진의 이론가들을 벗어남을 우리에게 알려주고, 클레랑보의 "시각적 사고"가 완전히 독창적임이 드러나는 것이 이 지점이다. 조금 후에 드레이프의 다이어그램화에 도달하게 될 분석적인 – 시각적인 – 방식의 근원이 이 이미지들에 있는 것이 사실이라면, 그 방식은 역시 절대적으로 가시계를 드러냄에도 불구하고 그것들의 조직적 가치로만 평가받을 수 있는 관찰에 결합되어 있는 것처럼 보이기 때문이다. 관찰은 **외형**을 나타낸다. 관찰이 가리키고 자극하는 것은 계획이 아니라 외형이다. 외형은 그 위로 베일이 반쯤 미끄러져 내린 팔에 놀라고, 전혀 기능적이지 않은 드레이프의 기울어지고 널따란 움직임을 야기하면서 보는 일에 몰두한다. 육체의 예기치 못한 변신, 양팔을 높이 들고 양손은 천으로 감싼 채 육체는 비상을 박탈당한 새의 몸통과 같은 기이한 인상을 주거나, 아이크 아래에서 이 육체의 본질 자체에 관해, 그리고 아마도 그것의 존재에 관해 자문하도록 우리에게 강요한다.

드레이프와 함께하는 클레랑보의 고유한 모험에서 모든 것은 이런 **시각** 속에서 시작되었고, 그가 간직한 음화의 상당한 숫자는 그가 그것을 의식하고 있었음을 우리에게 증명한다. 이 사진들을 연대에 따른 맥락 속에 위치시키면 그것이 더 잘 드러난다. 그것들은 국립 미술학교와 민족지학회에서의 강연들 보다 이전에, 「여인에게 있어 옷감에 대한 에로틱한 열정」을 다룬 메모를 쓴 몇 년 후에 작성되었다. 옷감에 관한 시각적 영향이 이미 이 텍스트에서 지적되었다면, 그때 그는 환자들의 촉각에 관한 "압토필리아적인" 정신력 집중에 사로잡히게 되었다. 이 이미지들이 칭찬하는 것은 **촉각의 해방, 모든 접촉에서 벗어나** 존재하는 표면의 순수한 가시성이다. 우리는 사진사가 그의 음화를 시리즈로 만들었다는 사실 역시 단지 설득하려는 목적으로 뿐만 아니라 이런 의미로 해석할 수 있다. 하나의 이미지에서 다른 이미지로, 물질은 약화되고, 잊혀 진다. 관람객의 관심은 가장 비물질적인 얇은 막으로 축소된 표면 자체의 독특한 유동성 - 어떤 아이크를 만든 기법이나 그 직조기법도 아니라 사물 속에 구체화된 외형의 잠정적인 변이형들 - 에 집중된다.

이 사진들을 비슷한 시대의 다른 사진들과 비교해 보면 옷감에 대한 클레랑보의 시선의 이런 모범적인 날카로움, 이론가가 조금 후에 언어를 사용하여 자신의 것으로 시도하게 될 *alius*에 대한 이런 독특한 이해는, 언어 외적으로 실현되었기 때문에 아주 분명해 보이기도 한다. 우선 샤르코Charcot 현상소의 사진들과 비교하면 물론 클레랑보의 방식은 알베르 롱드Albert Londe의 방식과 아주 가깝다. 알베르 롱드는 "관찰"이라는 이름을 붙인 살페트리에르 병원 환자들의 입원보고서의 이야기들을 기록했다. "인화된 사진 한 장이 긴 설명보다 거기에 대해 더 많은 이야기를 해 줄 것이다."[22]

하지만 이런 비교는 거기에서 멈추어야 한다. 모든 층위에서 샤르코와 클레랑보의 사진 세계는 대립적이기 때문이다. 그 둘 속에서 "끊임없이 움직이고 있는 사람의 거의 유사한 이미지들이 연속되는 것"이 사실이라면, 세르주 티세롱Serge Tisseron이 강조한 것처럼 클레랑보에게 있어서는 "자세나 제스처의 변이형들 혹은 해부학에 대한 호기심을 통해 심리학을 궁지에 몰아넣는 것이 문제가 아니다. 오직 옷감만이 그의 관심을 끈다. 의복에 고유한 동력학보다도 […]."[23]

해설적 목표, 그리고 일반적 방식으로 그의 음화에 부여된 모든 임상적인 경향의 결핍은 무엇보다도 클레랑보의 이미지들과 샤르코가 후원한 이미지들을 구별 짓게 하는 것이다. 하지만 내 생각에는 모두 동일한 아카데미풍의 전통에 기대고 있었던 정신의학의 유명한 이 두 "중심점들visuels"이 다음과 같은 선택을 했다는 사실이 더 인상적이다. 샤르코의 이미지는 분명 가장 덜 개혁적이고, 서구 예술의 전통적 선입관에 의해 가장 많은 영향을 받은 전통 – 인간 육체의 재현이라는 이미지 – 을 선택한 반면 (롱드가 그의 불행한 환자들이 있는 침대를 완전히 검은색으로 뒤덮게 하는 것을 읽으면서 우리는 전율한다. 그는 설명한다. "왜냐하면 벗은 몸 위에서 경험하듯이 살갗들을 서로 떨어뜨려 놓는 것이 흰 침대시트 위에서 더 쉽기 때문이다."[24]) 클레랑보는 드레이프를 선택함으로써 그를 리얼리즘이라는 의심스런 모호함으로부터 벗어나게 해주었을 뿐만 아니라 그가 가져올 수 있었던 가장 독창적이고 가장 새로운 것을 가시계 속에서 발견할 수 있도록 해 준 관점 속에 위치했다.

이런 독창성은 클레랑보의 사진들과 20세기 초 같은 주제를 촬영했던 사진들을 비교할 때 모순되지 않는다. 모리스 드니Maurice Denis의 회화 스타일 속에서 혹은 외젠 드뤼에Eugène Druet나 해리 G. 엘리스Harry G. Ellis에 의해서 형상화된 로이 풀러Loïe Fuller의 음화들, 콩스탕 퓌요Constant Puyo 같은 "영상중심주의자"들에 의해 다루어진 고대 풍으로 옷을 입은 여인들의 사진들이 관련된다.[25] 그것들 사이에 어떤 유사한 영감이 분명해 보인다면 – 아마 클레랑보는 1900년 만국박람회에서 "소용돌이 모양의 장식 속에 굳어 있는 석고 주름이 있는 거대한 돛을 모방한"[26] 로이 풀러의 백색 화장회반죽을 바른 빌라를 보았을 것이다 – 이 이미지들의 대조는 드레이프들을 재현하면서 클레랑보가 하나의 주제를 다룬다기보다 어느 정도로 **시각의 경험**을 표현하려 했는지 확인시켜줄 뿐이다. 영상중심주의자들의 인화는 공기처럼 가벼운 동일한 헐렁한 드레스 속에 조력자의 도움으로 입은 고대 풍 의상들의 일렁임을 뒤섞는다. 그것은 의상을 표현하는데 있어서 사진 애호가인 클레랑보가 얼마나 정확한지 느끼게 한다. 외젠 드뤼에에 의한 로이 풀러의 사진들은 상당히 근접한 세심함을 보여주지만, 반대로 그것들은 같은 섬세함으로 빛의 유희를 표현하지 않는다. 그리고 특히 사진가에게 있어서 촬영의 핵심이 드레이프에의 충실성에 있지 않은 것은 분명하다. 무엇보다도 그의 관심을 끈 것은 막대로 지탱된 주름진 헐렁한 옷을 흔들면서 무용수가 도달한 꽃이나 불꽃으로의 변신이다.

옷감을 다양하게 다루었다는 사실은 유일하게 클레랑보만이 옷감 그 자체를 강조했음을 보여주지만 드레이프라는 모티브가 그 자체로서 사진가들에게 특별한 매력을 발휘했음도 드러낸다. 나는 주어진 바탕에 다른 바탕의 흔적이 스며들게 한다는 사실이 예술가에게 마치 예술의 절대적 근원에 있는 것과 동일한 환희를, 연금술의 원칙에서 인식되는 것과 동일한 행복을 전달하기 때문이라고 생각한다. 추상예술의 여명기 예술가들이 그런 강조에 경탄했음이 분명하다. 콩스탕 퀴요와 외젠 드뤼에는 그들 이미지의 강요된 리얼리즘 - 왜곡된 빛, 그것 자체가 스펙터클이 된 움직임 - 속에서 비현실을 만들어내기 위해 이런 연금술을 이용했다. 클레랑보는 그것을 통해서 가시계를 그 본질 속에서 드러낸다는 유일한 목적을 위해서만 거기에 호소했다. 이미지, 옷감과 같은 스크린 - 이미지, 옷감 - 그리고 이 스크린 위에 그 구조와 용도에 의해 만들어진 흔적들. 고대에 점을 칠 때 이런 흔적들은 에크리튀르의 탄생을 가져오게 될 우주적 질서의 신호였다.[27] 여기에서는 의복의 주름, 줄무늬, 트임, 일렬로 배열된 액세서리들이다. 하지만 이런 선을 나타내는데 사용되는 것이 단지 천의 부피나 문양, 거의 추상적이 된 시선의 위치는 아니다. 클레랑보가 예리한 주의력을 갖고 조명을 준비하고, 모델들의 포즈를 선택하고, 모자이크나 울타리를 초상화의 배경으로 사용되기에 충분했을 벽걸이 천으로 대체했다는 사실이 그것을 증명한다. 데생화가에게 있어서 드레이프가 선긋기를 연습할 기회라면, 사진가인 클레랑보에게 있어서는 공간의 **표시들이 생기도록 만드는**, 바탕의 최초의 백색이 생기도록 만드는 기회가 된다. 우리는 전쟁 중에 그가 광산의 폭발이 남긴 흔적을 촬영했고, 촬영을 위해 폭발 현장에 함께 하기를 주저하지 않았음을 안다.[28]

쓰여진 것에 의해 집중된 시각적 사고, 다이어그램 안에 체계화된 시각적 사고 이전에 클레랑보의 사진은 이런 사고의, 동기의 근거가 되는 초기의 변이형을 증언한다. 표면과 시선의 만남 그리고 그것으로부터 사물의 본질, 인간과 현실과 미지에 대한 지식의 성격을 동시에 지니는 형상의 (형태가 아니고 사물은 더더욱 아니다) 출현. 이것은 중국 "문인화"의 개념을 떠올리게 하는 측면이 있다. 여백에 의해 중심부에 고정된 산과 물 사이의 균형, 비단과 구름, 물질과 상상계 사이의 균형. (문인화는 동시에 이것들 모두이다.)

우연의 일치인가? 아마도. 하지만 사실인즉 중국 회화가 그 지혜의 바탕으로 삼은 것, 순식간에 - 자신들의 고유한 문화에도 불구하고 - 제한적이면서도 동시에 강압적인 아카데믹한 상황으로부터의 해방이 가능해지자 곧 모든 서구 화가들이 관심을 집중한 것은 언제나 창조의 궁극적 상태이기도 한 이런 창조의 최소의 상태를 향해서이다.

외젠 프로망탱Eugène Fromentin의 경우는 아주 기이한 방식으로 19세기의 심장부에서 일어난 이런 역설적 매혹을 예증한다.[29] 우리는 미쇼Michaux가 그의 초기 이미지들의 기원을 떠올릴 때 감탄에 젖은 그 메아리를 발견한다.

> 수묵화법. 거기에는 혼란이 필요하다. 적어도 혼란이. 나는 우선 종이를 혼란시킨다. 그런 후 다른 혼란. 단어에서도, 사고에서도, 어렴풋한 추억에서도 자각하려 하지 않는, 내가 무언지 모르는 혼란.
>
> […]
>
> 혼란된 종이, 얼굴들이 거기에서 나온다, 거기에 무엇을 하러 왔는지 알지 못한 채. 내가 그것을 알지 못한 채. 그것들은 나 이전에 표현되었다. 내가 기억해내지 못하는, 내가 이전에 그것을 경험했는지 결코 알지 못할 인상의 표현. 이것이 가장 진실한 것들이다.
>
> […]
>
> 다른 아무 것과도 혼동하지 않을, 자신의 경로를 확신하는, 경로 너머의 선.
>
> 갑자기 설명을 중단시키는 따귀와도 같은 선.
>
> 모험을 위한 회화. 불확실한 것, 예기치 못한 것의 모험이 지속되기 위한 회화. 수년 후에도 여전히 또 모험.[30]

"나"와 나의 결핍의 해방, 백색에 의한 인식 (혹은 흑색에 의한 인식 : 이 경우 양 극단은 동일한 효력을 지닌다.) 동시에 세상과 자기 자신의 성질을 띠는 흔적들, 언어에 대한 이미지의 보복에 대한 인식이다. 미쇼가 시각의 정신적 독립성을 의식한 것은 메스칼린[31]의 경험을 통해서이다.

> 계속 두 눈을 감은 채, 길게 이어지는 이 순간들에서 나는 이미지는 언어가 아주 멀리서 표현할 뿐인 어떤 직접성이라는 증거를, 이미지는 최초의 사고의 재료가 되는 진정으로 예외적인 위치를 사유 속에서 점유하고 있다는 증거를 얻었다.[32]

클레랑보가 클로랄chloral 중독자들이 그에게 해준 시각적 환각의 이야기들로부터 동일한 결론에 도달했는가? 그렇게 추측하기에는 그의 묘사는 너무 비개인적이고, "객관적"이다.[33] 하지만 그가 백내장 수술에 대해, 수술의 실패를 깨닫고 난 후 자살시도에 대해 이야기하는 텍스트는 **시각에 의한 사고**가 어느 정도로 그에게 본질적인 것인지 이해하게 한다. 자신의 수술과 회복기에 관한, 그의 표현에 따른다면 "서술적 보고"를 다시 읽어보면 그가 시각적 사고의 가장 특징적인 몇몇 표현을 깨닫고 있었음을 알게 된다. 이런 묘사는 예측하지 못한 방식으로 드레이프에 관한 그의 사진을 참조케 한다.

> 환한 조명을 받고 있는 얼굴 위에서 푸른색은 움푹하게 패인 곳 속에 한정된다. 눈구멍, 주름, 미소 지을 때 생기는 패인 홈, 입술의 벌어진 틈, 머리카락의 뿌리. 흰 천은 환한 조명을 받고 있는 부분들 속에서 아주 경미하게 푸르스름하게 보이고, 그늘진 부분들에서는 분명한 푸른색으로 보인다. 약간 매력적으로 인상주의라 불리는 시기의 그림들을 떠올리게 하는 편견이다.[34]

그는 가시계와 사고 사이의 밀접한 상관관계도 주의 깊게 바라본다.

> 나의 반 실명은 사고 자체를 더 힘겹게 만들었다. 사고의 휴식을 취하거나, 사고를 재개하기 위해서 건강한 상태에서는 우리는 꿈을 꾸면서 계속 외부 세계의 도움을 받기 때문이다. 이런 도움이 없다면 우리는 휴식 없이 애써서 관념의 흐름을 밀고 나가거나, 그것을 되찾아야 한다. 몽상은 내부의 배경 혹은 풍경 앞

에서보다 총체적인 어둠 속에서 훨씬 도움이 덜 필요하다. 나는 결코 사물들의 이런 의존을 느낀 적이 없다.[35]

물질적인 것이건 정신적인 것이건 간에 시각적 사고가 **외부세계**에 근거를 두고 있는 것은 사실이다. 클레랑보는 다른 누구보다 자신의 창조력에 민감했다. 게다가 이 텍스트는 그것을 증언한다. 하지만 그것이 개방성, 주체의 전적인 수용성을 내포하고 있는 것도 사실이다. 그리고 이런 수용성은 중국 미학 사상의 중심이다.[36] 클레랑보는 자신의 문명의 로고스중심주의로부터 자기 자신에 대한 지배와 마찬가지로 사물들에 대한 **지배**라는 최초의 요구를 상속받았다. 그는 갑자기 거기에 실망한 자신을 받아들일 수밖에 없었다.

---

1) 다음을 볼 것. Serge Tisseron (dir.) *Gaëtan Gatian de Clérambault, psychiatre et photographe*, Paris, Les empêcheurs de penser en rond, 1990.
2) G. G. de Clérambault, ≪Passion érotique des étoffes chez la femme≫ dans *La passion des étoffes chez un neuro-psychiatre*, Paris, Solin, 1990, p. 33.
3) *Ibid.*
4) G. G. de Clérambault, ≪Passion érotique des étoffes chez la femme≫, *op.cit.*, p. 41.
5) *Ibid.*, p. 33-34.
6) *Ibid.*, p. 35.
7) *Ibid.*, p. 38.
8) *Ibid.*, p. 35.
9) 아랍 여인이 옷 위로 몸을 감싸는 네모난 천. (역주)
10) *Ibid.*, p. 57.
11) 예를 들어 다음을 볼 것. ≪Contribution à l'étude de la folie communiquée et simultanée≫, 1902, dans G. G. de Clérambault, *Oeuvres psychiatriques*, Paris, Frénésie Éditions, 1987, p. 8.
12) ≪Classification des costumes drapés≫ dans *la passion des étoffes...*, *op.cit.*, p. 50.
13) *Ibid.*, p. 51.
14) *Ibid.*, p. 49.
15) Francis Ponge, ≪My creative method≫, *Méthodes*, Paris, Gallimard, 1961, p. 20.
16) ≪Qu'est-ce qu'un langage? Sinon un univers, comme l'autre, mais un univers *fini*,

qui comporte moins d'objets que l'autre≫, ≪Réponse à une enquête≫, Francis Ponge, *Méthodes, op.cit.*, p. 232.

17) Francis Ponge, ≪Les façons du regard≫, *Le parti pris des choses*, Paris, Poésie-Gallimard 1967, p. 120.

18) Francis Ponge, ≪Du corps≫, *Méthodes, op.cit.*, p. 186-187. 다음을 볼 것. Merleau-Ponty, *L'oeil et l'esprit*, Paris, Gallimard, 1964, p. 19-20. "시각은 사물들 가운데 얻어지거나 형성된다. 그곳에서 하나의 가시계가 보기 시작할 때, 크리스털 속의 모액母液처럼 느끼는 것과 느껴지는 것의 공유가 지속될 때 시각은 자기 자신을 위해 모든 사물들의 시각에 의해서 가시적이 된다."

19) Francis Ponge, ≪De l'infini≫, *Méthodes, op.cit.*, p. 183. 나는 다음의 글에서 프란시스 퐁주와 에크리튀르의 관계에 대해 상술했다. ≪Les mots, l'écrit: l'usage du dictionnaire chez Francis Ponge≫, *Lexique* n° 12/13, 1995. Villeneuve d'Ascq. Presses universitaires du Septentrion, p. 319-330.

20) G. G. de Clérambault, *La passion des étoffes..., op.cit.*, p. 57. 극히 최근에야 우리에게 알려진 클레랑보의 준비 자료들은 수집된 문서의 다양함과 - 온갖 출처의 사진들, 메모들, 묘사들, 크로키들 - 드레이프의 형식적 유형에 따른 분류의 조직화에 의해서 역사적 진실인 동시에 합리적 이상의 가치를 가질 융합의 역설적이고 모순되는 꿈을 확증한다. 이 자료들에서 발견되는 그의 데생들은 사실 3가지 종류에 포함된다. 드레이프를 표현하는 조각 혹은 사진의 복제품들 - 혹은 단순한 모사들 - 그리고 거기에서 대개의 경우 그가 더 의미 있다고 평가한 몇몇 양상을 강조했다. 조직화의 연습은 하나의 모티브로부터 벗어나는 것을 목표로 한다. 마치 그것이 마지막 드레이프의 변하지 않는 주름과 제스처의 생성 구조라는 평행하고 보완하는 두개의 기하학에 관련되는 것처럼. 바로 이 진술의 두 가지 색깔로의 전환, 아주 초보적인 방식으로 마네킹의 몸은 붉은 선으로 소묘되었고, 베일의 요소들은 푸른 연필로 표시되었다. 상형문자들과 메모, 이 데생들은 분명히 조형적이건 미학적이건, 어떤 예술적 목적도 따르지 않는다.

21) G. G. de Clérambault, *La passion des étoffes..., op.cit.*, p. 52.

22) Albert Londe cité par Georges Didi-Huberman, *Invention de l'hystérie, Charcot et l'iconographie photographique de la Salpétrière,* Paris, Macula, 1982, p. 3.

23) Serge Tisseron, ≪D'un regard l'autre≫ dans *Gaëtan Gatian de Clérambault psychiatre et photographe, op.cit.*, p. 25.

24) Cité par André Rouillé, *Le corps et son image, Photographies du dix-neuvième siècle*, Paris-La Rochelle Contrejour, 1986, p. 56.

25) 이 주제에 관해서는 다음을 볼 것. *Ornement de la Durée*, Catalogue du Musée Rodin, 30 septembre-30 novembre 1987.

26) Camille Mauclair, ≪Sada Yacco et Loïe Fuller≫, *La Revue blanche*, 15 octobre 1900, p. 7에 인용됨. 우리는 이것을 클레랑보가 그의 서류들 속에 간직한 큰 판형의

출판물이라는 아주 희귀한 자료들 중 하나로 평가할 것이다. (그의 서류들에서는 일반적으로 하나의 주제에 관해 오려낸 편린들 만이 발견된다.) 그 자료는 – 이것이 더 희귀한데 – 그가 직접 연필로 쓴 설명과 날짜를 포함한다. 그것은 1921년 10월 23일 『이브*Eve*』지에 발표된 사진인데, 이사도라 던컨Isadora Duncan이 무리지어 있는 고대 조각상들 앞에서 의상담당자의 도움을 받아 고대 그리스풍의 튜닉을 입고 있는 모습을 보여준다. 우리는 설명이 이미지와 동등하게 클레랑보의 관심을 끌었음을 이해한다. 여기 전체 텍스트가 있다. ""부동의 무용가들"의 학교에서. 고대 그리스인들에게 있어 무용과 조각은 뮤즈들의 예술, 음악과 유일하고 동일한 예술일 뿐이었다. 각 조각상의 자세는 감정인 동시에 제스처이다. 이사도라 던컨과 그녀의 모방자들은 리듬에 관한 고대의 이런 이해를 우리에게 살아있는 것처럼 재현해 주었다. 그녀들은 인식을 밀고 나가 가벼운 의복 차림의 부동의 조각상들의 움직임을 연구하기 위해서 오랜 시간을 박물관에서 보내기까지 한다. 고대 그리스의 튜닉은 입기 어렵다. 입는데 성공하기 위해서는 능숙한 무대의상가의 도움을 받는다 하더라도 얼마나 많은 시도와 얼마나 많은 인내를 감내해야 하는지!"

27) 이 주제에 관해서는 다음을 볼 것. *L'image écrite*, *op.cit.*, p. 97-110.

28) 다음을 볼 것. Bernard de Freminville, ≪Le drapeau≫, *La passion des étoffes...*, *op.cit.*, p. 15. 그것의 원인이 아니라 외형이라는 관점에서 고려된 흔적에 대한 배려에 분명 클레랑보의 서류들 속에서 발견되는, 혹은 하나의 판 위에 고무수채화법으로 재현된 드레이프의 가장자리 장식, 허리띠 그리고 다양한 끈의 목록을 – 거기에는 클레랑보가 여러 장의 크로키를 그린 샌들의 끈이 포함된다 – 연관시켜야 할 것이다.

29) 이 책의 다음 장을 볼 것. ≪프로망탱 미술비평 혹은 공백의 수사학≫, p. 117-139.

30) Henri Michaux, *Emergences-Résurgences*, Genève, Skira, 1972, p. 49 et 72.

31) 멕시코 선인장에서 추출하는 환각제. (역주)

32) *Ibid.*, p. 84.

33) 다음을 볼 것. *Deuvres psychatriques*, *op.cit.*, p. 145 sq. 그렇지만 클레랑보는 이따금 해설을 하는 일이 있는데, 예를 들어 그런 환자에 대해서 이런 언급을 한다. "그녀는 우리에게 두 시간 동안 진정으로 눈부신 몽환적인 영화에 관한 묘사를, 거의 환영을 전해준다." (p. 149.)

34) G. G. de Clérambault, *Souvenirs d'un médecin opéré de la cataracte*, Paris, Les empêcheurs de penser en rond, 1992, p. 46-47.

35) *Ibid.*, p. 17.

36) "수용성과 지식에 관해서는, 수용성이 앞서고 지식이 뒤따른다. 지식을 뒤이은 수용성은 진정한 수용성이 아니다. […] 사실 붓으로 그은 단 한 줄의 선Unique Trait de Pinceau이 존재들의 보편성을 포함하기 때문이다. 회화는 잉크를 수용한 결과이다. 잉크는 붓을 수용한 결과이다. 붓은 손을 수용한 결과이다. 손은 정신을 수용한 결과이다. 이처럼 모든 것은 수용의 열매이다. 창조의 과정 속에서처럼 하늘은 뒤이어 땅이 완수할 것을 만들어낸다." Shitao, *Les propos sur la peinture du moine Citrouille-*

amère, traduction et commentaire de P. Ryckmans, Paris, Hermann, 1984, p. 43. 이 주제에 관해서는 다음도 참고할 것. François Julien, *Procès ou Création, Une introduction à la pensée des lettrés chinois*, Paris, Seuil, 1989.

07

프로망탱 미술비평 혹은 공백의 수사학

『예전의 거장들*Maîtres d'autrefois*』은 독특한 책이다. 아주 자주 강조되듯이 이 책은 화가이면서 동시에 작가인 사람의 작품이기 때문이다.[1] 하지만 그의 독특함은 그가 우연히 글을 썼다는 - 프로망탱의 두개의 주요 저작들인 『사하라에서의 한해 여름*Un été dans le Sahara*』과 『도미니크*Dominique*』 역시 - 사실에서 기인한다.[2] 오래전부터 그의 여유로움과 자신이 사랑하는 그림에 대해 말하는 그의 능력에 매혹된 작가의 친구들은 벨기에와 네덜란드의 미술관들을 방문하고 비평서를 엮어내도록 그를 격려했다. 하지만 그들은 결코 그가 그렇게 하도록 설득하지 못했다. 1875년 그가 갑자기 브뤼셀로 떠날 결심을 한 것은 더욱 놀랍다. 바바라 라이트Barbara Wright가 최근 편집한 서간문들은 사실이 출발에 예술 외적인 것이 아니라면 여하튼 에크리튀르 외적인 동기가 있었음을 발견하게 해주었다. 프로망탱은 여행 덕분에 도미니크가 마들렌에게 열정적 사랑에 빠졌던 것처럼 그를 사로잡았던 오르탕스 홀란드Hortense Howland를 다시 만날 수 있기를 바랐다. 그는 그녀와 북유럽 화가들에 대한 동일한 취향으로 연결되어 있었다. 브뤼셀에 도착한 바로 그날인 7월 5일 그는 그녀에게 쓴다. "사실 확실한 계획 없이 길을 떠났습니다." 그리고 계속 쓴다. "잘 생각해보면, 당신에게 조금 더 가까이 오기 위해, 조금 더 당신의 것이 되기 위해, 강압적으로 헤어져 있는 일을 줄이기 위해 내가 여기 왔다는 것을 발견할 수 있어요." 그는 그녀가 안베르스Anvers로 그를 만나러 오기를 바랐다. "우리 생에서 **한번**만이라도 멋진 도시에서 36시간 동안 우리 둘만 있을 수 있기를" 그는 꿈꾸었다. 하지만 그의 꿈은 실현되지 않았음이 분명하다.[3)]

그러므로 우리가 프로망탱이 자신의 책을 시작할 때 보이는 주저를 기록해야 하는 것은 그것을 너무도 세심한 겸손으로 돌리기 위해서가 아니다. 그의 책은 다음과 같이 시작한다. "이 연구들은 메모에 불과할 것이다. 앞으로 쓰게 될 책의 일관성 없고 균형이 맞지 않는 요소들인 메모." 그는 덧붙인다. "이것은 회화에 대한 대화와도 같을 것이다." 이 여행의 근원에 있는 것은 우정 어린, 더 정확히는 애정 어린 침투이며, 여기에서 거론하고 있는, 그가 추진할 책은 긴 시간을 두고 이루어지는 대화의 형태임은 의심할 바가 없다.

게다가 사실 이 저작은 진짜로 **완성되지** 않았다. 마지막 장은 결론이나 이유도 없이 갑자기 중단된다. 반 에이크Van Eyck에 관한 5페이지, 멤링Memling에 관한 5페이지, 두 화가들의 비교 2페이지가 끝이다. 미술사가의 연구라 말할 수도 없다. 프로망탱이 연대기적 방식으로의 정리를 노골적으로 소홀히 하기 때문이다. 이것은 비평서도 아니다. 『거장들』의 가장 유명한 장들 중 하나는 분명 현대 미술에 대해 다루고 있다. 하지만 이 장은 거의 전부가 고대 미술에 바쳐진 작품 속에서 조화를 이룬다. 그리고 우리는 그의 논증이 겨냥하고 있는 것이 분명한 동시대의 유일한 화가를 작가가 최선을 다해 숨기려 애썼음을 그의 육필원고들에서 알 수 있다. 그것은 마네이다.[4)] 완전히 숨긴 것은 아니다. 작가는 자신의 취향에 따라 그림을 선별했고, 방문의 목적이었던 미술관이라는 정확한 장소의 공간구성과 조명보다 하나의 풍경이나 하나의 도시를 묘사하는데 더 자주 관심을 기울였다.[5)]

또 이 저작은 우선적으로 시각적인 것인지 문학적인 것인지 결정하지 못할 도전에 근거한다. "나는 루벤스와 렘브란트를 보러 그들의 나라에 왔다." 프로망탱은 선언한다. 이것이 그의 책의 첫 번째 문장이다. 하지만 그는 자신이 토레 뷔르거Thoré-Bürger와 뷔르거가 1858년 『네덜란드 박물관들*Les Musées de la Hollande*』에 바친 저작의 뒤를 잇고 있음을 안다.[6] 비평계는 그의 분석을 고티에Gautier나 뒤 캉Du Camps의 분석과 비교했다. 이어서 텐Taine은 자신의 분석을 뷔르거의 분석과 비교했다. 프로망탱의 의도는, 즉흥적인 것이었다 하더라도, 다른 사람들이 자신 이전에 **말한** 것을 **보는** 것이었다. 또한 그는 전통적인 논증이라는 간접적인 수단으로 그들과 경쟁할 수 있다고는 여기지 않았다. 그는 독자들에게 "단순한 **예술 애호가**의 대수롭지 않은 느낌"을 표현함으로써 그들을 능가해야 했다. 말하자면 이 단어가 19세기에 가졌던 의미, **전문가**의 느낌을 표현함으로써 그들과 겨뤄야 했다. 가장 효과적으로 예술에 대한 통찰력에 도움이 되는, 그가 가졌던 몇 주의 우연한 여행자로서의 시간을 기록함으로써 그들을 능가해야 했다.

그렇지만 이런 도전은 『예전의 거장들』에서 즉각적으로 지각되지는 않는다. 우회적인 방법으로 그럴 뿐이다. 프로망탱이 출발점이 된 책들을 숨기고자 했는지 분명하지는 않다.[7] 그것들을 발견해내기는 아주 쉽고, 그의 시대에는 더 그랬다. 게다가 그것들과의 비교는 작가의 독창성을 더 잘 느끼게 해줄 뿐이다. 하지만 그의 미학이 고대 거장들의 미학에서 영감을 얻을 필요가 있었던 것과 마찬가지로 프로망탱의 에크리튀르 역시 이미 존재하는 텍스트로부터 풀려나갈 뿐이다. 그것이 자신의 텍스트이건 혹은 이 경우처럼 한 명이나 여러 다른 사람의[8] 텍스트이건 간에. 하지만 그는 이미 존재하는 텍스트를 자기 자신의 텍스트 안에 흡수하고, 그 속에서 그것은 해체되고, 잊혀질 것이다. 그것은 기원보다 생산적인 뜻밖의 사건이다.

이 의미심장한 우회를 책의 2부 5장에서 발견하게 될 것이다. 프로망탱은 헤이그 미술관에 전시된 폴 포터Paul Potter의 ≪황소*Taureau*≫에 거의 전부를 바치고 있다. 아마 적어도 네덜란드에서는 ≪야간순찰*Ronde de nuit*≫의 명성과 비길만한 이 그림의 명성이 그런 풍부한 전개를 정당화한다. 그렇지만 그가 렘브란트의 작품에 예정한 긴 논쟁과는 다르게 작가는 여기서 놀랄 만큼 너그러운 태도를 보인다. 렘브란트의 작품과 관련해서는 작품의 명성이 비평의 논거로 이용되었다. 그는 말한다. "평판이 결코 완전히 길을 잃지는 않았다." 그리고 그는 거기서 멈추지 않는다. 왜냐하면 그림에서 모든 진정한 아름다움을 - 이 그림의 질 자체를 - 부인하면서, (이것은 "위대한 **습작**"에 지나지 않는다) 만족감을 드러내며 그것의 무의미함과 추함을 장황하게 풀어내면서, 그는 어떤 일이 있더라도 계속해서 천재성의 표식들을 찾아내고, 거기에서 그것들을 보았음을 단언하기 때문이다. 이 천재성은 무엇으로 만들어지는가? 다른 여러 곳에서 프로망탱이 결함으로 간주하는 능력, 세밀하게 그림 그리는, "갈비뼈까지" 모방하는 능력으로 만들어진다고 그는 말한다. "이런 경우" "화가의 영혼이 작품보다 가치 있기" 때문이라고 그는 설명한다. 기이한 설명이다. 그리고 왜 이 황소의 엄청난 스펙터클이 "이의 없이" "거기에 부여되는 중요성"을 부여받을 만한가? "거대한 하늘과 거대한 황소라는 그림의 유일한 두 부분이 서로 이해하기 위해 만들어진 것처럼 보이기 때문이다." 이처럼 그가 ≪야간순찰≫과 관련해서 비난받을 만한 것으로 판단하게 될 이런 불완전한 통일성은 포터에게서 발견된 이상 미덕이 되었다.

뷔르거의 텍스트로 한번 되돌아가보면, 그런 뜻밖의 경탄의 이유를 이해하게 된다. 실제로 『네덜란드 박물관들』의 작가 역시 이 그림에 대해 이야기한다. 하지만 그는 솔직하게 빈정거리는 태도로 이야기하는데, 그의 중요한 두 과녁은 정확히 프로망탱의 찬사의 바탕이 되었던 그림의 부분들이다. 이 "허세부리는 황소, 왜냐하면 우리는 그것이 물감으로 칠해진 것임을 알기 때문이다." 그리고 "흐릿한 회색 종이로 만들어진" 하늘.[9] 그러니까 일단 현장에서 확인이 이루어진 이상 프로망탱이 한 단어 한 단어 비평가에게 맞서기를 원했을까? 가능하다. 그렇지만 그의 변론의 열의를 정당화하기에는 충분하지 않다. 그로 인해 자신의 다른 발언들과 명백히 모순되는 관점을 채택하게 되었으니 더 그렇다.

프로망탱과 토레 뷔르거를 대립시키는 논쟁의 구체적인 이유는 실제로 폴 포터의 그림이 아니기 때문이다. 비평가의 그림에 대한 묘사가 **연이은** 페이지들 속에 존재한다. "흐릿한 회색 종이의" 하늘은 사실 그 자신이 직접 본 네덜란드의 하늘을 떠올리게 하고, 『예전의 거장들』의 저자가 열정적으로 완전히 대립적인 해석을 준비하는 이론을 전개시키도록 이끈다.

토레가 말한다. 분명 "네덜란드는 자주 그런 효과를 제공한다." 이런 "종류의 불투명한 베일, 대지와 태양 사이에 걸린, 그리고 모든 빛남을 가로막는 […]. 다시 한 번 말하건대 빛깔의 단조로움이 네덜란드의 특징들 중 하나임은 사실이다." 하지만 포터가 단순히 거기에 충실하게만 머문 것은 잘못이다.

> 렘브란트는 네덜란드 리얼리즘의 진솔함을 저버리지 않고도 빛의 유희를 발명해 냈다. 자연의 독창적인 효과를 선택하면서, 그리고 그것을 시적으로 해석하면서 그렇게 했다.
>
> 분명 폴 포터는 빛을 잘 표현한다. 그의 장점들 중 하나가 그것이다. 하지만 총체적인 빛의 효과라기보다는 **지방 특유의** 빛이다.[10)]

토레는 계속한다. "현명한 전문가들이 장점으로 간주하는 이 결점"은 "대부분의 그의 그림에서 눈에 띈다." 그는 또한 다음과 같이 특징짓는다.

> 그 학파의 다른 예술가들은, 특히 풍경화가들은 색채의 폭이 상당히 제한적이다. 반 호베인Van Goijen과 살로몬 라위스달Salomon Ruijsdael은 회색, 쿠베프Cuijp는 황금색, 야코프 라위스달Jacob Ruijsdael은 갈색, 오스타더Ostade는 적갈색, 호버마Hobbema는 올리브색, 기타 등등이다. 그들 중 아무도 결코 그들의 **지배적인** 색깔에서 아주 멀리 떨어진 조화 속에서 방황하지 않는다. 그리고 이렇게 하면서 선량한 애국자인 그들은 자신들의 고장의 하늘에 따른다.[11)]

내 느낌으로는 이것이 『예전의 거장들』을 지배하는 텍스트이다. 하지만 우리는 그가 어떤 방식을 취했는지 안다. 그는 그 방식의 간접적인 동인이다. 이렇게 새로운 풍경과 예술작품을 대담하게 결합시키는 에크리튀르가 탄생할 수 있었던 것은 그에 의해서인데, 그가 사전에 그런 결합을 정당화했기 때문이다. 하지만 또한 아마도 특히 그런 결합으로부터 토레는 프로망탱의 마음에는 들지 않는 결론들을 이끌어냈다. 토레는 그 결론들에 반론을 제기하기 위해서 그의 계승자가 어쩔 수 없이 다른 스타일, 새로운 담화를 창조하게 했다. 자연 – 가장 척박하고 가장 비어있는 자연 – 본유의 시라는 명제는 그림에도 "지역적"인 창조적 상상력에서 기인하는 시처럼, 에크리튀르의 내밀한 힘에 의해 독자를 그것에 대해 확신에 넘칠 뿐만 아니라 어찌할 수 없을 정도로 자신만만하도록 유도하면서 만들어질 수밖에 없다.

텐의 이론들은 이 설득력 있는 연출을 더 필연적으로 만들었다. 텐 역시 물질적 현실과 예술 작품 사이에 관계를 수립했다. 하지만 그의 추론은 잘못된 것이었다. 예술 작품은 물질적 현실의 단순한 반영 혹은 그것의 "꽃"이 아니다. 네덜란드 회화의 황금시대는 사회생활이 가장 심하게 혼란스러웠던 시대이다. 이 "위대하고 평화로운 유파의 [···]" 모든 화가들은 "죽기 전 거의 하루도 포탄소리를 듣지 않은 날이 없었다." 프로망탱은 반복해서 주목한다.[12] 탄생한 장소에 충실한 그림들에 대해 말하자면, 텐에게 있어 이런 충실성은 사상 없는 빈약한 리얼리즘의 무게에 의해서만 정당화되었을 뿐이다. 그는 단언하기를 네덜란드에서 "이상은 옹색하다." 네덜란드 화가는 "철학과 미학 서적과 잡지들로 가득한 세련된 관찰자들인 우리 화가들"과 다르다. "우리와 비교해 보면 그는 장인이다." "그의 그림 속에서 우리는 만족스럽고 편안할 것이다. 우리는 그가 피안의 세계를 상상하지 못한다는 것을 안다." 등.[13]

프로망탱은 이런 선입견을 능가하기 위해 그에게 필요했던 효과적인 에크리튀르 – 수사학 – 의 역동성을 회화 바로 그 자체 속에서 끌어냈다. 그에게 있어 회화예술은 무엇보다도 설득의 예술이었기 때문이다. 『예전의 거장들』의 텍스트들은 우리에게 여러 증거를 제공한다.

우선 프로망탱에게 있어 그림의 관람객이 된다는 것은 전혀 정체되지 않은 작용 속에서 자신이 파트너로 가담하는 것이다. 그것은 물리적으로 작품이 존재하는 위치에 – 바닥 혹은 전시장의 가장 잘 보이는 곳에, 교회, 미술관, 학교 내부에 – 주목하는 것이다. 그림을 가장 잘 볼 수 있는 거리를 모색하면서, 작품에서 엄밀하게 작품 그 자체가 아니라 예술가의 본질적 장점이나 아마도 단점이 드러나는 중재 지역 혹은 중심을 벗어난 지역들을 경시하지 않으면서. 루벤스의 ≪기적의 고기잡이*Pêche miraculeuse*≫를 너무 가까이에서 보거나 ≪십자가에서 내리기*Descente de croix*≫를 지나치게 멀리서 보면 결국 그림은 관람객 앞에서 변모된다. 라위스달의 그림 한 점은 "멀리서는 어두워 보이지만, 그림에 다가서면 빛이 스며든다."

그림의 관람객이 된다는 것은 그림에 더 한층 이끌리고, 배척당하고, 매혹되고, 애태우고, "진지해지는" 것이다. 이것들은 작가가 루벤스와 렘브란트에 대해 사용하는 어휘이다. 이런 감정의 드러냄은 묘사를 준비하는데, 그것은 묘사가 우선 "효과"에 의해 결정적 방식으로 시작되었던 경험의 복원인, 텍스트의 죽은 부분에 지나지 않음도 알려준다.[14]

왜냐하면 이 "효과"는 대수롭지 않은 것도, 불필요한 것도 아니기 때문이다. 한 작품을 앞에 두고 느끼는 호소는 프로망탱에게 있어서는 이 작품의 가치의 중대한 증거이다. 훌륭한 화가는 **효과를 겨냥한다**. 그리고 그의 그림의 주제가 그 자체로는 아무런 매력이 없기 때문에 필연적으로 더 그렇다.

> 네덜란드에서 하늘은 흔히 그림의 절반을, 이따금은 그림 전체를 차지하고 여기에서 흥미는 나뉘거나 이동한다. 하늘은 움직여야 하고, 우리를 열광시켜야 하고, 높아져야 하고, 우리 마음을 사로잡아야 한다. 태양이 져야 하고, 달이 떠야 하고, 낮이 되고, 저녁이 되고, 밤이 되어야 한다. 날씨가 덥거나 추워야 하고, 오한에 떨어야 하고, 그것을 아주 즐겨야 하고, 그것에 정신을 집중해야 한다. 그의 조국의 예술에서 기본적인 법칙으로 보이는 효과에 의해 그림의 이런 구성에 주의를 기울이지 않으려면 무지 혹은 폴 포터의 완벽한 진솔함을 가져야 한다.

"효과"가 바로 프로망탱의 회화 취향의 열쇠이다. 그의 미학은 미美, Beau의 미학이 아니라 그를 능가하고, 그의 마음을 사로잡는 힘에 자기 자신을 내맡기는 것이다. 그가 아내에게 쓴 것처럼 "렘브란트가 그를 잠들지 못하게 한다면"[15] 그것은 너무도 자주 렘브란트의 작품들이 그를 밀어내고, 그를 거부하

기 때문이다. ≪야간순찰≫은

> 놀라게 하고, 당황하게 하고, 강한 감동을 주지만 우리를 설득하는 이 능란한 최초의 매력이 절대적으로 부족하다. 거의 언제나 그것은 우리 기분을 상하게 하는 것으로 시작했다.[16)]

사실 렘브란트의 전 작품은 그것이 확실히 "감동적이고", "끌어당기는 힘이 있"지만 "거의 마음에 들지 않는다." 프로망탱 역시 그것을 좋아하지 않는다.

그러므로 계속 그들 그림의 역동성에 충실하면서 독자에게 그림을 확실히 하기 위해서는 "효과"를 위해 글을 써야 했고, 루벤스나 라위스달과 동일한 힘을 가지고 행동하려고 노력해야 했다. "진정한" 책은 수도원의 출입금지구역 안으로 들어가고, 모든 접촉에서 벗어나 그곳에 은거한다. 프로망탱은 속내이야기 하듯이 자신의 책을 시작할 결심을 했다. 자기 자신이면서, 애초 그랬듯이 예술 애호가인 이 여행자, 작가는 이리저리 살피고, 생기 있고, 선별적이며, 거의 편파적이기까지 하다. 가능한 모든 경우에 - 그리고 처음부터 - "나"라고 말하면서.

하지만 이 "나"는 또한 통상적인 말에 대해 절대적 확신을 갖고 있지 않아야 했다. 이것이 프로망탱이 『예전의 거장들』에서 단언하지 않는 이유이다. 그는 증언한다.

> 나는 몇몇 그림들을 앞두고 단지 놀람, 기쁨, 감탄만을 이야기할 것이다. 그리고 그에 못지않게 그것들이 내게 불러일으킬 경멸 역시 정확하게 이야기할 것이다.

그는 산책, 인상을 상세하게 기술한다. 특히 그가 공개적으로 밝힌, 준비과정에서 작성한 메모로부터 차용된 표현은 그의 의도를 작가의 개인적 확신의 보고와 작가의 개인적 확신을 자유롭게 신뢰하는 독자의 추정된 "청취" 사이에 위치시킨다.

두 번째 그림에 관해서 말하자면, 바다에 비친 달의 아주 유명한 효과에 관해, 나는 내 메모에서 이 그림이 내게 불러일으킨 놀람과 정신적 기쁨에 관해 꽤 간단하게 표현된 흔적을 찾아냈다.

시각의 구술적 반영인 이 기이한 진술은 그가 설득해야 할 뿐만 아니라 알지 못하는 세계로 입문시켜야 할 미지의 사람에게 건네진 것이 아니다. 그것은 상상적인 그의 동류를 겨냥한다. 여행이나 허구적 이야기의 화자이기 이전에 서간문 작가인 프로망탱은 화자를 그가 모르는 타인과 마주해 고립시키는 대신 두 사람 간의 사전의 공모에 기대는 말을 공유하려는 본능을 갖고 있었다. 이 타인은 여기서 주체 대신 – 혹은 오히려 **그 옆에** – 나타날 수 있을 것이다. 어쨌든 결코 **정면에** 존재하지는 않는다. 정면에는 그림이 있다. 프로망탱은 단언한다.

게다가 내가 말을 건네는 독자가 나와 꽤 비슷해서 너무 지치지 않고 나를 따라올 수 있을 것이라고 가정할 것이다. 그렇지만 그에게 반박하고, 열정적으로 그를 설득하는 기쁨을 좀 맛보기 위해서 그가 나와 꽤 다르다고 가정할 것이다.

그는 자신의 말의 모호한 특징을 요약한다. 그것은 안내인인 동시에 투쟁이다. 하지만 그것은 우선 독자로 하여금 그와 함께 보고, 그처럼 보고, 그가 보는 것을 보도록 해야 한다. "멈추세요. 멀리서, 가까이서 보세요. 오랫동안 관찰하세요." 독자가 자신의 감동을 나누도록 해야 한다. "이 심오하고, 숨 막히고, 잘 닫힌 그림 속으로 들어가세요." 그것은 묘사에 결핍된 유효성을 부여하기 위해서 말하는 사람과 듣는 사람, 혹은 읽는 사람 사이의 공통의 기억에 의존한다.

당신은 무게가 한쪽으로 조금 기운 이 거대한 사물의 효과를 잊지 않았습니다 […]. 그것이 얼마나 무거운지 그것을 지탱하는 것이 얼마나 소중한지 기억해 보세요.

공유하면서 설득하기 위한 이런 노력에서 특히 감동적인 것은 프로망탱이 완전히 진지하게 거기에 임한다는 사실이다. 우리는 거기에서 가공도 꾸밈도 고발할 수 없다. 하지만 『예전의 거장들』의 문맥 속에서 타인을 향한 이런 무상의 증여는 공개되지 않은 차원도 지닌다. **감염**contamination의 원칙이 지배하는 예술의 개념은 사실상 그것에 근거한다. "효과"가 만일 감탄 혹은 놀람이라면 그것은 우선 사물 - 이미지 - 과 그것을 주시하는 관람객 사이의 **초월적인 유사성**의 경험, 설명할 수 없지만 본질적으로 서로를 연결하는 경험이기 때문이다.

그런데 프로망탱에 따르면 상이한 요소들 사이에 거의 마법적인 융합의 관계를 수립하면서 위대한 회화가 탄생되는 것은 이렇게 해서이다. 한 점의 그림이 만들어낼 수 있는, 그것이 관람객과의 사이에 이룩한 이런 효과적인 소통과 같은 효과를 정당화하는 것은 일단 그림을 구성하는 정확한 데이터들 사이의 역동적 균형이 창조되면 그림은 사물로서 존재할 수밖에 없다는 사실이다. "그 자체로 아름다운 색깔들을 선택하고, 둘째로 아름답고, 숙련되고 적절한 관계들 속에서 그것들을 결합하는 것." 하지만 시간 속에서 둘째라는 것이 부차적이라는 의미는 아니다. 그림이 실제로 눈의 사유pensée de l'oeil라면, 그 사유는 첫째로 예술가가 색깔들 사이에서 만들어 낼 줄 아는 결합 속에서 표명된다. 그것이 프로망탱이 루벤스에게서 끌어내는 위대한 교훈이다. 이 화가가 사용하는 색조들 중 어떤 것도 그 자체로서 아주 비범하지는 않다. 하지만 그는

> 주변에 다른 색깔들을 변하게 만드는 색깔의 간접적인 작용이 일어나게 할 줄 안다. 예를 들면 팔레트 위에서 아주 무의미하고 완전히 생동감 없이 느껴지는 어떻게 보면 칙칙한 회색을 꽃피게 하고 […], 보라색으로 향하게 […] 만들 줄 안다.

이렇게 해서 ≪기적의 고기잡이≫는 생동한다. 어부 자신에 의해서가 아니

라 그의 붉은색 상의에 의해서. "나머지 부분을 진정시키고, 망막에 작용하고, 인접해 있는 모든 색깔들 속에서 초록을 보게 하는 것은 타는 듯이 붉은 인물이다."

극단적인 경우에는 그림의 주제가 무슨 상관이란 말인가! ≪성 리비누스의 순교*Martyre de Saint Liévin*≫가 "역겹고 야만적인 살인"임은 잊으십시오. 다만 다음의 것들만 보세요.

> 너 댓개의 검은 색, 두개의 붉은 모자, 적갈색 머리털의 열정적 얼굴들, 그 둘레로 쭉 캔버스의 넓은 부분에서는 회색, 쪽빛, 밝거나 어두운 은색의 감미로운 합창만을. 그리고 당신은 눈부신 조화의 감정만을 갖게 될 것입니다.

"조화." 프로망탱은 이 단어를 경솔하게, 문학적 편견의 이름으로 사용하지 않았다. 『예전의 거장들』에서 프로망탱은, 좀 전에 우리가 확인했듯이 색깔들 사이의 조화의 법칙인 조화의 구체적인 법칙을 엄밀하게 정의했다. "하나의 색깔은 그 자체로 존재하지 않는다. [...] 그것의 특성은 주변으로부터 그것으로 온다." "채색을 잘 하는 것 [...], 그것은 이런 연관의 필연성을 인식하거나 본능적으로 느끼는 것이다."

프로망탱은 계속한다. "하지만 채색을 잘 하는 것은 특히 색조들의 색가色價, valeur들을 능숙하게 연관시킬 줄 아는 것이다." 프랑스어로 이것들을 표현하기는 끔찍하고, 실제로 전시는 아틀리에 안에서 비공개로만 허용될 뿐이다. 즉 색깔 자체 안에서 **색깔**couleur의 양상들과 **색가**의 양상을 구분 짓는 것은 프로망탱에 의하면 우리를 회화의 "필수적 요소"로 이끈다. 예전 네덜란드 화가들이

> 색깔이 그것들간의 관계에서 지니는 미묘하고, 상대적이고, 부드럽고, 감미롭고, 섬세한 면을 표현하기 위한 단어를 가졌었다는 것은 문제될 것 없다. 아마도 전체적인 배색효과는 실제적이거나 인지되지 않는 이 모든 특성을 동시에 내포할 것이다. 언제나 그들 작품의 생명과 그들 예술의 아름다움은 정확히 이 원칙

의 숙련된 사용에 기인한다.

우리는 작가가 화가의 팔레트 위에 "중립적이고, 섬세하지만 실제적인 원칙, 이를테면 사라진 사물들의 추상적인 색가" 밖에 남지 않을 때까지 모든 색깔의 소멸을 언급하는 이 페이지를 잘 안다. 여기에서 색가라는 단어는 이중적 의미로 풍부해졌다. 그는 단지 그것의 물질적 특성만이 아니라 효력을 정의한다. "이따금 가장 탁월한 그림들이 이루어지는 것은 무한한 섬세함을 지닌 이 부정적이고 무미건조한 원칙과 함께이다."

우리는 감각적 요소가 거의 불필요해 보이는 **조화**의 탐구의 궁극적 단계에 있다. 그것은 회화의 외적인 효과로부터 그것의 내적인 구성요소들에 이르기까지 똑같은 설득력 있는 역학을 증언한다.

하지만 우리는 **공백**을 앞에 두고 있기도 하다. 프로망탱에게 있어 이 주제는 중심적이다. 젊은 시절부터 생트 뵈브Sainte-Beuve, 혹은 구스타브 드루이노Gustave Drouineau와 같은 "너무도 친밀한 작가들"이 그 속에서 "단조로운 인상" 밖에는 보지 못한다고 비난했던 "거대한 지평선이나 수평선"이 그의 작품을 떠나지 않는다. 『사하라에서의 한해 여름』으로부터 시작해 『도미니크』를 지나 『예전의 거장들』에 이르기까지 그것들은 물과 모래라는 결정적인 메아리로 그의 작품을 사로잡고 있다. 정오에 보는 사막 광경을 앞에 두고 아마도 그의 에크리튀르는 최초로 화가의 무력함을 능가하기에 이르렀다. 하지만 에크리튀르는 거기에서 민감해졌다.

> 사막이 어렴풋한 평원으로 변모하는 [···] 시간이 되었다. 나는 도착한 첫날부터 그것을 알아차렸다. [···] 더 이상 빛도 그림자도 아니다. 점점 멀어져 보이는 색깔들이 보여주는 전망은 거리 측정을 거의 멈춘다. 모든 것은 갈색 색조로 뒤덮이고, 물결무늬도 없이, 뒤섞임도 없이 계속된다. 이것은 15리외[17] 혹은 20리외의 마루처럼 균일하고 평평한 고장이다. 눈에 띄는 가장 작은 사물이 거기에서 나타나야만 할 것 같다. 하지만 거기에서는 아무것도 발견되지 않는다. 어디에 모래가 있고, 흙이 있고, 돌투성이 부분들이 있는지 더 이상 이야기할 수도

> 없을 것이다. 그리고 그때 이 고체의 바다의 부동성은 그 어느 때보다도 더 경이로워 진다. 내 발에서 그것이 시작되고, 이어서 퍼져나가고, 정해진 진로도 없이, 구부러지지도 않고, 남쪽으로, 서쪽으로, 동쪽으로 이어지는 것을 보면서 공백의 색깔처럼 보이는 모호한 색조로 뒤덮인 이 조용한 고장이 어떨 수 있는지 자문한다.[18)]

『예전의 거장들』에서 이 주제를 되풀이하면서 프로망탱은 그것을 진정한 미학 독트린의 지주로 삼을 것이다.

확실히 그림에 적용된 "공백"이라는 용어는 여러 의미로 사용될 수 있다. 그림의 다른 부분들과의 관련성이나 조화의 결핍으로 화포 위에 남겨진 공백은 "결함"에 지나지 않는다. 루벤스의 ≪창으로 찌르기*Coup de lance*≫는 "커다란 공백들, 거친 선들, 그 자체로는 아름답지만 그 관계가 의심스런 약간 임의적인 커다란 자국들로 이루어진 일관성 없는 그림이다." 프란스 할스의 그림은 통상 이런 결점을 지닌다. 우리는 거기에서 "무엇으로도 연결되지 않는 색조들 사이의 결함을, 색가들과 자연의 색깔들이 가장 정확하게 서로에 근거할 때 유연성을, 조화가 더 요원할 때 단단함을" 발견한다. "많은 결함, 잘못 점유된 공간을 가진 구성" 또한 ≪야간순찰≫을 비난할 만하게 만드는 이유들 중 하나이기도 하다.

진정한 공백은 고유하게 라위스달의 회화에 속한다. 뷔르거는 이미 그의 그림의 마법에 감탄했다.[19)] 하지만 이미 살펴본 것처럼 그는 라위스달을 네덜란드의 다른 풍경 화가들과 진정으로 구별하지 않는다. 그림에 너무 "일률적인" 주조를 강요하는 공통된 결점 때문이다. "라위스달의 화폭을 그가 속한 유파의 가장 훌륭한 풍경화들 옆에 놓으십시오. 당신은 곧 그의 이웃에게서 결함, 약점, 격차들이 나타나는 것을 보게 될 겁니다." 프로망탱은 바로잡는다. 분명 쿠이프Cuyp는 라위스달의 것과 비슷한 방법을 창조했다.

> 그는 우선 환경을 상상하고, 그것을 점점 멀어져 보이고, 유동적이고, 숨 쉴 수 있는 요소로 만들 뿐만 아니라 법칙, 말하자면 그의 그림을 조직하는 원칙으

로도 만드는 아주 일반적이지 않은 힘을 갖고 있었다.

색조의 조화를 환경으로 변화시키는 것, 한 이미지의 요소들 간의 모호한 관계를 사물들 사이에서 혹은 하늘에서 순환하는 공기 자체로 변화시키는 것, 그것이 이런 순수한 공간의 출현의 토대를 이루는 행위였다.[20)]

하지만 프로망탱이 보기에는 라위스달만이 한 장소의 단순한 재현을 조형적 존재로 만들 수 있는 모든 작용을 충분히 실현할 줄 알았다. 다른 풍경 화가들에게 있어서 우연한 성공으로 보일 수 있었던 것, 단편적인 관찰의 거의 직관적 결과가 그에게서 최초로 의식적이고 일관성 있는 체계로 보인다. 19세기의 화가들과는 반대로 (그리고 물론 프로망탱은 여기서 마네를 생각한다) 모든 네덜란드 사람들은 "그림의 가장 비어있고 가장 파악하기 어려운 부분"이 된다고 해서 환경이 "가장 형편없어서는" 안 된다는 사실을 볼 줄 알았다. 그들의 그림에서 하늘은 "공기의, 무색의, 무한의, 만질 수 없는 것의 역할을 한다." 하지만 라위스달의 경우를 제외하고는 "그것은 그림에 결함을 만든다." 그가 야외에서 자연을 대상으로 직접 소묘를 하고 채색을 했는지, 나중에 그림을 그린 것인지 추측 불가능할 정도로 라위스달의 전 작품만이 재현의 필요성과 회화의 관습을 조화시키는데 도달했기 때문이다.

> 그는 들판이나 바다 위의 둥글게 된 거대한 궁륭 모양을 그의 그림들의 실재하는, 꽉 들어찬, 견고한 천장으로 간주했다. 그는 그것을 구부리고, 펼치고, 측정한다. 그는 지평선에 흩뿌려진 빛이 우발적으로 만들어내는 현상들과 비교해서 그것의 색가를 결정한다. 그는 그 거대한 표면에 미묘한 변화를 주고, 형상을 만들고, 한마디로 말해서 제일 중요한 단편처럼 그것을 만든다. 그는 거기에서 주제의 우아한 곡선을 잇는 우아한 곡선을 발견하고, 거기에 부각되는 한 점의 색채를 배치하고, 거기에서 빛이 내려오도록 하고, 필요한 경우에만 빛을 거기에 둘 뿐이다.

라위스달에게 있어서 공백은 외부의 자연을 본떠서 이루어지는 조형적 사유의 비교 가능하며 규칙적인 리듬을 가진 측정의 기회이다. 하지만 조형적 사고 역시 자연에 자신의 법칙을 제시한다.

> 살아있는 모든 것에 활짝 열려있는 이 큰 눈, 사물의 넓이에 그렇듯이 높이에 익숙해진 이 눈은 계속해서 땅바닥에서 천정점으로 가고, 하나의 사물을 볼 때는 언제나 환경에서 상응하는 점을 지켜본다. 그리고 이렇게 시야에 들어오는 아무것도 빠뜨리지 않고 훑고 지나간다. 분석 속에서 길을 잃기는커녕 그는 끊임없이 통합하고, 요약한다. 자연이 분산시키는 것을 그는 선, 색깔, 색가, 효과의 총합 속에 집중시킨다. 마치 그의 화폭의 네 귀퉁이 안에 끼우고자하는 것처럼 그는 이 모든 것을 그의 사유 안에 집어넣는다.

이런 직관은 어디로부터 비롯될 수 있는가? 텐이나 뷔르거가 가정한 것처럼 단지 회화의 "지역적"인 개념이 규정할 정신에서 생기는 것은 분명 아니다. 프로망탱 역시 라위스달의 성공 속에서 전형적으로 "네덜란드적인" 현상을 본 것은 사실이다. 그는 말한다. "모든 네덜란드의 화가들 중에서 라위스달은 그의 조국과 가장 고결하게 닮은 화가이다." 그리고 그의 단언들 중 몇몇은 분명 약간 피상적인 동일한 결정론의 지배를 받는 것으로 보인다. "그는 네덜란드의 운명 속에서 **유사한 것**을 사랑하고, 언젠가는 그곳으로 되돌아오고, 초상화로 살아남고, 구원받았다."

하지만 우리는 라위스달의 "고결함"도 네덜란드의 운명도 여기에서 가장 중요한 것이 아니라는 사실을 잘 안다. 내가 방금 인용한 마지막 문장에서 작가는 "**유사한 것**"을 이탤릭체로 강조했다. 그리고 그것은 우연이 아니다. 그에게 있어서 유사함은 진정한 관념의 복합적이고 추상적인 특수성을 지닌다. 유사함은 "공백"의 관념과 밀접하고 필연적인 연관을 가지고 그의 작품 전체를 사로잡고 있다. 그것은 사하라, 오니스Aunis, 혹은 네덜란드의 풍경을 앞두고 관찰된 사막과 물의 물질적 등가로부터 관념을 이끌어냄으로써 개념적 탁월함을 확립하도록 허용한다. 그것이 라위스달의 탁월함을 증명하는데 충분하다면, 그것은 그것이 프로망탱의 미학적 신념을 **이론적으로** 정당화하기 때문이다.

이런 관념은『예전의 거장들』에서 우리가 여기까지 뒤쫓아 온 사유의 움직임의 끝에 위치한다. 사실 유사함을 만드는 것은 우선 그것이 **근접해 있다**는 사실이다. 하지만 유사함은 또한 이런 근접성의 가장 수수께끼 같은 작용을 나타낸다. 그 작용은 낯선 요소를 자기에게로 이끌고, 그것을 새롭고 조화로운 결합 속으로 들어오게 만들 뿐만 아니라 그것과는 다른 것의 성질을 띠게 만드는데, 다른 것이 **되게** 만드는데 있다. 유사함은 접촉과 이 접촉의 역동적 효과를 의미하는 동시에 변화의 힘이고, 유추적 전환이다.

그렇다면 그것은 **모방**일 것인가? 프로망탱은『예전의 거장들』전편에 걸쳐 **모방**과 **유사함**을 구별할 뿐만 아니라 그 둘을 단호하게 대립시킨다. 이 책에서 모방은 절대적으로 라틴 전통의 세계에 속한다. 그림에서 "주제"를 두드러지게 하고, 문학적이거나 종교적 영감으로 풍요로워진 바로 그 라틴 전통에 속하는 것이다.[21] 이탈리아를 참조하는 데서 벗어나고, 눈앞에 펼쳐진 풍경과 거친 장면만으로 그림을 제한함으로써, 프로망탱에 의하면 네덜란드 회화는 시선뿐만 아니라 상상력과 사유도 변화시켰다. 가장 예리한 네덜란드 화가들에게서 "유사함"이 나타난 것은 그때이다. "이제 주제는 더 단순하다. 각각의 사물에 그것의 가치를 되돌려주고, 인간을 자신의 자리에 되돌려놓고, 사물 없이 지내는 결핍상태로 되돌려놓는 것이다." 모방은 라틴적인 휴머니즘의 결과였고, 유사함은 네덜란드가 발명한 - 혹은 재발견한 - 것에 속한다. 모방은 독선적인 결정에 의해 동일한 가면을 창조함으로써 현실에 적응하려 했다. 모방은 "인격화한 세계" 속에서 끊임없이 변화하기 때문이다. 유사함은 인간의 오만함을 굴복시켜 접근과 구별의 작업에 의해서 현실이 모든 인간의 형체를 한 모델 밖에 존재하도록 만드는 것을 탐구하도록 한다. 그것이 가장 미세한 상이함, 세계의 원초적 요소들을 거의 지각되지 않는 층위에서 동요하게 만들 미세한 상이함에 기대게 될 것이니 만큼 더 예리하고, 더 흥미를 끄는 실천이다. "물과 나무와 수평선과 함께 북쪽지역 한 구석에 대해 이야기를 나누는 사람은 그 사실에 의해서 요컨대 세계를 이야기한다."

그런 개념이 정말로 **객관적**일 수 없는 것도 이런 이유 때문이다. 우선적으로 경험에 근거하고 있는 이 개념은 이 개념에 선행하고, 그 규범들 중 하나를 이루게 될 확실성을 증명하지 않는다. 이 개념은 현실을 정의하는 동시에 주제의 새로운 모델을 만들어낸다. "이상idéal" 속에는 – 프로망탱이 즐겨 쓰는 용어를 되풀이해 표현하자면 – 유사함이 존재하지 않는다. 하지만 그것은 이상이 한 문화의 이데올로기를 반영하기 때문이 아닐 것이다. 자신이 보는 것 속에서 인류를 발견하거나 인류에 새로운 의미를 부여하는 시선의 작용 자체에서 이상이 생겨나기 때문이다.[22)]

프로망탱은 극동의 철학 속에서 자신의 철학에 부합하는 시각적 사유를 발견할 수 있었을 것이다. 중국 역시 자연에 사유하는 주체를 새겨 넣기 위해 자연의 관찰에 의존한다. 내가 방금 환기시킨 것처럼 중국어로 "산山-물水"로 일컬어지는 "풍경"이라는 단어 자체가 중국에서 "요약된 세계"를 지칭하는데 사용되는 두 용어를 정확히 결합한다. 중국에서 "비어있음"[23)]에 관해 형성한 견해까지도 프로망탱의 것과 완전히 비슷하다.

> 회화에서 그들은 비어있음vide-가득 참plein의 개념을 매우 중요시한다. 가득 참이 자신의 진정한 충만함을 드러내기에 이르는 것은 비어있음에 의해서이다. 하지만 그 개념은 오해의 여지를 받아들인다! 사람들은 일반적으로 비어있음을 창조하기 위해서는 색칠되지 않은 넓은 공간을 마련하는 것으로 충분하다고 믿는다. 죽어있는 공간과 관련된다면 이 비어있음이 어떤 흥미를 유발하겠는가? 진정한 비어있음은 어떤 의미로는 가득 참보다 더 완전히 점유되어 있어야 한다. 연기, 안개, 구름 혹은 보이지 않는 숨결의 형태로 그것들을 비밀스런 변화의 과정 속으로 이끌면서, 모든 사물을 지탱하는 것이 바로 그것이기 때문이다. 공간을 "약화시키기"는커녕 그것은 유기적인 조직 속에서 그렇듯이 그림에 모든 사물이 호흡하는 그런 통일성을 부여한다.[24)]

프로망탱은 이 철학 전부를 알지는 못한다. 그리고 그는 그의 시대의 회화에 미친 일본 판화의 영향을 통해서만 극동의 예술을 알 뿐이다. 달리 말하면 그가 몹시 싫어하는 것 – 환경을 죽이는 단순한 단일 색조 – 에 의해서 극동의 예술을 이해한다. 그는 마네의 회화에 관해서 "일본 종이"라 말한다. 그는 프랑스의 19세기 화가로서 유사함의 경험을 본다. 말하자면 그가 불충분함과 이론의 여지가 있는 특성을 발견한 개인주의적 휴머니즘 바로 그 속에서 유사함의 경험을 파악하는 것이다.

그것이 바로 『예전의 거장들』의 이론적 사색이 부딪치는 역설이다. 프로망탱의 개념적 전개는 그가 자신의 문화에서 물려받은 사유의 체계와 사실상 양립 불가능하다. 하지만 그가 자신의 사유를 단언하고 확고히 하기 위해 호소하는 것은 언제나 그것이다.[25]

유사함에 대해 진정으로 사유하기 위해서는 **관계들을 끊어야** 했을 것이기 때문이다. 이런 개념이 그것에 기대어 뷔르거와 텐이 네덜란드의 풍경화가들을 비난했거나 잘못 이해한 상상계와는 다른 사회적이고 문화적인 상상계에 상응하는 것이 사실이라면, 그 개념에서는 그 모든 영향이 분석되고 그 논리가 끝까지 견지되어야 했을 것이다.

그의 육필원고의 몇몇 페이지가 증명하듯이 작가가 그런 시도를 한 것은 분명하다. 네덜란드의 경험으로부터 그런 시도에 다가갈 때 그는 "자연", "이상"이 무엇인지 자문한다.[26] 이 페이지들은 간행본에는 들어있지 않다. 아마도 그것들이 난관에 봉착했기 때문일 것이다. 하지만 내가 보기에는 특히 『예전의 거장들』을 쓰면서 프로망탱이 자신에게 부여했던 목적이 그런 질문을 다루는 위험을 무릅쓰지 않아도 되도록 해주었기 때문이다. 책의 목표는 실제로 그림을 그린 적이 없었던 작가들을 통해서, 시각적 에크리튀르를 통해서 부당하게 저평가된 작품과 화가들의 가치를 설득하는 것이었다. 일단 목표가 성취된 – 혹은 그렇게 간주된 – 후에는 더 멀리까지 갈 필요가 없었다. 게다가 그가 이해한 의미대로의 "유사함" – 현실세계와 상상계의 떼어놓을 수 없는 합치 – 이 개인적인 평가 속에서 작동하고 있었다. 라위스달의 풍경은 그의 감수성과 가장 잘 결합되어 있었던 풍경 그 자체와 **유사하다**. 작가는 그의 가설들의 정당성이 충분히 확증되었다고 생각할 수 있었다.[27]

그럼에도 불구하고 렘브란트가 남아 있었다. 렘브란트와 그의 ≪야간순찰≫

이. 우리가 기억하듯이 뷔르거가 네덜란드 회화의 빛의 묘사를 문제 삼은 것은 렘브란트의 이름으로이다. 더욱이 그를 열광케 한 그림인 ≪야간순찰≫의 빛의 묘사는 완벽히 구성된 것으로 생각되었다. "모든 것은 왼쪽에서 오른쪽으로, 조금 위에서 아래로, 조금 앞에서 뒤로 정확하게 환해진다." 막심 뒤 캉의 글에서 읽은 비판에 반발하면서 그는 말했다.[28)]

완전히 반대로, 프로망탱이 ≪야간순찰≫의 빛이 "초자연적이고, 불안하고, 부자연스러웠다"고 쓰면서 단지 토레 뷔르거를 반박하고자 했다고 믿는 것은 이번에도 역시 잘못일 것이다. "그 빛은 안에서 밖으로 빛나고, 그것이 비추는 사물들을 붕괴시킨다." 포터의 ≪황소≫에 대해서처럼 이 그림에 관해서 논쟁의 진정한 동기는 다른 곳에서 찾아야 한다. 하지만 이 그림은 설득력 있는 에크리튀르를 발견해 거기에 답하도록 프로망탱에게 허용했던 일관성을 더 이상 갖고 있지 않다. 미학 이론에서 감정까지, 정신을 고무하는 공백의 개념에서 **장소**에 관한 아주 감정적인 주제까지 라위스달의 그림을 앞두고, 이성과 가슴으로 매혹당한 독자를 매료시키면서 점진적인 변화는 마찰 없이 이루어졌다. 렘브란트의 회화에서 "공백"과 "장소"는 양립할 수 없다.

분명 색가와 **명암법**을 이루는 환경의 재현을 결합하는 최상의 기술을 렘브란트보다 자유자재로 구사할 줄 안 화가는 없다. 그리고 프로망탱은 그에게 아낌없는 경의를 표한다.[29)]

> 그는 외부적 형태나 배색효과와 독립적으로 다양한 기술의 사용법, 그 효과의 위력, 그것이 표현하는 사상의 수, 깊이 혹은 미묘함이 자신 안에 존재함을 증명할 것이다. 그리고 그는 자신의 힘에 의해서 새로운 예술의 원칙이 될 수 있을 것임을 증명할 것이다. 그는 배색효과 없이 어둠에 대한 빛의 작용만으로 우리가 결정적인 비교를 주장할 수 있음을 증명할 것이다. 이런 방법으로 그는 어느 누구보다도 단호하게 **색가**의 법칙을 공식화할 것이고 우리의 근대 회화에 측정할 수 없는 도움을 주었다.

하지만 설사 여기에서처럼 새로움이 그 자신이 선구자인 모든 회화적 특성의 총합에 있다 하더라도『예전의 거장들』의 작가의 흥미를 끈 것은 **새로움**이 아니다. 그에게는 우선 그림 속에서 "고장, 장소, 순간, 주제, 인간들, 사물들"이 필요하다. 그는 쓴다.

> 모든 네덜란드 회화는 오목하다. 말하자면 그것은 이해득실을 따져 결정된 점 주위에 그려진 곡선들로, 지배적인 빛 주위의 원형의 어둠으로 이루어진다. 그것은 그려지고, 채색되고, 단단한 바탕, 소실점으로 향하는 천장과 둥글고 중심으로 수렴되는 모서리들과 함께 고리모양으로 밝아진다.

이런 회화, "우리는 거기에서 살고, 거기에서 왕래하며, 사실 거기에서 지켜본다." 그것이 그의 마음에 드는 것이고, 그것이 그가 사랑하는 것이다. ≪야간순찰≫ 속에서 우리는 살아있을 수 없다.

그의 비평에서 진정 문제가 되는 것이 그림 그 자체인가? 나는 그렇게 생각하지 않는다. 프로망탱은 회화에 대한 자신의 정의가 얼마나 정확한지에 대한 가장 결정적인 증거를 눈앞에 두고 있었다. 서문에서 그는 회화는 "가시계에 의해서 비가시계를 표현하는 예술"이라고 말한다. 즉 육필원고들 중 하나에서 그가 명확히 하듯이 "외형들을 초월하고", "사람들이 좀처럼 관찰하지 못하는 그런, 단지 이따금씩만 발견할 뿐인 그런, 또 십중팔구는 사람들이 결코 인식하지 못하는 그런" 자연을 재현하는 것이다.[30]

≪야간순찰≫이 보여준 것은 결코 본 적이 없는 그런 자연이었다. 하지만 이 작품의 자연은 사물의 현실과 그것을 그림으로 변화시킬 시선이라는 자연 사이에 **동시에** 불일치를 받아들임으로써 만들어졌다. 게다가 아마도 프로망탱이 이야기하는 것과는 반대로 렘브란트는 가장 "네덜란드적인" 화가이기 때문에 그것을 이룰 수 있었다. 인간적인 얼굴이 없기 때문에 프로망탱은 이미지들의 중심에 **시선**이 필요했고, 물리적 증인이지만 가시계의 충성스런 관찰자인 만큼이나 특히 가시계의 특권적이고 유일한 주관자인 이 시선은 프로망탱 자신의 것이다. 자신의 고유한 본능의 법칙인 것과 마찬가지로 그것은 자

신의 문화의 법칙이기도 했다.31) 렘브란트에 의해 열린 공간은 더 이상 중심이 필요하지 않았고, 여정parcours을 제안했다. 렘브란트와 함께 공백은 회화를 점령하면서 회화에서 현실을 제거했다. 그리고 그는 같은 움직임으로 시간에서처럼 장소에서도 모든 안정적인 시각적 기준점을 앗아갔다. "그의 이상은, 두 눈을 감고 계속하는 꿈속에서처럼 빛이다." 거의 공포에 떨며, 폭발하듯 감탄하며, 프로망탱은 썼다. 그것은 ≪야간순찰≫과 함께 주제에서 벗어난 『예전의 거장들』과 그의 몽환적 침묵의 수사학 그 자체이다.

---

1) 특히 다음을 볼 것. Meyer Schapiro, ≪Fromentin critique d'art≫, dans *Style, artiste et société*, édition française, Paris, Gallimard, p. 231 sq. *Les Maîtres d'autrefois*는 1876년 6월 책으로 출간되었다. (Plon et Cie) 여기에서 인용된 판본은 다음과 같다. Pierre Moisy, Paris, Garnier, 1972. 다음의 판본들 역시 사용되었다. Jacques Foucart, Paris, Le livre de poche, 1965 와 Guy Sagnes, ≪Bibliothèque de la Pléiade≫, E. Fromentin, *Oeuvres complètes*, Paris, Gallimard, 1984. (프로망탱이 남긴 육필 원고들을 모두 수록한 판본이다.)

2) 『사하라에서의 한해 여름』(1857)은 처음에는 소책자였는데, 알제리에서 돌아와 프로망탱이 제작한 그림들에 덧붙일 목적으로 만들어졌다. 화가는 친구인 아르망 뒤 메닐Armand Du Mesnil의 격려로 그것을 책으로 묶어냈을 뿐이다. 『도미니크』는 프로망탱의 소설을 출간하고자 한 『양세계평론*Revue des Deux Mondes*』의 편집장의 요구의 결과이다. 프로망탱의 반응은 열광적인 것과는 거리가 멀다. "그래, 뷜로즈Buloz씨에게서 부탁받았어. 그에게 뭐라고 대답하지? 아! 한 줄도 쓰지 못했어, 더 나쁜 건, 생각도 전혀 없어." (아르망 뒤 메닐에게 보낸 1859년 9월 23일의 편지). 그렇지만 그는 소설이란 "인간에 관한 책"이고 "화가에게 허용될 수 있었던 문학적 시도들 후에" 한 권의 소설책을 쓰는 위험을 감수해야 한다고 생각하고는 체념하고 그 일을 받아들인다. (가스통 로미유Gaston Romieux에게 보낸 1862년 5월 30일의 편지)

3) *Correspondance d'Eugène Fromentin*, textes réunis classés et annotés par Barbara Wright, Paris, CNRS-Éditions, 1995, t. II, p. 1933-1934.

4) 프로망탱은 프란스 할스Frans Hals에 관한 메모들에서 마네를 두 번 인용한다. 다음을 볼 것. *Oeuvres complètes*, *op.cit.*, p. 1144 et 1181.

5) 뷔르거는 완전히 다른 방식을 취했다. 예를 들어 암스테르담을 언급하면서 프로망탱이 미술관에 할애한 단 두 줄과 『네덜란드 박물관들』을 시작하는 치밀한 묘사를 비교할 수 있다.

6) Thoré-Bürger, *Les Musées de la Hollande*, Paris, Vve Renouard, 1858.

7) 프로망탱은 육필원고에서 뷔르거를 언급한다. 그는 쓴다. "읽으면 교훈적인 비평의 개론서인 『네덜란드 박물관들』을 글자 그대로 믿는 것이 언제나 좋은 것은 아니다."

8) 프로망탱의 에크리튀르의 특색은 텍스트를 "시작하는데" 느끼는 어려움이다. 그의 모든 작품들은 동일한 페이지들의 계속되는 다시쓰기로부터 실현되었다. 아르망 뒤 메닐의 펜에 신세지고 있는 소설의 초고들이 묘사적 문학에서 소설로 이행하게 하는 출발점이 되었다. 『사하라에서의 한해 여름』과 『도미니크』의 경우가 그렇다. 이 점에 관해서 다음의 나의 책을 참조해도 좋을 것이다. *Fromentin conteur d'espace*, Paris, Le Sycomore, 1982. ≪La femme, la littérature et la mort≫ p. 79-136. 그리고 내가 편찬한 다음의 판본을 참조할 수 있다. *Dominique*, Paris, Imprimerie nationale, 1988, p. 36-37.

9) W. Bürger, *Les Musées de la Hollande*, *op.cit.*, p. 211-212.

10) *Ibid.*, p. 213.

11) *Ibid.*, p. 214-215.

12) 멤링에 관해서는 p. 281도 볼 것. "하지만 너무도 인간적인 이 예술 속에는 천박함이나 시간의 잔혹성에 관한 조금의 흔적도 없다."

13) H. Taine, *Philosophie de l'art dans les Pays-Bas*, G. Baillère, 1869, p. 160.

14) 예를 들어 루벤스의 ≪십자가에서 내리기≫에 대한 주석을 볼 것. p. 55-58.

15) Lettre du 18 juillet 1875. *Correspondance... op.cit.*, t. II p. 1980.

16) 프로망탱은 여기에서 막심 뒤 캉을 암시한다. 그는 말하기를 이 그림은 "놀라게 하고, 경탄을 불러일으키고, 압도한다. 하지만 그것은 매혹시키지 않는다." (네덜란드어로, *Lettre à un ami*, Paris, Poulet-Malassis et de Broise, 1859, p. 139.)

17) lieue. 예전의 거리 단위로 1리외는 약 4km. (역주)

18) E. Fromentin - E. Beltrémieux, *Gustave Drouineau*, B. Wright (éd.), Minard, 1969 p. 102, et E. Fromentin *Un été dans le Sahara*, Paris, Le Sycomore, 1982, p. 186. 다음도 볼 것. *Fromentin conteur d'espace*, *op.cit.*, ≪Le démon de l'analogie≫, p. 137-178.

19) 예를 들어 다음을 볼 것. *Les Musées de la Hollande*, *op.cit.*, t. II, 1860, p. 133.

20) 쿠이프에 대해서는 다음의 그의 해설을 볼 것. *Paysage du Louvre*, p. 169.

21) p. 127 이하를 볼 것.

22) 프로망탱이 반 에이크와 멤링 사이에 확립한 차이점은 이렇게 설명된다. "반 에이크는 그의 눈으로 보았고, 멤링은 마음으로 보기 시작한다." p. 279.

23) 지금까지 "공백"으로 번역해 온 원문의 vide를 동양 문화와 관련해서는 "비어있음"으로 번역한다. (역주)

24) François Cheng, *Vide et plein*, Paris, Seuil, 1979, p. 21. 다음도 볼 것. *Fromentin conteur d'espace*, *op.cit.*, ≪Le regard et la loi≫, p. 179-222.

25) 죽기 6개월 전에 프로망탱이 친구인 뒤 메닐에게 토로한 것은 이렇게 해서이다. "나는 마지막 책을 쓰고 싶었네. [...] 그래, 나는 책을 한 권 쓰고 싶었어. 뇌 속에서 창조가 어떻게 이루어지는 지를 보여주는 책 말일세." (Journal d'E. de Concourt, 12 décembre 1876, cité dans *Dominique*, *op.cit.*, p. 297.)

26) 프로망탱은 수첩과 육필원고들 속에서 이 문제를 두 번 재론한다. 다음을 볼 것. *Oeuvres complètes*, *op.cit.*, p. 1205-1206 et p. 1213-1215.

27) p. 165 볼 것. 라위스달은 "몽상가였다. 우리 시대에 존재하는 많은 사람들 같이 [...]

먼 지평선이 불안하게 만드는, 방대한 평원이 매혹하는, 한 줄기 태양빛이 기쁨을 주는."

28) *Les Musées de la Hollande*, *op.cit.*, p. 14. 뷔르거가 노트에서 인용하는 막심 뒤 캉은 "완전히 독단적"인 빛에 대해 이야기했다.

29) 프로망탱은 렘브란트를 다루기 전에 명암법에 대해 여러 번 말한다. 다음을 볼 것. p. 155-156, 225-226.

30) *Oeuvres complètes*, *op.cit.*, p. 1214.

31) 프로망탱이 아인 마디Aïn-Mahdy에서 살았던 집은 『사하라』에서 "언제나 [그의 마음에] 들었던 위에서 내려다보는 전망들" 중 하나로 묘사되어 있다. 그런 전망들은 그로 하여금 경치 전체를 한눈에 볼 수 있도록 해주었기 때문에 - 등대 방문에 바쳐진 『도미니크』의 유명한 11장에서 우리가 다시 찾아볼 수 있는 주제이다 - 그의 마음을 흡족하게 했다. 하지만 작가는 고전적인 참고문헌들을 상기시키는 것도 좋아했다. 사실 그는 다음과 같이 덧붙인다. "언제나 나는 하늘 아래 몸을 드러낸, 광대한 지역을 지배하는, 단순한 행동을 하고 있는 주요 인물들을 꿈꾸었다." (『사하라에서의 한해 여름』, *op.cit.*, p. 239) "지역의 점유possession local"라는 이런 상상계는 - 만일 우리가 그것을 이렇게 정의할 수 있다면 - 자신이 그린 풍경에서 사라지기를 원했던 중국의 화가-시인들의 상상계에 대립된다. 다음과 같은 글을 쓴 석도石濤, Shiato처럼. "머리털도 없고, 모자도 없고, 내게는 더 이상 이 세상을 피할 안식처도 없다. 나는 그림 속에서 물과 갈대들 사이에서 낚싯대를 들고 있는 사람이 된다. 하늘과 땅이 하나일 뿐인 끝없는 그곳에서." (F. 쳉에 의해 인용됨. F. Cheng, *Vide et Plein*, *op.cit.*, p. 104)

08

백색 기억

우리가 웅변술의 기법을 5개의 범주로 나누는 것은 작자 미상의 기원전 1세기의 개론서인 『헤레니우스에게 바치는 수사학*Rhétorique à Herennius*』에서 비롯된다. **창작**invention, 그리스어로 heuresis, 라틴어로 inventio, **배열**disposition, 그리스어로 taxis 혹은 oikonomia, 라틴어로 dispositio, **표현법**élocution, 그리스어로 lexis, hermèneia 혹은 phrasis, 라틴어로elocutio, **기억**mémoire, mnèmè 혹은 memoria, **행위**action, hupocrisis 혹은 actio :

> 창작은 이유를 설득력 있게 만드는데 적절한 진실하거나 진실임직 한 논거들을 발견하는데 있다. 배열은 논거들을 정돈하고 나누어 배치한다. 그것은 그것들 각각에 정해진 위치를 보여준다. 스타일은 창작이 알맞은 단어와 문장으로 제공한 것을 조화롭게 하는 것이다. 기억은 사고, 단어 그리고 그 배열을 잘 명심하는 것이다. 웅변적 행위는 목소리, 표정의 유희와 제스처를 호감 가도록 만드는 것이다.[1)]

이런 유형론은 그리스 문화에서 점진적으로 생성된, 훌륭한 웅변가에게 요구된 자질을 개념화한 결과이다. 그리고 그것은 아리스토텔레스가 거기에 **위선**hepocrisis을, 이어 헬레니즘 수사학자들이 **기억**mnèmè을 포함시키도록 했다.

현대 수사학 개론서들은 이 5개의 범주를 4개로 축소시켰다. 기억이 거기에서 배제되었고, 기억에 대한 정의는 사람들이 이런 방법의 본질과 그 방식에, 하물며 얼핏 보기에는 기억과 즉흥 연설 사이에서, 고문서보관과 계시 사이에서 만들어진다는 것이 꽤나 역설적인 연관에 멈춰 서지 않고서 "말투와 행위 사이에 놓여, 기억할 뿐만 아니라 특히 즉흥적으로 만들어내는 것을 허용"[2)]하는 기능의 정의 속에 요약되었다.

아롱 키베디 바르가Aron Kibédi Varga는 이런 소홀함이 단지 **기억**뿐만 아니라 **행위**에도 관련된다고 지적했다. 그에 따르면 양자는 근대 개론서의 몇몇 페이지들에서 똑같이, 드러나지 않거나 환기되었다. 동시에 **창작**과 **표현법**은 거기에서 점점 더 중요한 위치를 차지하게 되었다. 그는 이 이중의 소홀함에서 다른 동기를 발견한다. 그는 말한다.

> 수사학이 이론이 아니라 습득되는 기법이며 기술이라는 사실을 이해한다면 이런 불균형은 설명된다. 이런 교육의 몇몇 양상, 몇몇 부분은 다른 것들보다 덜 만족스럽게, 덜 명백하게 언어로 표현된다. 하나의 제스처 보다는 하나의 스타일의 문채文彩, figure를 정의하는 것이 더 용이해 보인다. 이렇게 개론서들에서 잘 말하는 기법은 설득력 있게 쓰여진 텍스트로 좁혀진다. **기억**과 **행위**는 차후에, 즉 쓰여진 텍스트가 이미 완성된 순간 개입된다.[3)]

특히 아롱 키베디 바르가는 수사학의 이 두 부문이 무관심의 희생자가 된 것은 쓰여진 것에의 의뢰에 근거함을 밝힌다. 곧이어 그는 명확히 한다.

> 더 특별한 다른 의견들이 좀 더 제시될 수 있을 것이다. 대부분의 웅변이 연설 도중 메모, 나날의 기록, **쓰여진** 텍스트를 사용하는 것이 허용되는 상황에 있었던 시대에 **기억**의 역할은 필연적으로 제한될 것이다. 마찬가지로 행위는 쓰여진 것이 지배하는 문명 속에서 점점 더 중요성을 상실한다. 목소리(말투, 억양),

> 제스처와 적절한 얼굴의 표현은 직접 텍스트의 영역에 속하는 것이 아니다. 그것들은 거기에 덧붙여진다. 그리고 고전시대에 **행위**가 특히 화가들과 배우들의 흥미를 끌었다는 것은 의미심장하다. 그림은 재현된 등장인물의 제스처와 얼굴만으로 표현될 수밖에 없기 때문이다. 그리고 배우는 관객에게 감정을 전하고, 관객을 감동시키기 위해 확실하고 효과적인 기호학 체계를 사용하고자 했을 것이다.[4)]

이 분석이 정당하게 강조하는 것은 수사학 부분들의 보편적인 경제학에서 **기억**과 **행위**가 동일한 영향권에 속한다는 것이다. 그러므로 아무런 의심 없이 그것들이 서로 구분되어야 함에도 불구하고, 앞선 세 개와 비교해서 **외인성** exogène으로 정의될 수 있을 것이다. 하지만 쓰여진 것의 개입은 이런 지배영역과 여기에서 이해된 대로의 쓰여진 것 – 즉 순수하고 꾸밈없는 말의 보관소 – 을 특징짓는데 충분할 수 있는가? 왜냐하면 에크리튀르가 자신에 맞서 경쟁할 것으로 가정된 기법을 낡은 것으로 만들어버릴 일종의 "충분한 기억"을 구성할 것이기 때문이다. 하지만 이 경우 자신의 분석에서 기억에 바쳐진 부분에 접근할 때 드러나는 『헤레니우스에게 바치는 수사학』의 저자의 열정을 어떻게 설명할 것인가? 게다가 성 아우구스티누스가 영감을 받게 될 열정을, 그리고 기억에 단지 보존의 차원뿐만 아니라 창작에의 능동적인 참여의 차원을 나타나게 하는 열정을? 그는 쓴다.

> 이제 창작이 제공하는 모든 사상을 집결시키는 보물, 그리고 수사학의 모든 부분을 간직하고 있는 기억으로 옮겨갑시다.[5)]

기억과 **행위**를 결합하는 것은 사실 전혀 주변적이거나 부정적인 것이 아니다. 그 공통적인 독창성은 양자 모두 말의 예술인 예술 속에 가시계의 직접적인 참여를 설정하는 것을 소명으로 삼는다는 사실이다. 하지만 그것들 각각은 아주 다른 방식으로 이 가시계를 함축하면서, 기억과 행위 모두가 정당하게 "시각적"이지 않은 것으로 보일 수 있는 채로 그렇게 한다. 사실 기억은 담화

외적인 바탕 – 이미지 – 에서 영감을 얻는 반면, 행위는 발화행위énonciation의 역동성인 말의 최초의 역동성을 연장하고, 어떤 의미로는 자연스럽게 예시하기 때문이다. 키베디 바르가는 이런 차이를 강조하지 않았다. 공통적인 범위가 기억과 행위를 연결한다는 그의 확신이 행위를 중시하도록 하는 원칙의 선택을 동반하기 때문이다. 그리고 이 원칙은 결과적으로 기억 속에서 "도상성의 부분"을 구성할 수도 있을 것을 식별할 필요를 느끼지 않도록 한다.

이런 선호는 납득할 수 있다. 그리고 우리는 이런 선호에 반론을 제기하기보다는 텍스트와 이미지의 비교 영역에서 키베디 바르가가 자신이 추진한 탐구를 "시각적 서사학"의, 즉 이야기récit의 이미지화의 보호 하에 놓았다는 것에 더 반론을 제기할 것이다.[6] 내가 여기서 보여주고자 하는 것은 우리가 텍스트와 이미지를 더 일반적인 방식으로, 시각적 사고를 표현하는 병행하는 두 가지 방법으로 고찰한다면, 수사학의 부분들 속에서 우선적으로 검토하기에 적합한 것은 행위가 아니라 기억이라는 사실이다.

사실 나는 수사학 개론의 작가들의 대리로서 기억이 행위보다 훨씬 더 이른 시기에 훨씬 더 철저하게 추방의 대상이 되었다면, 그것은 기억이 권한 방법상의 특징 – 이후에 재론될 것이다 – 에 의해서가 아니라고 확신한다. 그보다는 말verbe에 의해 독점적으로 규정되지 않는 커뮤니케이션에, 주체에 관련되는 모든 정의에 대한 서구사회의 체계적이고 강한 거부에 의해서이다. 게다가 기억술은 그 최초의 희생자였음이 분명하다. 논리에 근거할 수 없었기에 결국 그것은 계속 비난 받았으며, 그 소멸의 원인이 된 기이한 형태를 취했기 때문이다.

하지만 진정한 추문은 어떤 것이 되었든 방법론의 본질에서 기인하는 것이 아니었다. 추문은 우선적으로 방법론이 그 산물인 과정 속에 존재하고 있었다. 그리고 그 과정은 말로 표현된 기억을 이미지의 영향력에 종속시키면서 양자를 결합시키는데 있었다. 행위는 동일한 정도로 충격을 줄 수는 없었다. 행위는 단지 말에 의미 있는 보완물을 제공했다. 그것은 그 체계를 처음부터 재검토하지는 않았다. 그것은 말처럼 시각에 의해서만큼 귀에 의해서 청자에게 말을 걸고, 그것의 이름 자체가 증명하듯이 **행동** 속에서도 드러난다. 기억은 정반대로 나아갔다. 기억은 필연적으로 화자의 자성을 초래했고, 이런 자성이 시각적 과정에 속한다는 것을 받아들인다면, 그것은 민감할 수밖에 없었다. 행위와 동일한 자격으로 과정의 유효성을 인정한다는 것은 **로고스**에 경쟁 상대를 대립시키는 것이었다. 동등한 영향력과 힘을 가지고, 눈으로 사유하고 행동할 일종의 이중의 벙어리를.

서구문화는 그런 주체를 완전히 흡수할 수 있었다. 그런 주체는 기억을 제거하는 최상의 방법이었다. 그리고 서구문화는 그렇게 했다. 데카르트적인 **나**je는 구어적이고 시각적인 주체들 사이의 혼합에서 기인한다. 그리고 메를로 퐁티의 **사람들**On은 한 육체 속에서의 그것들의 융합에서 기인한다. 단세포 생물처럼 이해된 개인적인 절대absolu individuel는 제한될 수 없을 것이다. 하지만 그가 통합하기 불가능한 것은 그것에 의해 가시계가 그에게 의미를 지니는 바로 그것이다. 이런 과정을 지배하는 것은 더 이상 그 안에서 사고가 이루어지는 개인 - 영혼 혹은 "살" - 의 질서가 아니라 **그것으로부터** 이런 사고가 이루어지는 바로 그것이기 때문이다. 즉 그 공간 속에서 사물의 기능은 자신이 가지고 있는 만큼의 반영으로 현실에서 불쑥 나타나는 것이 아니라, 자신의 체계와는 근본적으로 다른 체계에 대해 주체에게 가르쳐줄 수 있는 구체적인 표시들의 망을 제안하는 것이다.[7)]

하지만 우리가 통상적으로 이해하는 추억과 정보의 보관이라는 의미의 기억과 헬레니즘 시대의 수사학의 **기억술**art de la mémoire 사이에 공통적인 것이 무엇인가? 이 기술은 어떤 새로움을 지니고 있었는가? 그리고 그 이득은 무엇이었는가? 그것을 이해하기 위해서는 우선 그것이 등장한 정확한 역사적 맥락 속에 수사학의 출현을 위치시키는 것이 중요하다.

이 맥락은 아주 특별한데, 그것은 이제 막 에크리튀르를 발명했지만 그 문명이 따르고 있었던 유일한 체계로 에크리튀르가 제한되지 않는다는 것 역시 알고 있었던 구술문명의 맥락이기 때문이다. 사실 그리스인들에게 있어서 에크리튀르는 단지 알파벳만은 아니었다. 그것은 그들의 가까운 이웃인 이집트인들의 에크리튀르이기도 했다. 그리스인들은 6세기 이래로 이집트에 있던 그리스 식민지인 나우크라티스Naucratis를 통해 이집트인들과 관계를 맺고 있었다. 그런데 이 에크리튀르들은 그들의 공통되는 역사의 양 극단에 위치하고 있었다. 표의문자적이고 구상적인 이집트 상형문자는 수천 년 전의 것으로 추정되었다. 8세기에 그리스인들이 갖춘 체계는 상형문자와 비교해서 일종의 승화를 의미했다. 하지만 부인을 의미하기도 했다. 페니키아의 상형문자 체계의 변형인 의미-자음의sémantico-consonatique 형태 하에서 표의문자는 이 용어의 가장 순수하고 관념적인 의미, 즉 음운론적인 의미에서 "알파벳"을 매개로 변화했다. 오래전부터 에크리튀르를 특징지었던, 이미지에 기대고자하는 필요성은 근거를 잃게 되었다.

그러므로 수사학은 6세기에 역설적인 상황에서 탄생했다. 말의 기록법으로서 수사학은 혁신적이고 근대주의적인 움직임 속에 포함되었다. 이 움직임의 가장 중요한 영역이 극예술인데, 이 움직임은 참신하고 지적인 동시에 민감한, 에크리튀르가 구성하는 커뮤니케이션의 과정 속에서의 말의 중첩이 그때까지 알려지지 않았던 원천으로 에크리튀르를 풍부하게 할 수 밖에 없었다는 사유에 근거하고 있었다. 하지만 수사학은 에크리튀르가 역사상 처음으로 최초의 시각적 원천을 상징적으로 박탈당한 바로 그 순간에 등장했다. 반면 이웃 이집트에서는 형상과 공간으로 이루어지는 언어langue의 상형문자적인 결합이 그 긴 생명력에 의해서 그들 체계의 유효성을 공고히 했다. 수사학 개론서 속의 가시계의 존재가 우발적인 것이었다고 믿는 것 역시 불가능한가? 에크리튀르 속에서 이미지의 참조는 웅변기법의 정착과 긴밀하게 연결되어 있다. 에크리튀르 속에서까지 - 그리고 에크리튀르를 통해 - 말verbe과 가시계를 결합한 문화적 연속성을 입증하면서, 그리고 시각적으로 빈약해진 알파벳 체계를 넘어서 새롭지는 않지만 **일신된** 에크리튀르의 형태를 제안하면서 에크리튀르와 이미지는 서로가 보증의 역할을 한다. 이 에크리튀르의 형태는 그 모델을 오래된 표의문자에서 빌려오게 될 것이지만 그리스 사회의 동시대적인 욕구에도 맞을 수 있을 것이다.

나는 조금 후에 상형문자 체계로, 서구에서 거의 2000년 동안 지속된 상형문자 체계에 대한 뿌리 깊은 몰이해로 다시 돌아갈 것이다.[8)] 여기에서 우리에게 중요한 것은 서구의 바로 이웃에서 기억술의 개입이 실현되었다는 것이다. 6세기에 이 기술을 발명한 것으로 간주되는 시인 케오스의 시모니데스 Simonide de Céos는 또한, 전통에 따르면 최초로 시와 회화를 비교한 사람으로 전해진다. 플루타르크는 쓴다.

> 시모니데스는 회화를 무언의 시로, 시를 말하는 회화로 불렀다. 행동이 행해지는 동안에는 회화가 행동을 묘사하고, 일단 행동을 마치면 단어가 행동을 묘사하기 때문이다.[9)]

사실 이것은 저것을 비춘다. 알파벳을 발명함으로써 잘못된 방식으로 말 verbe과 이미지를, 말하는 것과 보는 것을 분리한 것처럼 보이는 이 문명에서 두 바탕의 본래의 결합은 진정으로 상실되지 않았고, 반대로 세심한 향수를 불러일으켰다. 사람들은 그것을 과거에서 찾았다. 사람들은 구축되고 있는 중인 커뮤니케이션 모델에 그 이점들을 덧붙일 수 있도록 새로운 형태와 새로운 관점 속에서 그것을 다시 태어나게 만들려 애썼다.

근본적이고 귀한 직관이다. 그럼에도 불구하고 이 모델은 자신을 배반하지 않고 자신을 충분히 표현하는 것이 가능했을까? 이 직관은 **로고스**의 영향력이 너무도 강력했던 나머지 신마저 인간의 언어를 말했던 그리스에서 언어의 영향력에서 벗어날 수 있었을까? 달리 말하면 사람들이 영감을 얻고자 한 것이 분명 공간의 넓이와 형상이 망상으로 얽혀 규합되는 특별한 이원성 – 그것 자체가 이미지를 창조적으로 만들었다 – 속에서의 바로 그 **이미지**였을까? 이 주제에 관해서 고대 그리스-라틴 세계에서 오해, 근사치, 조정들이 차례로 이어졌다. 그리고 그것은 기억의 세계가 그리스-라틴의 사회를 위해 만들어낸 평행우주univers parallèle에 대한 아주 유용한 관점을 보여준다.

기억술의 역사는 시모니데스가 그 주인공이었을 전설로부터 시작된다. 시인이 참석하고 있었던 연회장이 회식자들 위로 붕괴되었다. 그때 시인은 신들에 의해 방금 밖으로 유인되어 나온 참이었다. 시모니데스는 초대받은 사람들 각각이 식탁에 앉아있던 위치를 기억할 수 있는 한 시신의 신원을 확인할 수 있는 유일한 사람이었을 것이다.

이 전설은 키케로Cicéron의 『웅변론*De Oratoire*』에 의해서 우리에게 알려졌다. 그는 결론 내린다.

> 또한 이런 뇌의 능력을 행사하기 위해서는 시모니데스의 충고를 따라, 사고 속에서 별개의 장소를 선택하고, 우리가 기억해 두고자 하는 사물의 이미지를 형성하고, 이어서 이 이미지를 다양한 장소 안에 정리해야만 한다. 그때 장소의 순서는 사물의 순서를 유지한다. 이미지는 사물 그 자체를 환기시킨다. 장소는 그 위에 글을 쓰는 밀랍 서판이다. 이미지는 사람들이 그 위에 적는 문자다.

그리고 그는 이 방식의 시각적 기원을 강조한다.

> 시모니데스(혹은 누가 되었건 인위적 기억의 발명자)는 모든 인상 중에서 우리 정신의 가장 깊숙이 박히는 것은 감각에 의해 우리에게 전달되고 전해진 것이라는 사실을 잘 알았다. 그런데 우리의 모든 감각 중 가장 예민한 것이 시각이다. 그는 눈이 기억을 뇌로 전달하는데 협력한다면, 귀가 인식하거나 사고가 해석하는 것에 대한 기억은 더 확실하게 보존된다고 결론짓는다.[10)]

시모니데스의 이야기와 그 이야기에 대한 키케로의 해설은 의심의 여지가 없다. 웅변의 기억술mnémotechnie에 모델로 사용된 것은 한 장면에 대한 고찰이다. 그렇지만 전설적인 이야기가 환기시키는 대로의 이미지와 키케로가 제안하는 이미지의 분석 사이에는 큰 차이가 있다. 연회 테이블의 공간은 필연적으로 연속적이지만 여러 각도에서 관찰될 수 있다. 그리고 그의 기억작용을 용이하게 하는 것은 이리저리 시선을 옮길 수 있는 자유와 동일한 집단에의 접근을 가능하게 하는 다양한 관점이다. 그런데 키케로의 텍스트에서는 이런 다방향의 공간이 사라졌다. 거기에는 단지 형상만이 존재한다. 이 텍스트에서 "장소"로 인식된 것은 사실 – 우리가 아리스토텔레스에게 빚지고 있는 "장소"에 대한 정의에 부합하는 – 하나의 "형상"을 위해 남겨진 특별한 위치 emplacement와 이 형상들과 그것들의 선형의 연속, 즉 논증적 질서이다. 키케로가 사용한 에크리튀르의 은유의 경우에 있어서도 마찬가지이다. 은유가 기억술의 근거를 제공하는 이미지와 쓰여진 것 사이의 등가를 잘 반영한다면, 그것은 이번에도 유일하게 형상적 관점 하에서 다루어졌을 뿐이다. 사실 키케로가 강조하는 것은 그 둘 모두에 공통되는 바탕의 표면이 아니라, 글자 하나를 거기에 새기듯이, 밀랍이 제공하는 하나의 형상을 "장소"에 고정시키는 가능성이다.

키케로는 『투스쿨라나룸 담론*Tusculanes*』에서 자신은 그런 기억과 그 발명자를 경멸한다고 말했음이 분명하다.[11] 하지만 그가 『웅변론』에서 다루는 것이 정확히 시모니데스는 아니다. 이미지의 애호가인 그리스 시인은 연설의 이론가로서 가시계를 고찰하지 않았다. 전설이 그에게 부여하는 직관은 창조자의, 예술가의 직관이었다. 키케로가 언급하는 기억술은 규격화된 방법론의 경직을 얻었다. 그것은 정보의 총합으로부터 이루어졌는데, 어떤 정보도 더 이상 이집트의 공간적 사고를 증언하지 않는다. 연설의 이성적 논리, 알파벳 에크리튀르를 한자 한자 줄지어 배열하기, 사물의 식별과 그 진실에 대한 관심이라는 유일한 문제로 집중되는 관점. 오래전 기억이 상형문자라는 조상에게 빚진 수수께끼 같은 균형, 그리고 우리가 기억에서 기대한 특별한 효력은 기억에 대한 이런 정의에는 아무것도 남아있지 않았다.

하지만 아마도 『웅변론』에 존재하는 구별을 논쟁에 개입시켜야 한다. 그리고 그 구별은 키케로와 동시대인인 『헤레니우스에게 바치는 수사학』의 저자에게는 특별한 의미를 점하고 있다. 그는 쓴다.

> 두개의 […] 기억이 있다. 하나는 자연적인 것이고 다른 하나는 기술의 열매이다. 자연적인 기억은 우리 정신 속에 존재하는 선천적인 기억이고, 우리의 사고

와 동시에 생겨났다. 인위적인 기억은 일종의 학습과 방법론적인 규칙이 강화시키는 기억이다. [⋯] 더도 덜도 아니고 사정은 바로 이렇다. 천부적인 재능 덕분에 눈부신 성공을 거두는 교육과, 학습 덕분에 눈부시게 성공하는 천부적 재능.[12)]

그러므로 두개의 기억이 존재할 것이다. 하지만 그 둘은 어떤 점에서 서로 진정으로 다른가? 구별은 아주 명확하지도 아주 설득력 있지도 않다. 사실 그것은 기억에 대한 규범적 정의에서 벗어나 "자연적인 기억"이 **구어**의 영역에 속하는데 반해 **시각적이며 쓰여진 기억**이라는 근대적이고 다소 이단적인 설명을 받아들이고 정당화하기 위한 구실이 되는 것 같다.

사실인즉 고대 사회에서 기억은 구어에, 한 사회의 영속성과 전통과 의례를 한 세대에서 다음세대로 계승해주는 유일한 보증인 인간의 말에 남겨진 영역이라는, 에크리튀르의 발명전에 존재했던 그대로 변하지 않고 지속되기 때문이다. 가시적인 것 그리고 이미지의 세계와 병행하며 무관한 그것은 에크리튀르의 세계와도 여전히 그런 상태를 유지했다. 알파벳에서 이미지는 조상대대로 전해져 내려오는 계시의 힘을 박탈당했으니만큼 더욱 알파벳의 경우에는 그 혼종métissage이 의심스러워 보일 수 있었다. 우리는 알파벳과 상형문자 체계에 대한 플라톤의 - 하지만 그는 이집트를 알고 있었고 그곳에 체류한 경험도 있었다 - 비교를 통해서 그것을 확인한다. 그리고 단일한 "에크리튀르" 속에 뒤섞여 있는 양쪽 모두를 겨냥하는 플라톤의, 기억의 이름으로의, 비난을 통해서도 그것을 확인할 수 있다. 『페드라』에서 소크라테스는 선언한다.[13)] "사람들이 기억을 소홀히 하게 함으로써 에크르튀르는 사람들 속에 망각을 만들어낼 것이다. 에크리튀르를 신뢰하는 사람들은 더 이상 내부에서, 그들 자신의 마음속 깊은 곳에서가 아니라 외부에서, 낯선 문자들에 의해서 그들의 추억을 되살리려고 하게 될 것이다." 이 이야기는 전혀 이례적이지 않다. 힌두의 속담에서도 비슷한 문구가 발견된다. "책 속에 자리한 지식은 다른 사람의 손으로 넘어간 부이다."[14)] 우리가 도미니크 샤르팽Dominique Charpin을 믿는다면 메소포타미아에서도 사정은 마찬가지이다.

> […] 메소포타미아 문명에서 지식의 전달은 무엇보다도 구전이었다. 기원전에 의식들이 아주 드물게만 문자언어로 기록된 것은 우연이 아니다. 가장 분명한 텍스트들은 겨우 셀레우코스 시대의 것으로 추정된다. 망각의 위험으로부터 텍스트들을 구할 것이라는 생각이 나타난 것은 단지 그때이다. 그 전에는 명백히 미래에 대해 관심을 갖고 있었던 문자기록조차도 그것을 목표로 하지 않았다. 송가들과 추모의 글들은 왕의 이름을 보존하고자 한다.[15]

그리스 수사학자들이 – 혹은 그들에 앞서 시모니데스가 – 이집트의 예 덕분에 발견한 것은, 동질적이고 수동적인 지식의 축적에 있는, 소위 "자연적인" 구전의 기억과 나란히 시각적 인식의 훈련에 근거하는, 그리고 그런 까닭에 "인위적"이라 이름 붙여진 두 번째의 기억이 존재한다는 사실이다. 그리고 두 번째의 기억은 그 자체가 지식의 새로운 요소들을 만들어낼 수 있었고, 이번에는 "자연적인" 기억에 의해서 유지되고, 사용될 수 있었다.

『헤레니우스에게 바치는 수사학』의 저자는, 키케로와 마찬가지로, 알파벳 에크리튀르에 의해 라틴어 독자들에게 더 친근한 맥락 속으로 옮겨진 기억술을 모델로 삼아 그것을 묘사했다.

> 문자를 아는 사람들은 문자 덕분에 쓴 것을 큰 소리로 구술하거나 읽어주는 대로 쓸 수 있다. 마찬가지로 기억술을 배운 사람들은 그들이 배운 것을 지정된 위치에 기입할 수 있고, 그 덕분에 기억해서 그것을 말할 수 있다.[16] 사실 장소는 밀랍 서판 혹은 파피루스와, 이미지는 문자와, 이미지의 배치와 위치결정은 에크리튀르와 완전히 비교될 수 있다. 연설을 하는 것은 읽는 것과도 같다.

하지만 키케로의 분석과 이것 사이에는 상당한 차이가 존재한다. 여기서 밀랍과 파피루스는 기억해야 하는 형상을 새기거나 보존하기 위한 수단으로 언급되지 않는다. 그것들은 언어학적 기호 – 단어 혹은 문자 – 와 독립적으로 기억작용의 요소로서 에크리튀르의 바탕에 대한 인식을 증언한다. 어떤 이유로든지 『헤레니우스에게 바치는 수사학』의 저자는 이런 방법의 역사적 기원에 더 가깝다고 느끼고 있었기 때문인가? 혹은 그가 그 파생관계를 더 잘 이해했기 때문인가? 혹은 그의 시대에는 명백히 시대에 뒤떨어진 것이 된 기법에, 알파벳의 근대적 구조들을 강요하는 것에 그가 키케로보다 관심을 덜 가졌기 때문인가? 어쨌든 그가 기억술에서 형상들의 공간적 배치와, 기억술을 추론적 논리에서 끌어내는 동시에 기억술에 연설에 적용하기 위한 적합성과 유용성을 정당화시키는 가치를 일치시키는 것은 – 사실 우리도 잘 이해하는데 – 사실이다.

> 많은 것들을 잊지 않고자 한다면, […] 우리는 거기에 많은 이미지를 배치할 수 있도록 많은 위치를 예상해 두어야 한다. 또 우리는 혼란으로 인해 이미지들에 계속 주의를 기울이고, 처음부터건 마지막부터건 마음에 드는 곳부터 시작해서 그 위치에 놓인 것을 보고, 그 다음에는 이야기하는데 방해받지 않도록 그 위치에 질서를 부여해야 한다고 생각한다. 우리 앞에 면식 있는 몇 사람이 질서 있게 정렬해 서있다면 그들의 이름을 처음부터 부르는지, 마지막부터 혹은 중간부터 부르는지는 거의 중요하지 않을 것이다. 마찬가지로 위치가 질서 있게 배열되어 있다면, 이미지의 안내를 받아, 우리는 원하는 어떤 방향에서 시작하더라도 우리가 위치 속에 배치한 것을 말할 수 있을 것이다.[17)]

그것이 기억술의 첫 번째 이득이다. 그것은 경로의 공간적 합리성을 선적으로 방향 지워진 말의 연쇄와 결합하도록, 그 논증적 논리에 그렇듯이, 구두의 기억에 허용함이 분명하다. 그것은 단어들을 위한 질서가 아니라 장소들lieux를 위한 질서이다. 그래서 장소들은 그것에 고유한 구속에 의해 지배된다. 우선 이 장소들이 우리의 정신 속에 새겨지도록 허용할 구속들이다. 키케로의 단언과는 반대로 이 구속들은 형상들figures에 필요불가결한 것은 아니다. 형상들은 각각의 연설에 따라 새롭게 변화되어야 하기 때문이다. 반면 형상들이 놓인 장소들은 줄곧 그 바탕으로 남는다. "사실 이미지는 문자처럼 더 이상 사용되지 않으면 사라진다. 하지만 위치는 밀랍처럼 존속됨이 분명하다."[18] 쓰여진 것의 소멸을 가능케 하는 밀랍의 능력에 대한 아주 예리한 관찰에서 출발하는 견해이다.

하지만 『헤레니우스에게 바치는 수사학』의 저자는 이 방향으로 자신의 조사를 좀 더 깊이 진행시키지 않을 것이다. 가상으로 형상들이 놓일 수 있음이 분명한 국부적인 공간에 기억작용에 필요불가결한 특성을 보장하기 위해 요구되는 조건을 정의하는 데 그는 더 많은 할 일이 있다. 시각적으로 위치에 번호를 매기고, 너무 꽉 차 있기보다는 텅 빈 공간을 선택하고, 그 결과 다른 위치들을 분명히 구별할 수 있게 되고, 바로 그 위치들을 떼어놓는 여백에 관심을 갖기.

> 위치들 사이의 여백은 중간 정도의 규모여야 한다. 30피에[19]를 조금 넘거나 조금 모자라는. 사실 시각처럼 정신은 식별해야 할 사물에서 멀어지거나 너무 가까워지면 그것을 잘 포착하지 못한다.[20]

이처럼 인위적 기억의 공간은 사물로 변모한 것 같은 환상을 주는 형상에 옆의 것을 돋보이게 하는 존재의 역할을 할 뿐인 눈속임의 공간과 같은 **배경**으로 주어지지 않는다. 반대로 그것은 근본적이다. 하지만 12세기 중국의 화가들이 벽 위에 펼치고 제자들에게 거기에 경치가 나타나는 것을 보기를 권하게 될 흰 비단 천과 같은 방식으로는 아니다. 우리는 여기에서 여전히 특권적인 장소 – 신전과 무덤 – 의 계획된 정돈에 아주 근접해 있다. 고대 이집트인들은 "독자들"을 **텍스트**에 입문시키기 위해서 그들의 경로를 따라 형상과 기호가 서로 교대하게 했다. 서술적인 의도가 전혀 없지만 정신적 다이어그램에 단단하게 뿌리내린 최초의 공간, 기본 공간이다. 따라서 사람들은 그 공간을 추상적이거나 – 그것은 에크리튀르로 이끈다 – 상상계에 고유한 것이라고 판단한다.

사실, 『헤레니우스에게 바치는 수사학』의 저자는 명확하게 말한다, 상상력은 어떤 넓이라도 생각해낼 수 있고, 자신의 입맛대로 거기에 위치를 만들고, 구축할 수 있다. 그러므로 우리에게 주어진 자원을 원하지 않으면, 우리는 마음속에서 넓이를 결정할 수 있고, 사용하기 위해 거기에 적절한 위치를 마련할 수 있을 것이다.21)

그러므로 잠재적이다. 하지만 그것이 어떤 질료도 내포하지 않을 것이라는 의미로는 아니다. 그것은 여기에서 허구적으로라도 편재한다. 그것이 잠재적인 것은 모든 진술에 **선행하는 안내 구역**espace d'accueil préalable을 구성하기 때문이다. 근대적 용어를 사용하면 – 아직은 혹은 완전히 – "페이지"의 성격을 지니지는 않는, 각자에게 존재하고 따라서 끝없이 변경 가능한, 동시에 스크린, 꿈, 정원의 성격을 지니는 이 시각적 장소. 만일 공백이 **거기서** 분명한 역할을 한다면 – 『헤레니우스에게 바치는 수사학』의 저자가 많은 관심을 쏟았던 여백이 증명하듯이 – 사실 거기에는 그에게는 덜 중요한 **접합**assamblage이 존재한다. 경로의 선택처럼 그것 역시 완전히 시각적인 선택이지만 – 이 사실에 의해 알파벳의 방식과는 전혀 무관하다 – 그것 역시 주로 어휘에 집중해서 쓰여진 텍스트에의 관심을 증언한다. 이런 관심은 아마도 그 방법의 최대의 난점이며, 알파벳의 기원에서 완전히 신뢰받는, "형상"의 하나의 "장소" (혹은 "위치")에의 필연적인 할당의 결과일 것이다.

작가가 "이미지"에 (즉 형상에) 바쳐진 부분을 시작하는, "단어"의 이미지와 "사물"의 이미지 사이의 구별은 "자연적인" 기억과 "인위적인" 기억을 대립시키게 한 구별처럼 실제로 근거가 되는 구별보다 더 관례적이고 더 형식적이다. "사물의 이미지"는 알파벳의 발명에 연관된, 그리고 눈속임 속에서 발견되는 재현처럼 형상의 개념을 반영한다. "단어의 이미지"는 여전히 이집트 상형문자의 형상적 에크리튀르의 모델에서 – 하지만 이제부터는 아주 멀리 – 영감을 받는다.

사실 이 각각의 이미지가 문자의 모델에 의거하는, 저절로 폐쇄되는 단위로가 아니라 각자의 직관대로 현실의 인물, 우의, 상징을 뒤섞는 혼성의 작은 장면으로 해석되기 때문이다. 이런 구성의 원칙은 유럽에서 중세에 행해지게 될 그림수수께끼 놀이의 원칙과 비교될 수 있다. 사실 상형문자들의 구성양식과 관련이 없지는 않은 중세의 그림수수께끼 놀이는 말하자면 일련의 음성적 등가처럼 해독되는[22] 현대의 그림수수께끼 놀이와는 아주 다른 방식으로 행해졌다. 하지만 무엇보다 『헤레니우스에게 바치는 수사학』의 저자를 사로잡은 것은 이 이미지들이 "인상적"이라는 사실, 즉 그것들이 기억을 복제하는 것이 아니라 **창조한다**는 사실이다. "통상적인 사물들은 쉽게 기억에서 벗어난다. 하지만 눈에 띄고 새로운 사물들은 정신 속에 더 오래 머무른다."[23] 그는 지적한다.

> 그러므로 우리는 기억에 아주 오래 보존될 수 있는 종류의 이미지들을 만들도록 해야 할 것이다. 우리가 가능한 한 인상적인 비유를 한다면 그 경우가 그럴 것이다. 우리가 침묵하지도 불분명하지도 않은, 활동 중인 이미지들을 사용한다면 그 경우가 그럴 것이다. 우리가 그 이미지들에 예외적인 아름다움 혹은 특별한 추함을 부여한다면 그 경우가 그럴 것이다.[24]

이렇게 해서 에크리튀르의 기원이 된 이미지를 이제 막 그것을 부인한 문화 속에 재도입하려 한 이 역설적인 "기억"이 라틴 세계에까지 도달했다. 게다가 기억술 자체가 나름대로 에크리튀르가 아니었던가? 그 열쇠가 숨겨진 – 혹은 그 열쇠를 잃어버린 – 것처럼 보이는 구술과 가시계의 혼종을 재현하고자 하는 욕망과 연결된 동화의 효과에 의해 형성되어 에크리튀르의 변두리들에서 나타난, 수많은 역사적 예들이 있는 **인근의 에크리튀르**écriture de voisinage가 아니었던가? 비록 그것이 상형문자 에크리튀르의 몇몇 양상들을 회화적 상태로 축소시켰다면 기억술은 그 가장 중요한 직관을 보존하고 풍부하게 만들기조차 했다. 이 직관에 의해서 에크리튀르는, 만일 그것이 기억이고 보존이라면, 우선 **새로운 것을 말하고** 그것을 드러낼 사명을 가졌고, 그 사명은 이미지와 이미지의 함축성에 빚지고 있었다. 인위적 기억의 첫 번째 목표는 - 이 목표가 수사학 개론서들 속에서 인위적 기억의 존재를 정당화해 주었다 - 웅변가로 하여금 연설을 기억하기 보다는 연설을 할 때 새롭고 효과적인 논거들을 제공하도록 허용하는 것이었다. 또한 『헤레니우스에게 바치는 수사학』에는 개인적일 뿐만 아니라 내밀한 선택들이 형상들의 선별에 개입한다는 아주 근대적인 사유가 나타나기도 한다. 작가는 지적한다. "우리는 우리 앞에서 행해지거나 말해지고 있는 것을 습관적으로 잊는다. 하지만 우리는 어린 시절의 사건들은 가장 잘 기억한다."[25]

이런 **정신적 에크리튀르**écriture mentale의 형태를 그 후로는 평화가 회복된 알파벳 문명 속에서 재조정하고 적응시킬 줄 알게 된 것은 쿠인틸리아누스 덕분이다. 기원 후 1세기 그가 거기에 관심을 갖게 된 것은 아마 더 민감한 감수성에 이끌려서 그 안에서 즉각 알파벳 에크리튀르가 적용될 때 필연적으로 내포하고 있었던 **시각적 진실**의 부분을, 그 체계의 본질이 감추도록 기여한 것을 찾기 위해서이다.

쿠인틸리아누스가 보기에 분명 "사물" 혹은 "단어"의 이미지라는 개념은 완전히 신뢰를 잃었다. 하지만 그는 거기에서 *imago* 혹은 *littera*와 비교해서 라틴어로 여전히 예언적이고 실효성 있는 가치를 유지하고 있는 "기호signe", *signum*의 사용으로 계승하고 있는 "인상적인" 이미지라는 관념을 간직했다. 이미지에 관해, 본질적으로 기억술을 도와주는 이미지의 사용에 관해 그는 강한 회의주의에 물든 객관성을 가지고 설명한다. 아주 간략하게 그것은

> [···] 방향을 결정하는데 사용되는 특별한 기호를 기록하거나 마음속으로 준비한 것을 표시하는데 관련된다. 이 기호는 가령 항해, 병역, 혹은 주어진 하나의 단어와 같은 총체적으로 고려된 주제에 관련될 수 있다. 하나의 사유를 망각한 경우에도 그것을 떠올리기 위해서는 하나의 단어로 충분하기 때문이다. 예를 들어 항해를 위한 기호는 닻일 수 있으며 전술을 위한 기호는 어떤 무기일 수 있다.[26]

기억술에 대한 쿠인틸리아누스의 추론은 키케로의 경우가 그랬던 것처럼 그 허영심을 비난하고, 가시계의 질서를 희생시키고, 구어적인 질서를 중시하도록 만드는 것을 목표로 하지 않는다. 그 반대이다. 그는 기억술에 존재하는 시각적 추론은 그 표현들 중 하나이며, 예전에는 – 이집트의 전통에서 유래한 까닭에 – 순수하게 형상적인 여건들의 총체에 기대고 있었던 기억술은 그의 시대에, 혹은 쿠인틸리아누스 그 자신에 의해 매우 발전했으며, 사람들이 "시각적"이라고, 혹은 그 안에 실제적인 새로움이 존재하기 때문에 더 정확히는 **시선의 양태**modalité du regard라고 규정할 수 있을 다른 것이 조금씩 그것의 "형상의 양태modalité figural"를 대체했음을 보여준다. 하지만 키케로는 아마 거기에 각별한 주의를 기울이지는 않은 채 지적했다. "우리의 모든 감각 중 가장 예민한 것은 시각이다." 더 이상 **사물들의 인식**의 영역이 아니라, 그 읽기가 원칙적으로 가시계에 대한 모든 필연적인 의존관계에서 벗어난 에크리튀르에 적용되었다는 바로 그 사실로 인해 특히 혁신적인 위치들로 인도했음이 분명한 **텍스트들의 읽기**의 영역 속에서 결과를 탐색하면서 쿠인틸리아누스는 이 사실을 자신의 기억술의 토대로 삼았다. 『헤레니우스에게 바치는 수사학』의 기억술을 특징짓는 서로 아무런 연관이 없는 시각적 표현의 하나는 통사론적-공간적syntaxico-spatial이고 다른 하나는 어휘적-형상적lexical-figural인 두 층위의 중첩이 『웅변교수론*Institution oratoire*』에서, 상상계와 단어의 직접적이고 상호적인 결합의 체계인, 반대로 완전히 일관성 있는 체계의 초안으로 대체되는 것은 이렇게 해서이다. 순수하게 언어학적인 관점에서 그런 체계는 비정상적이다. 그것은 실제로 논점선취의 오류에 기반하고 있는데 – 사실 그것은 쿠인틸리아누스에게는 경험적 진실이다 – 그것에 따르면 시각적 공간과 그것에 고유한 정연한 배치는 구어적 사고와는 근본적으로 무관함에도 불구하고 구어적 사고의 생성에 직접적으로 개입할 수 있다. 그는 단언한다. "만일 질서 있게 배치된다면, 하나의 사슬이 기억을 이끌 것이다."[27] 하지만 그것은 우리가 여기에서 『웅변교수론』의 저자가 전적으로 – 그 엄격함으로 인해 정열이 가려져서는 안 되는 – 세심한 인내심으로 발견하고, 상세히 검토하는 **쓰여진 공간**

의 세계 속에 있기 때문이다. 『웅변교수론』의 저자가 기억에 대해 에크리튀르의 유효성을 의심하면서, 에크리튀르를 옹호하기 위해 그 자신 쓰여진 훈련의 중요성을 보여준 후 거리낌 없이 플라톤을 비판하는 것은 그 때문이다.

> 하지만 나는 플라톤에게서 에크리튀르의 실천이 기억의 장애물임을 발견한다. 아마도 하나의 사물을 에크리튀르에 맡겨놓고 우리는 어떤 의미로는 그것을 간직하기를 그만두기 때문이다. 그리고 이 안전의 보장 자체가 기억이 우리에게서 빠져나가도록 만든다. 그리고 이 분야에서 주의력이 아주 중요한 역할을 한다는 것은 확실하다. 감히 말하건대 그것은 주시하는 대상들에서 벗어나지 않는 날카로운 시선과 같다. 하나의 텍스트를 암기하기 위해서 며칠 동안 그것을 써야 한다면 그것을 기억하기 위해서는 우리의 정신적 노력만으로도 충분하다는 결과가 거기에서 도출된다.[28)]

에크리튀르에 의해 처음 사용된 – 보다 정확히 말해 에크리튀르에 의해 자극된 – 특별한 기억이 **시선**의 문제라면 그것은 기억이 이 시선으로부터 혹은 그 속에서 본질이 다른, 우리가 말을 할 때와는 대상이 다른 주의력을 불러일으키기 때문이다. 지식의 본질에 관한 교훈을 얻어내기 위해 『테아이테토스』가 기본요소-문자élément-lettre를 음절 단위unité syllabique에 대립시키는 반면 쿠인틸리아누스는 그것들에 부여할 서로 다른 두개의 학습 모델을 구분한다. 문자는 시각적 형태를 통해 습득된다.

> 사실 나는 아주 많은 경우 내가 목격한 다음과 같은 행위를 전혀 인정하지 않는다. 어린아이들에게 글자의 형태를 가르치기 전에 글자의 이름과 다음 글자를 가르치는 것을. 이런 방법으로는 어린 아이들이 글자를 분간하기 어렵다. 어린 아이들은 그때부터 선 자체에 주목하지 않는다. […] 마찬가지로 교사들이 글자를 학생들의 머릿속에 충분히 정착시켰다고 믿을 때, 표기의 관례에 부합하는 규칙에 따라 글자를 쓰면서 학생들은 뒤바뀐 순서로 글자를 적는다. 그런 후 순서에 의해서가 아니라 형태에 의해서 글자를 식별할 때까지 아이들은 다양하게

> 순서를 뒤바꿔 글자를 뒤죽박죽으로 만든다.[29]

반대로 음절의 학습은 반복된 구두의 학습에 의해서 이루어질 것이다. 최종해석에서 쿠인틸리아누스는 자신이 처한 난관을 의식하고 있다.

> 교사들이 권하듯이 앞을 보고, 오른쪽을 본다. 그리고 미리 쓰여 있는 것을 관찰한다. 그것은 방법의 문제이지만 또한 실천의 문제이기도 하다. 이어지는 것들을 향해 눈길을 옮기면서 앞서는 것을 말해야 하고, 이것은 아주 어려운데, 하나를 목소리로 다른 하나를 눈으로 행하면서 정신의 주의력을 분산해야 하기 때문이다.[30]

이 충고는 변호사가 되고자 하는 청년들에게 쿠인틸리아누스가 아끼지 않는 충고 속에서 반복된다. 그가 그들에게 "받아쓰기dictée라는 유행하는 기교"[31]가 아니라 글쓰기 자체에 몰두할 것을 권하는 것은 이렇게 해서이다. 이 주제는 『웅변교수론』 10권에서 발전된 예외적인 정확성의 원인이 된다. 정확성의 중요한 목표는, 자연의 광경조차 피하면서, 글자를 쓰기 위해 자신의 시각만을 사용하는 필연성을 증명하는 것이다. "그의 두 눈이 다른 것을 사유하도록 하는 것이 아닌가 하는 두려움에 아무 것도 들을 수도 볼 수도 없는 곳에 틀어박혀있었던 데모스테네스Démosthène가 더 현명했다."[32]

또한 작가 혹은 웅변가의 눈앞에 있는 것에, 그가 쓰고 있는 행과 이어지는 행이 아니라 그것들이 기록되는 공간에 주의력을 집중해야 한다. 『헤레니우스에게 바치는 수사학』의 저자는 이미 그 충고를 암시했다. 쿠인틸리아누스는 가장 구체적인 양상을 세심하게 발전시킨다.

> 모든 사람들에게 이점을 가지게 될 방식은 글씨를 쓰게 될 서판 바로 그 위에서 배우는 것이다. 사실 기억은 몇몇 흔적을 따라가고, 그것은 눈으로 보는 것처럼 단지 페이지만이 아니라 거의 선 그 자체를 본다. 그리고 말을 할 때는 글을 읽을 때와 같다. 삭제하기 위해 그은 줄 혹은 첨가, 그리고 이어서 변화가 존재

한다면 그것은 그것들을 보면서 우리가 잘못 이해할 수 있다는 것과 같은 신호이다.[33]

자신이 관찰할 때도 마찬가지이다. 양피지의 사용에 관한 상세한 설명으로 이런 관찰을 이어가면서 "지우기가 아주 용이한 밀랍 서판 위에 글씨를 쓰는 것은" "아주 좋다." "시력이 약간 약하다면 필요하다." "시각을 도우면서, 마지막 방법은 그 대가로 잉크 속에 펜을 자주 담가야 함으로써 손을 느리게 하고 **사고의 도약**을 무력화한다."[34]

하지만 쿠인틸리아누스가 가장 큰 중요성을 부여하는 것은 바탕의 공간 자체이다. 그가 몰두하는 것은 단지 기억이 아니라 **쓰여진 창조**이기 때문이다. 거기에서 백색의 측정évaluation, 즉 연설의 구상 과정 자체 속의 **읽기**의 개입은 본질적 요소를 구성한다.

> 우리가 서판을 사용하던지 양피지를 사용하던지, 우리가 쓰는 것 앞에 백색을 놓아두어야 할 것이다. 우리는 자유롭게 백색에 첨가를 할 수 있을 것이다. 이따금 자리 부족은 나태함을 자극해 교정을 포기하도록 하거나, 적어도 새로운 사고의 추가가 초안을 뒤죽박죽으로 만들 수 있기 때문이다. 나는 서판이 터무니없이 크지 않기 바라는데, 다음과 같은 한 젊은이의 경우를 알고 있었기 때문이다. 게다가 그는 근면했는데 연설을 너무나 길게 하곤 했다. 그는 행의 수로 연설을 평가했기 때문이다. 그리고 수많은 주의에도 불구하고 고칠 수 없었던 이 결점은 서판을 바꾸자 사라졌다.
>
> 우리가 글을 쓸 때 보통 무질서하게 떠오르는, 즉 바로 그 순간 떠오르는 점들과 다른 점들이 연관되는 사유를 메모할 자유로운 공간을 남겨두어야 한다. 삽입해서는 안 되는, 그대로 내버려두어서는 안될 탁월한 사유들이 이따금 실제로 즉흥적으로 떠오른다. 이따금 우리는 그것을 잊어버리고, 이따금 우리가 그것을 기억하려 열중할 때 사유는 방향을 돌려 다른 사유를 발견하기 때문이다. 그러므로 그것을 간직하는 것은 아주 적절하다.[35]

이처럼 공간이 기억술에 도달하는 것은 쓰여진 것에 의해서이다. 하지만 우회적이고 거의 우연한 방식으로 이다. 그때 쓰여진 것은 더 이상 단지 베껴 쓰기와 확산의 수단이 아니라 **스펙터클**의 새로운 형태로 간주되었다. 즉 그 시대에 알파벳이 에크리튀르의 불가사의한 특성을 상실한 채 최초로 도시의 바로 심장부에서 유산이며 습관이 된 새로운 민주국가의 법률[36)]을 모든 사람의 눈에 드러내면서, 다양하고 일상적인 형태들을 채택하면서, 도시를 가로질러 확산되기 시작했다.

> 서기 1세기에서 3세기 사이에, 자기 시대의 자유로운 여행자의 정신 상태와 주의력을 가지고 로마제국의 모든 도시를 편력한 사람에게 그것은 단지 주로 조각상, 신전, 공공의 사교장소, 색깔, 교통으로 특징지어지지 않을 것이다. 오히려 도처에 존재하는 기록에 의해, 나무판 위에 덧붙여지거나 백색 액자 위에 그려진 채색되고, 소묘로 그려지거나 조각된, 광장과 거리, 벽과 길로 특징지어질 것이다.[37)]

인쇄술의 출현은 기억과 말을 일깨우는 존재인 쓰여진 공간의 이 백색에 르네상스의 다른 형태를 부여했음이 분명하다. 예측불가능하고 주관적인 공백에서 그것은 이번에는 **텍스트의 대상**이, 그 침묵하는 뒷면에 균형과 의미의 일관성을 약속하면서 글자의 구성에 밀접하게 겹쳐진 납빛 표면이 되려하고 있었다. 우연의 일치였는가? 동시에 우리는 글자가 새겨진 고대의 넓은 대리석 카르투슈를 그만큼의 기억의 공간으로 재발견하게 될 것이다.

뒤러Dürer가 1526년 조각한 에라스무스Erasme의 초상만큼 이런 우연의 일치와 이미지가 조형예술과 에크리튀르의 예술 사이에 야기했음이 분명한 상호적인 효과들을 더 잘 증언하는 이미지는 없다. 글을 쓰고 있는 중인 인본주의자를 보여주는 포즈가 명백하게 상징적이라면 – 우리는 대부분의 초상화가들에서 그 포즈를 재발견한다. 예를 들어 쿠엔틴 메치스Quentin Metsys는 1517년 그린 그림의 배경에 책장의 선반을 묘사했다 – 사실 그를 둘러싸고 있는 사물은 전혀 분명하지 않다. 뒤러는 에라스무스의 얼굴 옆에 창문도 책장도 두지 않았다. 라틴어와 그리스어로 글자가 새겨진 대리석 판 비슷한 희고 넓은 카르투슈가 창문과 책장을 대신한다. 그것은 창문이 둘러싸고 있는, 바로 그 위치에서 묘사되는 것이 어울리는 그 시대의 초상화 속 풍경 같은 배경의 요소로가 아니라 학자의 얼굴과 병렬되며 보완되는 얼굴처럼 이미지 속에서 강한 인상을 준다. 이중으로 도발적인 이 조합은 부조 조각의 실제적인 주제인 인문주의의 양면을 강하게 강조한다. 박학의 새로운 폭과 – 그로 인해 유럽 문화가 갑작스럽게 변화하기 시작했다 – 인쇄된 책의 출현. 비명을 새기는 고대의 석공에게서 인쇄술이 모델을 빌려온 그대로의 **페이지**의 발견이 화가들을 매혹했었고, 계속 화가들 – 특히 세기가 바뀔 때[38] 뒤러가 마침 만날 기회가 있었던 출판업의 중심지인 베네치아의 화가들 – 을 매혹했다면 그것은 뉘른베르크에서 출판업자가 된 금은세공사 가문 출신의 그와 같은 판화가에게 그 발견이 갖는 여전히 아주 커다란 중요성을 반영한다. 게다가 이 평평한 표면은 그의 가장 중요한 성찰의 주제들 중 하나였다. 이 표면의 기능은 기하학적인 허구에 의해 현실의 깊이를 재현하는 것이 아니고, 단지 해독이 아니라 – 즉 그림처럼, 성찰을 통한 – 진정한 독서의 대상이 될 텍스트를 생산해내는 것이었다. 한해 전인 1525년 출판한 『측정법 수업*Instruction sur la manière de mesurer*』의 중요 부분이 글자 새기기에 바쳐졌다.

또한 예술가는 여기에서 복잡한 시각의 유희로 관람객을 초대한다. 그것은 에크리튀르라는 유일한 기호 아래 놓여있지만 가장 근대적인 두 가지 의미 – 에라스무스 그 자신과 그를 둘러싸고 있는 다양한 문서에 의해서 상징화된 텍스트의 창조와 그래픽 공간의 창조라는 두 가지 의미 – 로 이해된다. 그래픽 공간은 이미지 위쪽에 위치한 커다란 부조조각 혹은 그 부조조각의 반영처럼 우리에게 주어진 것으로 보이는 전경의 동일한 축에 펼쳐져 있는 책과 관련을 지닌다. 에라스무스의 물질적인 "이마고imago"에 – 이 라틴어는 전통적으로 재현된 인물을 가리키는 용어로 남아있다 – 저술이 가장 훌륭한 초상화라는 그리스의 경구가 결합된다. 하지만 이 경구는 우리로 하여금 뒤러가 자신에 관해 우리에게 전해 줄 수 있는 가장 훌륭한 자화상이 정확히 그가 방금 실현한 부조조각이라는 사실을 이해하도록 한다. 또한 이 부조조각이 동일한 윤곽 덕분에, 중국의 서예가 선비들로 하여금 풍경화를 시로 물들게 한 것과 마찬가지로 텍스트적인 동시에 그래픽적이 된 근대성의 상징을 훌륭하게 구성하는 것이 사실이라면, 예술가의 궁극적인 "이마고"는 모노그램monogramme[39] 속에서 그것의 반영과 미래로의 투영과 같은 것을 보아야 한다는 것을 이해하도록 한다. 여기에서 모노그램은 작품의 중심에 놓여 있고, 이미지 전체를 환하게 하는 백색의 넓은 공간 속에서 그림의 윗부분에 드러나 있는 글과, 동시에 정확히 그것의 연장선상에서 부조조각의 아래에 펼쳐져있는 책과 나란히 정렬되어 있다.

아르만도 페트루치Armando Petrucci는 이탈리아의 그림과 건축에서 글자가 쓰여진 공간의 이런 재발견의 영향을 분석했다. 그는 이런 영향으로 인해 미켈란젤로가 자신의 프레스코화 속에 무제의 글들을 포함시키게 되었다고 지적했다.[40] 그가 암시하는 것처럼 화가의 선택을 에크리튀르의 거부로 해석해야 하는가? 그것이 실제로 그의 시대에 유행한 어떤 비문 스타일에 대한 거부를 나타낸다면, 특히 이런 주체적 결정은 아무런 흔적도 없는 바탕의 형태만이 결국은 알파벳 문명 속에서 에크리튀르의 충분한 표시로 입증될 수 있음을 증명하는 것으로 보인다. 쓰여진 것에 대한 가장 근대적인, 그리고 가장 시대에 뒤떨어진 견해는 이처럼 시선의 동일하며 역설적인 순수함 속에서 에크리튀르를 통해 서로 합쳐진다. 거의 기원전 3000년 전 메소포타미아 북쪽에 위치한 마리Mari에서 신전의 건축을 위한 수메르인들의 의식은 – 이 의식은 신전 벽들 중 하나 속에 신성한 경구를 포함하는 서판을 삽입하는 것이었는데 – 신전 벽 속에 서판의 형태로 잘라낸 두개의 작은 돌을 묻는 것으로 대체되었다. 어떤 글도 기록되어본 적이 없는 돌로서, 하나는 대리석이고 다른 하나는 청금석이었다. **스크린**의 본원적인 비어있음 자체가, 비어있음을 이름과 텍스트들의 보유자로 만든 인간의 왜소함에 집중해서, 신들의 너그러운 해독과 절대적인 기억력을 보증하는데 충분했음이 분명했다.[41]

1) *Rhétorique à Herennius*, livre I, 3, Paris, Les Belles Lettres, 1989, p. 3.
2) Olivier Reboul, *La Rhétorique*, ≪Que sais-je?≫, Paris, P.U.F., 1984, p. 28.
3) A. Kibédi Varga, *Discours, récit, image*, Paris, Mardaga, 1989, p. 39.
4) *Ibid.*
5) *Rhétorique à Herennius*, *op.cit.*, livre III, 28, p. 113.
6) 다음을 볼 것. *Discours, récit, image*, p. 27. "어떻게 하나의 행위만을 표현하면서 행위에서 이야기로 옮겨갈 수 있는가? 이것이 모든 시각적 서사학의 핵심적인 문제이다."
7) 이 점에 대해서 다음을 볼 것. *L'image écrite ou la déraison graphique*, *op.cit.*, 특히 p. 71-108: ≪Le partenaire silencieux≫
8) 이 책의 뒷부분 ≪에크리튀르와 멀티미디어≫ 참고할 것. 특히 p. 215-216.
9) Plutarque, *De Gloria Atheniensium* 3, 예이츠에 의해 다음 책에서 인용됨. Yates, *L'Art de la mémoire*, trad. fr. par D. Arasse, Paris, Gallimard, 1975, p. 40.
10) Cicéron, *De Oratoire*, livre II, 352-354 et 357. 예이츠에 의해 다음 책에서 인용됨. Yates, *L'Art de la mémoire*, *op.cit.*, p. 14 et p. 16. 시모니데스의 이야기는 쿠인틸리아누스에 의해서도 인용되었다. *Institution oratoire*, livre XI, 2, 11-13, Paris, Les Belles Lettres, t. VI, 1979 p. 209-210.
11) *Cicéron*, *Tusculanes*, livre I, XXIV, 59.
12) *Rhétorique à Herennius*, livre III, 28-29, *op.cit.*, p. 114.
13) *Phèdre*, 275 c, Paris, Flammarion, 1964, p. 165.
14) 조르주 장 피노에 의해 다음에서 인용됨. Georges-Jean Pinault, ≪Écriture de l'Inde continentale≫, Anne-Marie Christin, (dir.), *Histoire de l'écriture, de l'idéogramme au multimédia*, Paris, Flammarion, 2001, p. 97.
15) Dominique Charpin, ≪Lire et écrire en Mésopotamie: une affaire de spécialistes?≫ Actes du Forum international d'inscription, de calligraphies et d'écritures dans le monde à travers les âges, 24-27 avril 2003, Bibliotheca Alexandrina, 2007, p. 60-61, www.ceei.univ-paris7.fr/04_bibliotheque/index.htlm. 이 주제에 관해 다음의 내 논문에서 상술했음. ≪Espace et mémoire: les leçons de l'idéogramme≫, *Portée*, vol. 32, n° 2, 2004, p. 19-28.
16) *Rhétorique à Herennius*, livre III, p. 30, *op.cit.*, p. 115. 번역자(기 아샤르Guy Achard)는 정당하게 "장소lieu" 보다 "위치(지정된 곳, emplacement)"라는 용어를 선호했다.
17) *Ibid.*
18) *Rhétorique à Herennius*, livre III, 31.
19) pied. 옛날 길이의 단위로 1피에는 약 0.3248미터임. (역주)
20) *Ibid.*, livre III, 32, p. 117-118.,
21) *Ibid.*
22) 이 주제에 관해서는 다음을 볼 것. Jean Céard, ≪Une écriture figurée: les rébus, à l'aube de la Renaissance≫, *Écritures II*, Paris, Le Sycomore, 1985, p. 169-195.
23) *Rhétorique à Herennius*, livre III, 35, *op.cit.*, p. 121.
24) *Ibid.*, livre III, 37, p. 122.

25) *Ibid.*, 35, p. 120.
26) Quintilien, *Institution oratoire*, livre XI, 2, 19, *op.cit.*, p. 211.
27) Quintilien, *Institution oratoire*, livre XI, 2, 39, *op.cit.*, p. 218.
28) *Ibid.*, 2, 9-10, p. 209.
29) *Ibid.*, livre I, 1, 24-25; t. I, p. 62.
30) *Ibid.*, livre I, 1, 34, p. 34.
31) *Ibid.*, livre X, 3, 18, p. 120.
32) *Ibid.*, livre X, 3, 22-25, p. 121.
33) Quintilien, *Institution oratoire*, livre XI, 2, 32, p. 216. 쿠인틸리아누스는 명확히 한다. "이런 방법은 내가 첫째로 언급한 방법과 다르지 않다. 하지만 경험이 내게 어떤 것을 가르쳐 주었다면 그것은 더 빠른 동시에 더 효과적이다." (XI, 2, 33)
34) *Ibid.*, livre X, 3, 31, p. 123. 강조는 내가 했음.
35) *Ibid.*, livre X, 3, 32-33, p. 123-124.
36) 이 주제에 관해서는 다음을 볼 것. Marcel Detienne (éd.), *Les savoirs de l'écriture, En Grèce ancienne*, Presses universitaires de Lille, 1988.
37) Armando Petrucci, *Jeux de lettres. Formes et usages de l'inscription en Italie, XIe-XXe siècle*, trad. fr., Paris, Éditions de l'EHESS, 1993, p. 15.
38) 1505년에서 1507년에 걸친 뒤러의 이탈리아 여행을 의미함. (역주)
39) 모노그램. 이름의 첫 글자를 합쳐서 만든 글자. (역주)
40) *Ibid.*, p. 59-66.
41) 이런 건국의례에 대해 내게 알려준 장 마리 뒤랑Jean-Marie Durand에게 감사한다. 다음을 볼 것. *Syrie, mémoire et civilisation*, catalogue d'exposition, Paris, IMA-Flammarion, 1993, p. 130-131.

09

이미지에서 텍스트로 : 『주사위 던지기』의 경험

1898년 7월 말라르메는 폴 발레리Paul Valéry에게 피르맹 디도Firmin- Didot인쇄소의 인쇄기를 통해 곧 발매될 될 것으로 생각한 대로의 『주사위 던지기』의 교정쇄를 보여주었다. 24페이지로 두께는 얇았지만 가로 29cm 세로 38cm의 아주 넓은 판형이었다. 그리고 텍스트는 양면으로 구성되어[1] 가로는 실제로 29에서 58cm가 된다. 1857년 『코스모폴리스*Cosmopolis*』지에 쓴 시의 판본은 양면 9페이지로 집중되었다. 그의 표현에 따르면 그것은 하나의 "상태état" 만을 나타내며, 그 결과 "모든 면에 있어서 전통과의 단절"을 가져오지는 않았다. 시인은 서문에서 그것에 대해 설명했다. "그것이 깜짝 놀란 만한 자유에 대해 용감하고, 관대하며, 마음을 끄는 태도를 보여준다고 하더라도 [···] 잡지에서 관례에 너무 반하게 행동하는 것은 내게는 맞지 않는다." 그리고 그는 이 판본의 페이지 조판을 "누구에게도 불쾌감을 주기 전에 여러 가지 방향에서" 고려했다. "눈을 휘둥그렇게 뜨는데 충분하게." 시인은 1898년 그가 계획한 판본에 도달할 수 있다는 것을 알지 못한 채 죽었음이 분명하다. 그리고 그가 수정한 교정쇄의 뭉치들은 각기 다른 총서들 속에 흩어져 존재했다. 에드몽 보니오Edmond Bonniot가 말라르메가 원했던 그대로의 – 혹은 거의 그대로의 – 최초의 판본을 NRF사에서 발간한 것은 겨우 1914년이었다. 1945년과 1998년의 플레이아드 판본은 아주 축소된 판형으로 그것을 재 수록한다. 1998년 갈리마르사가 그 복제판을 발간했다.

서구문학사에서 『주사위 던지기』가 상징하는 사건은 최초로 시가 이미지에서 직접적으로 그 힘과 효과를 빌려왔다는 것이다. 앙브루아즈 볼라르Ambroise Vollard는 이 판본에 오딜롱 르동Odilon Redon의 소묘들을 덧붙이고자 했다. 어느 날 삽화작업의 계획을 말라르메에게 꺼냈을 때 볼라르는 화가에 대한 말라르메의 반응에 놀랐다. 그는 말했다. "… 르동이 내 작품에 하게 될 도판에 관해서 말하자면, 소묘가 그려진 바탕이 존재해야 한다는 것이 중요합니다. 그렇지 않고 만일 소묘가 흰 바탕위에 나타난다면 […] 흑백으로 된 내 텍스트라는 소묘와 함께 그것은 중복이 될 거에요."[2] 1897년 10월 카미유 모클레르Camille Mauclair에게 『주사위 던지기』의 교정쇄 뭉치를 보내면서 시인은 더 명백히 자신의 생각을 표현한다. "바탕에는 판화를. 모든 문장이나 사유가 리듬을 갖는다면 그것이 겨냥하는 사물에 따라 리듬을 조절해야 한다고, 그리고 모든 것에 대한 이 사물의 태도를 […] 약간은 재현해야 한다고 나는 믿습니다. 문학은 이렇게 자신을 증명합니다. 종이 위에 쓰는 다른 이유는 없습니다."[3]

말라르메의 말을 그에게 전하면서 볼라르는 르동에게 털어놓았다. "나로서는, 당신에게 고백하건대 악의가 있는 것 같지는 않습니다."[4] 반대로 화가는 즉각적으로 민감한 반응을 보였는데, 그 결과 이 판본에서 두 "판화제작자" – 텍스트라는 판화의 제작자와 압형 판화의 제작자 – 사이의 논쟁은 해석의 문제가 아니라 그들의 공통적인 목표에 가장 잘 맞을 바탕의 선택의 문제임이 분명하다. 1898년 4월 화가의 편지를 증거로 들어보자. 그는 말라르메에게 쓴다. "[…] 볼라르가 내게 아주 좋은 종이를 보여주었습니다. 나는 일관성을 위해서 우리가 흰 종이 위에, 말하자면 텍스트의 종이 위에 석판화의 인쇄를 시도할 수 있을 것으로 믿습니다. 물론 따로 놓이겠지만요. 글자들의 효과도,

그것들의 새로운 다양함도 방해하지 않도록 나는 연한 황금색으로 그릴 생각입니다."[5)]

폴 발레리는 『주사위 던지기』의 "배치dispositif"를 깨닫고 느낀 경탄을 표현하기 위해서 에크리튀르의 신화적인 기원을 거론하려고 고대 중국인들이 사용했던 표현을 다시 생각해냈음이 분명하다.

> 우리의 공간 속에 최초로 놓인 사유의 형상을 보는 것 같았습니다... 여기에서는 공간이 진짜로 말을 하고, 사유하고, 구체적인 형태를 낳고 있었습니다. 기다림, 의심, 집중은 **가시적인 사물들**이었습니다. 내 시선은 구체화될 침묵을 마주하고 있었습니다. […] 그것은 속삭임, 암시, 눈에 치는 천둥, 사유의 극한까지, 말로 표현할 수 없는 파열의 지점까지, 페이지에서 페이지로 이끄는 정말 정신적인 폭풍우였습니다. 거기에서 불가사의가 생겨났습니다. 거기, 바로 종이 위에서, 내가 알지 못하는 마지막 천체들의 반짝이는 빛이 상호의식적인interconscient 바로 그 비어있음 속에서 한없이 순수하게 떨리고 있었습니다. 거기에는 새로운 종류의 물질처럼 무더기로 배열되어, 연달아, 체계적으로 이어져 말Parole이 **공존하고 있었습니다!** […] 나는 생각했습니다. 그는 **마침내 하나의 페이지를 별이 빛나는 하늘의 힘에까지 고양시키려 애썼구나!**[6)]

"당신은 사람들이 이렇게 지시되고, 고립되고, 형태가 드러나거나 중단된 천체들의 알파벳을 어두운 곳 위에 환하게 쓰지 않는다는 사실을 알아차렸습니다. 인간은 백색 위에서 검은색을 따라갑니다." 당황시킬 정도로 정확한 직관에 의해서 근대적인 책의 공간을 쓰여진 기호라는 개념 자체가 생겨난 예언의 실현매체들과 결부시키면서 말라르메는 다음과 같이 언급하면서 지적했다. "인간은 신의 뜻에 따라 보도록 임무 지워지고 그 결과 한껏 투명한 관계는 그의 눈앞에 펼쳐진 책장들이라는 대응물 밖에는 다른 표현을 갖지 않는다."[7)]

나는 서구문화가 그 역사상 최초로, 거의 2000년 전부터 서구문화를 알파벳과 연결했던 형식적이고 관념적인 의존에서 완전히 벗어날 수 있었고, 이렇게 자신의 방식대로 "표의문자로의 귀환"[8]을 실현할 수 있었던 것은 『주사위 던지기』의 도상적이고 공간적인 영감을 통해서였음을 보여주려 했다. 그것을 풍부히 하고 보충하기 위해서 나는 여기에서 그 논거를 재검토하려고 하지만 말라르메가 시도한 경험 속에서 **백색**이 행한 결정적인 역할을 훨씬 더 강조함으로써 또한 그것에 섬세한 수정을 가하고자 한다.

1914년의 판본에서, 어쨌든 대부분 작가의 의향에 상응하는 형태로 출간되었을 때 『주사위 던지기』가 야기한 놀람은 상당했음에 분명하다. 물론 갈리마르사에서 선택한 판형은 볼라르가 예상한 판형 – 가로 25, 세로 32.5cm – 보다 약간 작았다. 볼라르는 양면으로 했을 때 폭이 50cm에 달할 것으로 예상했다. 가장자리 여백이 잠식당했다. 하지만 그 작품은 여전히 인상적이었고, 그는 전통적인 – 상징주의자 혹은 "자유파시인"의 – 시의 독서 습관을 철저히 단절했다. 하지만 그렇다고 해서 마리네티Marinetti가 1913년 "해방된 단어들"의 깃발 아래서 아폴리네르Apollinaire와 공모하여 세상에 내놓은 미래파의 아방가르드적 유희들과 유사한 것도 아니었다. 우리는 또한 이 텍스트를 동반하는 고의적인 침묵을 확인하고는 더 놀란다. 그리고 이런 침묵은 오늘날까지도 이어진다.

이런 침묵은 우선 전반적으로 시 속에서 "타이포그래피의 효과"의 영역에 속하는 것과 관계된다. 이런 침묵에는 책의 기법을 부차적이며, 텍스트의 창조와는 무관한 것으로 간주하는데 익숙한 문학교수들의 기여가 적지 않았음은 이해될 수 있을 것이다. 하지만 그들의 분석에 시의 이런 차원을 통합시키고자 한 주석자들의 접근방법은 특별한 우유부단함으로 정상을 벗어난다. 『코스모폴리스』지의 편집자들은 사실 시인 자신에 의해서 용기를 얻었는데 그들에게 펜을 빌려주고, 서로 화해하기 원했던 말라르메는 음악적 에크리튀르에서 영감을 얻었다. 그들은 설명한다. "완전히 새로운 성격의 이 작품 속에서 시인은 단어들로 음악을 만들려 애썼다. […] 사용된 문자들의 본질과 백색들의 위치가 음표와 음정을 대신한다."[9] 보니오Bonniot 박사에 의하면 "그의 작품의 이 마지막 "상태" [NRF에 의한 그의 판본] 속에서 [말라르메에 의해]

확립된 가장 중요한 혁신은 앞면 혹은 뒷면의 페이지가 존재하는 것이 아니라 행을 따라 내려가는 통상적인 읽기 방식만을 고려해서 동시에 두 페이지의 독서가 이루어진다는 것이다."[10] 설명은 아주 짧다. 1945년 플레이아드 판본에서 주석을 단 앙리 몽도르Henri Mondor는 『주사위 던지기』를 시가 아니라 "스테판 말라르메의 산문 작품들 중 마지막 것"[11]으로 소개했다.

하지만 더 이상한 것이 있다. 사실 우리가 이 판본에 빚지고 있는 가장 명백하고 결정적인 새로움, 그리고 말라르메가 거기에서 백색에 부여한 놀랄 만큼 예외적인 중요성 속에 존재하는 새로움은 모든 그의 주석자들의 눈에는 **보이지 않은** 채로 고집스레 남아있다. 그리고 그것은 우리 시대에까지 지속된다. 실제로 폴 발레리를 제외한다면 유일하게 피에르 르베르디Pierre Reverdy만이 NRF 판본에서 읽을 수 있는 그대로의 『주사위 던지기』가 단지 시적 표현 속에만이 아니라, 알파벳 문명이 여러 세기 전부터 문자로 쓰여진 커뮤니케이션에 대해 형성한 개념 자체 속에 어떤 혁명을 가져왔는지 이해했다.[12] 폴 발레리는 말라르메의 손에서 그 작품이 탄생하는 것을 보았고, 그 자신 시인이며 화가이기도 했기 때문에 더 자연스레 거기에 민감했다.

롤랑 바르트Roland Barthes가 『글쓰기의 영도*Le degré zéro de l'écriture*』에서 행한 말라르메의 초고에 대한 분석은 이런 맹목에 캐리커처와 비슷한 차원을 부여한다. 하지만 그것은 또한 우리에게 그 동기를 포착하는 것을 허용한다. 바르트는 쓴다. "[…] 말라르메의 인쇄상의 실서증失書症, agraphie typographique은 희소해진 단어들 주변에 비어있는 구역을 창조하고자 한다. 사회적이고 잘못된 조화에서 해방된 말은 그 속에서 더 이상 행복하게 울리지 않는다. […] 이 예술은 자살의 구조 그 자체를 지닌다. 거기에서 침묵은 단어가 두개의 층 사이에서 움직이지 못하게 하고, 암호문의 일부처럼 나타나는 것이 아니라 빛, 공백, 살해, 자유처럼 갑자기 나타나게 만드는 동질의 시적인 시간이다.[13]

『주사위 던지기』의 인쇄상의 백색이 19세기말 문학의 "부르주아 신화"의 가정된 자살의 상징으로 간주될 수 있었다면 – 사실 그것이 문학을 이미지들의 실체로 만듦으로써 문학에 생명력과 힘을 회복시켜 주었음에도 불구하고 –

소쉬르 기호학에 의해 언어학의 원칙이 더 강조된 문화 속에서 그것이 말에 대한 거부로, 따라서 **무의미함**in-signifiant 속으로의 추방으로 해석될 수밖에 없었기 때문이었다. "[…] 이름 붙여진 의미만이 존재할 뿐이다. 그리고 시니피에signifié의 세계는 언어langage의 세계와 다르지 않다."[14] 바르트는 10년 후 『기호학 개요*Eléments de sémiologie*』에서 썼다.

1980년 잡지 『체인지*Change*』와 『아틀리에*atelier*』 그룹은 폴 발레리와 그가 1920년 이 시에 대해 내린 정의에 의거해서 『주사위 던지기』의 판본을 실현시켰다. 이 판본에서는 그것이 "이미지와 연속되는 말의 공존으로 이루어진 문채figure"였다고 말한다. 이런 이유로 해서 그것은 시의 문학적인 측면과 그래픽적인 측면을 동시에 고려한 말라르메의 의도에 정말로 충실하려 한 최초의 판본으로 간주되어야 한다.[15]

그럼에도 불구하고 이 판본을 이끌어가는, 미추 로나의 서문에서 제시된 이론적 전제들이, 그 외관에도 불구하고, 바르트의 전제들과 아주 다른지는 분명하지 않다. 그것들은 두개의 가정에 근거한다. 첫 번째 것은 주제적이고 구조적인 관심사를 결합한다. 그것은 『주사위 던지기』가 "자신의 건축을 […] 이야기할 것이고," 시는 "알렉상드랭alexandrin[16]의 죽음과 자유시의 도래가 만들어내는 "문학의 재앙을 이야기한다"고 단언한다.[17] 두 번째 것은 다음과 같은 결론을 이끌어내기 위해서 책Livre[18]의 이상적 전형과 관련되는 말라르메의 성찰을 근거로 이용한다. 말라르메는 시의 가시적인 겉모습 아래 "형식적인 구속"을 숨겨두었는데, 그것은 알렉상드랭이 포함하는 음절의 수인 12라는 숫자에 근거할 것이다. 그런 전제의 고려 하에서 분석되어 시속에 정돈된 백색은 언어학적인 대체물들의 기능밖에는 다른 기능을 가질 수 없다. 미추 로나는 쓴다. "능숙한 통사적인 직조에, 삽입절과 어순도치의 뒤얽힘에 말라르메는 새로운 기법을, 휴지의 기법, 언어langue에 침묵을 불어넣는 기법을 덧붙인다." 그녀는 자신의 제안을 다음과 같이 요약한다. "**백색 삽입의 규칙**이라고 부를 수 있는 규칙 […]. 언어langue가 별개의 요소들 사이의 관계에 "강한 영향력을 행사한" 오직 바로 그곳에 백색을 삽입하기."

이런 가정에서 편집자들이 도출해낸 첫 번째의 구체적인 결과는 시에 1898년 초고의 교정쇄 그대로의 최초의 판형과 여백을 회복시켜주는 것이었다. 두 번째는 말라르메의 텍스트를 조판하기 위해서 NRF가 채택한 가라몽체가 아니라 디도체를 선택하는 것이었다. 이 선택은 정당성이 입증되었다. 가라몽체와 그 세공의 섬세함에서 19세기 중엽 프랑스 출판계를 휩쓸었던, 질이 정말 보잘것 없었던 "엘제비르 활자Elzévirs"가 시작되었다. 우리는 말라르메가 그것에 내린 형편없는 평가를 알고 있다. 이 계열의 자체가 가지는 인문주의적인 함의는 또한 『주사위 던지기』의 "근대주의적인" 사명과는 모순된다. 하지만 이런 판본에 어울리기에 디도체는 너무 이론적이고 너무 **논리적**이 아닌가? 게다가 시의 교정쇄를 보고 이 두개의 자체 – 가라몽체와 디도체 – 가운데 어떤 것이 말라르메가 선택한 자체와 정말로 가장 가까운지 결정하기는 어려운 것 같다. 우리가 거기서 관찰하는 글자는 – 물론 피르맹 디도 인쇄소에 의해서 제공되었지만 – 엄밀한 의미에서 디도의 냉정하고 급격히 대조적인 엄격함을 지니고 있지 않다. 말라르메의 선택은 사실 그래픽적인 형태들을 합리화하고자 하는 동일한 의지에 의해서 디도체와 아주 가까운 글자인 보도니Bodoni – 디도와 동시대인이다 – 체를 대상으로 한 것이었음이 분명하다. 하지만 보도니는 앙파트망empattement[19)]을 특징짓는, 그리고 거기에서 장식을 환기시키는 형태로 존재하는 삼각형 구조와 마찬가지로 더 오래된 스타일들에 고유한 충만하고 섬세한 대조들 속에 어떤 부드러움을 보존할 줄 알았다. 그리고 사실 그것이 언어학적인 형식주의의 범주적 법칙에 근거한 모든 텍스트 분석 모델을 벗어날 수밖에 없는 『주사위 던지기』의 표면에서 행해지는 것이다. 동일한 문장 속에 "시각의 동시성"과 "말의 연속"을 결합하면서 발레리는 두개의 개념을 연결시키는 것으로 그치지 않는다. 그는 특히 말라르메의 중요하고 전적인 혁신은 물질적인 만큼 감정적인 본래의 이질성이 원칙적으로 양립불가능하게 만든 표현과 창조의 두 방식을 서로 결합하는데 도달한 사실에 있었다는 점을 강조하고자 했다. 이미지에 작품의 공간, 그것의 경로와 시선을 향한 수수께끼를. 말에 담화discours의 연속성과 그것의 범접치 못할 선형성을. 『주사위 던지기』의 성공은 그 융합을 실현하는데 이르렀다는 점에 있었다. 반대로 『체인지』와 『아틀리에』 판본에 의해서 암시된 구조주의적인 해석은 양자를 독단적으로 말에만 도움이 되는 부자연스럽고 임의적인 균질성에 따르게 한다. 게다가 말 자체는 그것의 순수한 추상적 관념으로 축소된다. 공간을 드러내려 애쓴 인쇄업자의 훌륭한 작업에도 불구하고 그것은 공간을 축출하거나, 부인한다.

말라르메의 의도는 완전히 다른 것이었다. 1897년의 서문은 이점에 관해서 아주 명백하다. 시인이 거기에서 "그 시도가 **의외로**, 우리 시대에 특징적이고 중요하게 생각되는 추구의, 자유시와 산문시의 성격을 지닌다는 사실을 쉽게" 인정한다면, 그래도 역시 그는 자신의 탐구가 시와 관련되는 추구와는 구별되어야 한다고 단호하게 단언한다. 그는 말한다. 말의 연속성에 의해서가 아니라 "동시적인 시각"에 의해서 – 말라르메의 표현이다 – 지배되는 이것이 "후퇴하고, 발전되고, 순식간에 지나가는 사유의 적나라한 사용 혹은 소묘 자체를 드러내놓고"[20] 허용하는 한에서 이런 탐구는 "**다른 곳에서**autre part 운문Vers이나 완전한 행ligne parfaite이 그렇듯이 단위로 간주된 […] 페이지Page"에 의존한다. 이것은 시에서는 금해진다.

비슷한 선택이 이끈 첫 번째 결론은 시로부터 모든 서술narration의 효과를 제거하는 것이었음이 분명하다. 물론 그것은 "알렉상드랭의 죽음"이었다. "채택되고 계승된 제목부터, 중심이 되는 문장의 파편적인 멈춤 주변에서 쓰여진 것의 유동성에 의해서 허구는, 재빨리, 생겨나고 사라질 것이다. 요컨대 어쨌든 모든 것은 발생한다. **우리는 이야기를 피한다.**"[21] 두 번째 결론은 시행과 상관없이 이렇게 창조된 시가 완전히 **다른** 목적을 가질 수밖에 없었는데, 이 목적은 시에 있어서 아주 특별한 것이었다는 사실이다.

> 교향악처럼 그것은 조금씩 사적인 노래에서 벗어나 장르가 된다. 그것은 내가 숭배하는 고대의 시행에 상처를 입히지 않은 채 정열과 몽상의 제국을 부여한다. 한편 그것은 되도록이면 순수하고 복합적이거나 지적인 상상력과 같은 주제

들을 (그것이 이런 주제들을 뒤따르는 것처럼) 다루게 될 것이다. 시Poésie로부터 유일한 원천을 거부할 아무런 이유도 없다.

그러므로 이런 선택은 시에 주어진 **물질적인** 형태 – 무엇보다도 단지 파편적일 뿐만 아니라 공간적인 형태 – 의 발명뿐만 아니라 새로운 주제 역시 내포한다. 말라르메는 명확히 한다. "언제나처럼 규칙에 맞는 유성음의 특징들 혹은 프리즘에 비친 것처럼 분할된 사고Idée에 관련되지는 않는다."[22]

시인이 그의 시에서 "백색"에 부여하는 역할은 이런 맥락에 따라서이다. 이 역할은 전혀 명사를 지니지 않는다. 첫 번째로 종이의 백색은, 그것이 받아들이는 타이포그래피보다 훨씬 더 본질적인 방식으로, 이제는 완전히 글이 쓰여진 페이지와 같은 자격을 갖게 되기 때문이다. 말라르메는 『코스모폴리스』를 위한 서문에서 적는다.

> "백색"은 […] 중요한 역할을 하는데, 우선은 강한 인상을 준다. 작시법이, 주변의 침묵처럼, 보통은 서정적이거나 거의 운각韻脚이 없는 부분이 중간에서 종잇장의 3분의 1을 차지할 만큼이나 그것을 강요했다. 나는 이 기준을 위반하지 않는다. 단지 그것을 분산시킨다. 다른 이미지들의 연속을 받아들이면서 이미지가 자기 마음대로 나타날 순간을 멈추거나 억누를 때마다, 어떤 정확한 정신적인 연출 속에서 그것들의 경쟁이 지속될 때마다, 종이가 개입한다.

1888년 4월 에드몽 드망Edmond Deman에게 말라르메 자신이 스스로를 규정한 것처럼[23] 이 "**텍스트가 종이 자체와 일체가 되기를 기대하는 학자**" 인 시인이 보기에 타이포그래피적인 표현은 단순히 형식적인 코드를 사용하는데 있는 것이 아니라 공간과 공간의 빛을 다루는데 있다. 1897년 "시행으로 된 책의 구성"을 떠올리면서 시인은 명확히 말한다.

> 낭만주의적인 페이지 조판의 맥락에 맞지 않는 숭고미도 아니고, 예전에는 책에서 일괄적으로 측정된 인위적인 단위도 아니라 … 동일한 작업의 동기들이,

균형을 맞추어, 긴 시간을 두고 서로 보완될 것이다. 모든 것이 교체되어 마주보고 전체적인 리듬에, 백색에 기여하면서 중단상태, 단편적인 배열이 된다. 그것은 침묵하는 시일 것이다. 단지 각각의 펜던티브pendentif를 위해 어떤 방식으로 번역되는 시.[24)]

그러므로 그런 시적인 페이지 구성의 "정신적인 공간" 속에는 서정성도 없고, 구성하거나 해체하는 것과 관련될 구조의 계획은 더더욱 없다. 『주사위 던지기』의 실제적인 목적은 "단어의 그룹들 혹은 단어들을 서로 정신적으로 분리시키는 […] 이런 거리"를 "복사"할 수 있는 **시각적 통사규칙**syntaxe visuelle의 창조를 야기하는 것이었다. 시를 넘어서 **언어 자체**la langue même와 그것의 사용을 겨냥한 것이었다. 『주사위 던지기』의 이런 목적에 따라 이 시집은 내가 방금 인용한 텍스트에서 시인이 고려한 단순한 시집의 계획과는 아주 달라졌다.

"… (내가 "잡지"에서 누락해야만 했던) 모든 관점이 거기에 있습니다." 말라르메는 발레리가 인용하고 있는 편지에서 앙드레 지드André Gide에게 썼다. 그 편지에서 말라르메는 그때 계획 중인 굉장한 판본의 교정쇄를 보냈음을 지드에게 알렸다.[25)] 그러므로 『코스모폴리스』의 판본과 우리가 사용하고 있는 교정쇄가 암시하는 판본을 비교함으로써 시인의 의도에 가장 확실하게 다가갈 수 있을 것이다. 그것들의 불일치는 자신의 궁극적인 시를 창작하면서 말라르메가 어떤 새로운 에크리튀르의 체계 혹은 그것의 밑그림을 생각했는지 유일하게 그대로 우리에게 드러낸다.

우선 우리에게 이 에크리튀르가 무엇보다 먼저 페이지 조판의 문제라는 점은 몇 개의 아주 드문 용어의 변형을 제외한다면 엄밀한 의미에서의 텍스트가 두개의 판본에서 동일하다는 사실에 의해 나타난다. 그것의 타이포그래피로 말하자면, 1897년에 관찰되는 – 대문자와 소문자 사이의, 일직선(로만)체와 이탤릭체 사이의, 활자의 크고 작은 크기 사이의, 다소간 강조된 굵기 사이의 – 대조의 상이한 층위가 1898년에는 유지되었다. 어쨌든 상당히 유사한 상대적 비율에 따라 옮겨졌다. 글자들의 스타일은 완전히 다르지만 확실히 말라르메는 『코스모폴리스』 버전에서 잡지에서 사용된 소문자들에 만족했음이 분명하다. 하지만 두개의 판본 사이의 비교는 특별한 중요성을 가진 변화를 드러낸다. 말라르메는 사실상 그의 텍스트의 두 번째 상태로부터 "육필원고" (혹은 "인쇄체에 가깝게 손으로 쓴 활자체") 스타일의 변이형을 제거했다. 그것은 그때 두 페이지에 걸쳐 나뉘어 배치된 문장의 한 부분의 구성 덕분에 잡지에 모습을 드러냈다. "Si c'était le nombre ce serait" 이 활자체는 그것이 굵은 글자로 되어있으니만큼, 그리고 유사한 크기와 굵기를 지니는 텍스트의 모든 글자들과 대조적으로 소문자로 인쇄된 첫 번째 단어의 (그 자체 독특한) 첫 번째 글자가 따로 떨어져 놓여 있으니만큼 더 주목할 만하다. 사실인즉 말라르메가 나중에 책의 나머지 부분에서 동일한 스타일의 대문자 이탤릭체로 그것을 대체한 것은 분명 우연이 아니다. 육필원고 에크리튀르에의 모든 가능한 참조를 금하는 이런 대체는 사실 시인이 잡지에서 보존했던 유일한 구두점 기호들의 소멸과 이렇게 "예비로 놓인" 행들에 원고와 동일한 방식으로 작가의 내밀하고 개인적인 개입이라는 **별개의**a-parte 함의를 중간에 부여한 - 게다가 동일한 문장의 직접적인 문맥 속에 위치한 - 둥근 괄호의 소멸을 동반한다. 이렇게 결합된 두 현상은 자신의 취향대로 공간을 배열할 수 있게 되자 말라르메가 핵심적인 결정을 했음을 의미한다. 그 결정은 마침내 자신의 욕망에 따라 자유롭게 조직할 수 있게 된 "정확한 정신적인 연출" 속에서 **화자를 사라지게 만드는** 것이다.[26)]

사실 『주사위 던지기』의 결정판에서 텍스트의 유일한 지배자는 **독자**이다. 말라르메가 자신의 힘을 독자에게 양도한 동기는 다른 기원을 갖는다. 첫 번째 기원은 자신의 시대의 벽보와 타이포그래피가 텍스트의 공간 속에 새긴 스펙터클의 효과에 민감한 독자 자신에게서 기인한다. "신문을 침범하는 간결한 벽보 - 가끔 그것은 나로 하여금 새로운 화법과 언론Presse의 독창성 앞에 있는 것처럼 생각하게 한다." 자유시에 대한 더 오래된 성찰의 주변에서 그는 지적했다. "소위 사설이라 불리는 신문기사들은 경탄할 만하고, 유일한 근대적 형태이다. 그것들은 먼 옛날부터 아주 단순하게는 다소간 시이기 때문이다."[27] 시인은 그가 행한 발명에 의해서 시의 새로운 형태를 발명하고자하는 필요성을 불러일으켰고, 전통적인 알렉상드랭의 구어적이고 묘사적인 리듬을 담화 – "자유시 […] 혹은 숙고해 분절된 산문"[28] – 의 파편화로 대체하면서, 그의 표현에 의하면 "시행에 손을" 댔다. 담화는 암시 혹은 결합에 의해서만 작용하면서 자신의 시적 계획의 내부에 **타인** – 독자 혹은 청자 – 의 **상상계**의 개입을 이렇게 필요불가결하게 만들었다.

『주사위 던지기』의 서문의 계획은 말라르메가 결국은 언어학자로서 말에서 쓰여진 것으로의 이행 과정에서 행해지는 변화를 분석했음을 우리에게 보여준다.

> 여기에 사실상 우리의 전통이 부여한 것들과는 아주 다른 관례에 의해서 구상되고 실현된 **시**가 한편 있다. 말은 지적인 소리로 발화된다, 공기 중에 말하자면 음악적으로. 그런데 어떤 경우 말은 종이의 백색을 필요로 한다. 종이는 거기에서 단지 눈에 이미지를 드러내 보이는 표면으로서의 자신의 기능을 박탈당했고, 그 반면 말은 자신의 방식으로, 덜 명백하게, 텍스트에 의해서 혹은 문학적인 관점에서, 이미지를 대체하지는 않음이 분명하다.[29]

"읽기 – 이 실행 – 너무 큰 소리로 외치는 제목을 잊어버리기 일쑤인, 자신의 진솔함을 시작하는 백색에 페이지에 따라서 근거하기. 가장 작게 분산된 균열 속에서, 한 단어 한 단어 억제된 우연이 정렬될 때, 조금 전에는 무상으로, 지금은 확실하게, 시종일관 백색은 되돌아와 그 너머에는 아무것도 없다고 결론내리고, 침묵의 정당성을 증명한다."[30] 『주사위 던지기』를 창작하면서 말라르메가 스스로 설정한 목표들 중 하나는 독자의 침묵을 자신이 미리 책임지고, 페이지의 작가와 독자 양쪽 모두에게 공통적이며, 그 공백들로 인해 그들의 상상계 역시 동요된, 페이지의 공백들을 조정하는 것이었다. 하지만 비어있는 공간을 그런 교환의 특권적인 바탕으로 만들고자 하는 욕망을 그에게 불러일으킨 것이 단지 종이의 백색만은 아니었다. "로이 풀러[31]가 치마나 날개로, 직관적으로, 과장해서, 축소해서, 분위기를 이루는 하나의 [⋯] 매혹적인 장소를 만들어내면서 야기한 마법은 중국산 크레이프[32]의 요동치는 침묵에 의해서 그녀를 자신으로부터 이끌어내고, 자신 속으로 들어가게 한다." 그 마법은 그가 보기에 에크리튀르와 아주 가까운 폴 마르그리트Paul Marguerite의 마임의 장면에 빚지고 있는 교훈들을 그에게서 되살아나게 하고, 확고하게 했다.

> 그가 창작하고 쓴 『아내를 죽인 살인자 피에로*Pierro assassin de sa femme*』는 무언의 독백인데, 처음부터 끝까지 자신의 영혼에 집착한다. 얼굴과 제스처를 가진, 아직 쓰여지지 않은 페이지 같은 백색 환영. [⋯] 무대는 관념만을 설명할 뿐이다. 여기서는 앞서가는, 저기서는 회상시키는, 미래의, 과거의 [⋯] 실제의 행동이 아니라 **현재라는 거짓된 외관 아래서**. 이렇게 마임은 작용하는데, 연기는 거울을 깨지 않은 채 영원한 암시로 한정된다. 그것은 이렇게 허구라는 순수한 환경을 정착시킨다." [⋯] 전혀 발화되지 않은 문장들에 의한 감정 묘사의 기교를 동반하는 놀라움 - 유일하게 그 경우에, 아마도 진실하게 책장들과 시선 사이에 여전히 독서의 조건이자 즐거움인 침묵이 지배한다.[33]

거기에서 원칙을 파악하려 할 때 우리는 말라르메가 예측에 의거해 독서의 백색을 배열하는데 사용한 방법이, 그리고 서구문학을 심한 혼란으로 이끌었음이 분명한 방법이 사실상 극히 경제적이라는 사실을 확인하고는 놀란다.

시인이 사용했던 첫 번째 방식은 - 지드에게 쓴 편지에서 그는 "본래의 압형으로 찍은 글자들"[34]에 사로잡혀 있다고 썼다 - 알베르티가 젊은 화가들에게 충고한 방식과 완전히 유사하다. 그는 설명했다 "나는 우선 색칠을 할 면에 내가 원하는 크기의 사변형을 그린다. 직각을 그리고, 내게 그것은 그것을 통해 역사를 볼 수 있는 열려있는 창문이 된다."[35] 말라르메는 책의 양쪽 페이지를 창문으로 받아들였다. 하지만 그가 우리로 하여금 응시하도록 하는 것은 "역사"가 아니라 단어들이다. 그 결과 공간 속에서 단어들의 불안정한 위치는, 이 변이형들에 의해서 복잡해져 - 이 사실에 의해서 책의 페이지를 넘겨야 하는 손 역시 첫 번째 페이지부터 마지막 페이지까지, 이중으로 된 그 페이지들 각각을 하나하나 증가시키도록 이끌면서 – 유일한 메시지이며 제목인 이 문장 "**한 번의 주사위 던지기가 결코 우연을 없애지 못할 것이다**Un coup de dés jamais n'abolira le hasard"를 재구성하도록 시선을 강제했다. 단순한 페이지 구성의 장면인데 어떤 부분에서는 순전히 모방적인 가치를 지닐 수 있다. 그것은 공백 위에 멈춘, 마주하고 있는 페이지로 펜을 돌려보내면서 유일하게 텍스트에서 "제외le sauf"를 받아들이는, 이 "열정에 사로잡힌 고독한 펜"의 경우이다. 하지만 강력한 동시에 절대적인 **텍스트 효과**에 의해서 『주사위 던지기』의 페이지 구성이 특히 독자를 사로잡은 것은 유일하고 동일한 경험 속에 도상적인 관찰과 언어 행위를 결합하기 때문이다. 이렇게 이중으로 매혹되어, 독자는 역시 평상적이지 않은 두개의 다른 방식에 의해서 시의 내밀한 짜임으로 안내된다. 첫 번째는 『코스모폴리스』의 판본이 여전히 증언하듯이 동일한 면의 한쪽 가장자리로부터 다른 쪽 가장자리까지의 제한적인 지그재그 놀이로만 이끄는 – 자유시의 파편적 개념에 따르면 알파벳의 선형성이 여전히 영향력을 행사하는 – 페이지들의 이중적 공간을 통한 유포에 있다. 『주사위 던지기』에서 "시각의 동시성"을 활용하면서 부차적인 성찰, **독백**, 여담, 사고들의 결합은 외부의 목소리를 받아 적은 것처럼 보이지 않는다. 그것들은 시선들의 만남에, 독자에게 제안된, 이렇게 고립된 문장들의 일부를 전체 속에서 고려하는 편을 택하는가, 혹은 반대로 그것들을 다소 먼 문장들과 잠재적으로 결합시키는 것을 허용하는 그래픽적인 유사성으로부터 새로운 전체들 속에 통합시키는 편을 택하는가에 따라서 독자 자신이 풍요롭게 만드는 것이 가능한 시각을 통한 비교 평가에 맡겨진다.

말라르메가 발명한 **에크리튀르-독서**écriture-lecture라는 마지막 방식은 통사법syntaxe 그 자체 – 즉 **의미를 창조하는** 말의 구조structure verbale – 와 겨룬다. 이번에는 시행이나 열 뿐만 아니라 문장을 "건드렸다." 그런 방식의 독창성을 가장 잘 확인하도록 해주는 이중의 페이지는 4번째 페이지고, 그것은 『코스모폴리스』지에서 시의 3번째 페이지에 해당한다.[36]

실제로 규칙적이지는 않지만 대부분의 문장을 유별나게 갑작스레 중단시키는 중앙의 접히는 부분에 의해서 구분된, 텍스트의 원래 구조는 사실 거기에서 두개로 나뉘어 있다. 시인은 이렇게 분리된 두개의 요소 사이에 중앙에 위치한 이중의 여백을 마련했는데, 교정쇄의 교정부에서 우리는 시인에게는 그것이 **행의 내부에** 지속적으로 존재하는 것이 중요하다는 것을 잘 알 수 있다. 이런 방식은 정확한 주제의 선택에 부합한다. 텍스트의 왼쪽 부분이 (차후에는 오른쪽 페이지에서 "정신Esprit"이라는 단어가 그렇듯이 대문자를 포함하는)[37] "스승LE MAITRE", "수le Nombre"를 주목하게 하는 것은 이렇게 해서이다. 거기에 흩어져 존재하는 것처럼 보이니만큼 더 가시적이 된 "큰 화재conflagration", "위협menece", "시체cadavre", "난파naufrage" 등 대참사의 어휘와 마찬가지로. 하지만 가장 놀라운 것은 한 페이지에서 다른 페이지로 옮겨가도록 (왜냐하면 이번에는 구속이 있기 때문에) 강요된 독자의 시선은 왼쪽에서 오른쪽으로 지나가면서, 단지 중단된 문장의 다음 문장을 (혹은 해답을) 찾으러 떠나도록 요구된 것이 아니라 경험 자체를 실현한다는 것이다. 이 실현은 시각이 그런 솔직함을 가지고, 경험의 파편화와 경험이 강조하는 용어들 양자에 의해서 텍스트가 암시하는 단절을 가지고 행해야 하는 평상적이지 않은 노력으로 이루어져야 한다. 문장들의 끊어짐은 사실상 그것이 표면의 것이건 구조의 것이건 간에 언어학적인 논리에 따르지 않는다. 그럼에도 불구하고 문장들이 그 산물인, 언어langue의 리듬을 강제하는 알렉상드랭의 중간 휴지가 그랬듯이 문장의 끊어짐은 **다음 행까지 걸쳐있다**enjambante. 즉 그것의 역동성은 그것에 방해가 되는 여백에 근거한다. "cette conflagration" - "à ses pieds", "que se" - "prépare", "cadavre par le bras" - "écarté du secret qu'il détient", "un" - "envahit le chef", "naufrage cela" - "direct de l'homme".

분명 문장의 이런 해체는 원칙적으로 시에 어울리는 것이었다. 사람들이 거기에서 기대하는 것은 그것이 "이해되는" 것이 아니라 독자를 몽상 혹은 여기에서처럼 명상으로 안내하는 것이다. 하지만 이런 극단적인 경우를 통해서 말라르메는, 알파벳 에크리튀르가 우리로 하여금 추측하게 했듯이, 독서행위가 목소리가 소멸될 담화를 재구성하려고 하는 것이 아니라 자신에게 고유한 시각적 수단들 – 공간적인 동시성, 그래픽 형상들, 종이의 촉감 자체뿐만 아니라 책장의 접힌 곳과 이중으로 된 페이지의 연속을 개입시키는 바탕의 촉각적 경험들, 책이 이렇게 거의 "혼자서 근본적 변화를 이루고" 있는 모습의 내적이고 가변적인 지속성 – 과 함께 텍스트 안에서 위험에 몸을 내맡기려고 하는 것임을 보여준다. 모든 수단은 관례 그리고 말의 리듬과 무관하고, 문장의 해체는 그것들에 영향력을 미치지 않는다. "그렇다. 종이를 접지 않고, 종이가 정착시키는 뒷면 없이, 검은 글자들로 분산된 그림자가 표면에서, 손가락이 들어 올린 틈 속에서, 파괴된 비밀처럼 퍼지는 이유를 제시하지 않을 것이다."[38] 시인이 죽은 후 몇 년 동안이나 발레리는 작가의 의도에 충실하고자 하는 『주사위 던지기』의 전체 판본을 위해서는 텍스트라는 물질에 집착해야 할 필요성에 대해 계속 강조했다. "이 시의 본질은 페이지 위 텍스트의 분배에 있다. 그것은 특히 쓰여진 것과, 사라진 균형 혹은 계산에 따라서, 그것에 침투하고 그것을 둘러싸는 백색을 불가분의 것으로 만드는 심오하고 독특한 경험에 있다. 그러므로 **작가가 원한 물질적인 모습**을 포함하지 않을 모든 복제나 출판은 아무런 가치가 없고, 유해할 것이다."[39]

분명 말라르메는 이렇게 텍스트의 바탕을 진정한 **의미의 유도자**inducteur de sens로 전환시키는 것에 대한 대부분의 자극과 영감을 일본에서 얻어왔다. 사실 일본 문명이 19세기 말 서구에 드러내준 것은 시인과 화가들에 동일하게 관련된다. 선과 색으로 종이를 부각시키면서, 오직 종이에 경의를 표하기 위해서 형상들이 종이 위에 나타나는 것처럼 보이는 판화들, 거기에서 행인인, 배우인, 후지산의 눈 덮인 백색 삼각형 – **보았다**기보다는 오히려 **읽힐 수** 있었던 판화들. 병풍 위, 부채 위 수수께끼 같은 장면배치들 속에 에크리튀르의 복잡한 체계가 펼쳐졌고, 거기에서 에크리튀르는 결코 형상들에 속하지 못하면서 형상들과 뒤섞였다.

부채에 쓰인 시들은 말라르메에게 있어서 운문시poésie du Vers와 페이지 시poésie de la page 사이의 중계지점이었던 것으로 보인다. 말라르메 양의 부채 위 시인의 에크리튀르는 더 이상 작가의 말을 가리키지 않는다. 그것은 자신이 장식한 부채 위에 하이카이haïkaï[40]를 써넣는 것을 꺼리지 않았던 바쇼芭蕉, Bashô[41]식의 서예로 바뀌었다. 하지만 동일한 바탕 그리고 비교할 만한 장면 배치를 위해서는, 발견할 때마다 달랐던, 얼마나 많은 상이함이 존재하는가? 쓰여진 전통의 상이함. 서구 운문의 수평성은 자연스럽게 미끄러지는 일본 운문과는 반대로 부채의 수직성과 잘 들어맞지 않는다. 일본에서 서예는 아시아 전체를 감싸는, 회화와 밀접한 관계를 가지는, 아득한 역사의 성격을 지닌다. 반면 서구에서 그것은 오직 거장-작가maître-écrivain의 위업일 따름이다. 더한 문화의 상이함인데, 일본 서예는 "미"의 범주에 속하는 것이 아니라 "쓰여진 것"의 범주에 속하고, 그 점에서 본질적으로 "구어"와 구별된다. 말라르메가 가장 색다르지만 또한 가장 혁신적인 교훈을 이끌어낸 것은 하나의 에크리튀르의 문명에서 다른 에크리튀르의 문명으로의 이런 이동의 시도에서이다. 육필원고에서의 서예적 행위에 의한 문자 그대로 발화적énonciatif 가치와의 – 말라르메는 "발성에 관한élocutoire"이라고 말할 것이다 – 거리두기는 겹겹이 포개져 있는 부채의 층 위에 텍스트의 내밀한 역량을 옮겨놓도록 그를 이끌었다. 텍스트는 그때부터 부채를 매개로 수여자에게 전해진 속내이야기로 여겨지는데, 마치 시가 한 사람의 손에서 다른 사람의 손으로 그렇게 미끄러지는 것처럼, 보다 정확히 말해 마치 텍스트가 그것을 소유하고 있는 사람에 의해서 읽히는 것이 가능한 바로 그 순간에, 그리고 바로 그곳에서 생겨나는 것처럼, 에크리튀르의 경험에서 우연에 따르는 개인적이면서도 변덕스런 고독한 사물의 경험으로 미끄러진다. 부채의 왼쪽 가장자리에서 이루어진 첫 번째 절의 독서가 마지막 행에 도달할 수 있기 위해서는 필연적으로 펼쳐지지 않으면 안 되는 것은 이렇게 해서이다.

오 꿈꾸는 여인이여, 내가
길이 나지 않은 순수한 열락에 빠지기 위해서는
교묘한 거짓말로, 내 날개를,
당신 손 안에 붙잡아둘 줄 알기를.

시의 마지막 4행시절에 관해서 말하자면, 그것을 결론짓는 행은 부채가 거의 다시 접혔을 때도 아직 눈에 띄게 남아 있는 유일한 것이다.

> 장미 빛 기슭의 유령
> 금빛 저녁에 머물고, 이 동쪽을 향해,
> 팔찌 모양의 불과 맞서.
> 네가 취하는 멈춰진 흰 빛 비상

이 부채 앞에서, 부채에 쓰인 텍스트를 구성하는 운문이 얼굴을 가리기 위해 하나하나 그 주름을 펴는 동작을, 그것을 다시 접어 소맷부리에 넣기까지를 연달아 설명할 뿐인지 혹은 운문이, 진주모 색깔의 찰나의 무지개처럼 점점 펼쳐진 서예가 한 절 한 절 드러낼 새로운 시학을 우리에게 전해줄 임무를 가지고 있는지 결정하는 것은 불가능하다. 여기에서 바탕과 텍스트는 분리할 수 없다. 그것들은 **함께 이야기한다**. 바탕만큼이나 겸손하고 명백히 유희적인 이 시를 통해서 말라르메가 단지 에크리튀르에 새로운 의미를 부여하려 한 것은 아니다. 그는 거기에서 **다른** 언어langue, 공유된 커뮤니케이션에 말처럼 원래 그렇게 주어진 만큼이나 말과는 물질적으로 구별되는 다른 언어[42]의 탐구를 구상했다.

언어에 대한 관심은 이런 그래픽적인 유희들에서 전혀 배제되지 않았기 때문이다. 정반대이다. 모든 독서의 발명은 필연적으로 언어langue의 이름으로 시작되고, 언어와 직접적인 관계를 갖는다. 말라르메는 단지 자신이 그것을 프랑스어로 썼기 때문에 『주사위 던지기』의 경험 속으로 뛰어들 수 있었을 뿐이라고 확신하고 있었다. "완전히 상상적이고 추상적인, 즉 시적인" 관용어라고 그는 말했다. 그는 거기에서 다음과 같은 것들을 이해할 수 있다고 믿었다.

> 투명한, 구조의 놀라운 점유, 논리의 원초적 위력. 문장과도 비슷한, 여기에서 다양한 삽입절의 사용 속에 억압된 중얼거림이 만들어지고, 어떤 우월한 균형

속에서, 반전이 예정된 흔들림으로, 올라간다.[43)]

사실 에크리튀르의 역사라는 관점에서 고찰하면 『주사위 던지기』는 혁명적인 동시에 본보기가 된다. 『코스모폴리스』의 서문에서 말라르메는 "여기에서 나올 미래에 대해서, 전혀 예술이 아닌지 혹은 거의 예술인지" 추측할 수 없다고 고백했다. "시인은 더 나중을 위해 혹은 전혀 미래를 생각하지 않고 […] 신비를 가지고 작업하는 것 밖에는 다른 […] 할 일이 없습니다." 더욱이 그는 10년 전인 1885년 베를렌Verlaine에게 토로했다.[44)] 하지만 그는 또한 이렇게 서구의 독서에 그때까지 접근 불가능한 채로 남아있었던 가능성을 열어주면서 **타이포그래피적인 공간**을 진정한 "쓰여진 언어"로 사용한 최초의 사람이었다. 그에 따르면 "순수한 작품oeuvre pure"을 특징짓는 것이 분명한 "시인의 발성적 소멸disparition élocutoire du poète"은 창조의 일반화와 병행하는 것이었다. 그리고 그것은 자기 자신의 시적인 야심에 상응하는 것이었다. "내 개인적인 작업은 […] 익명의 것이 되리라고 믿습니다. 텍스트Texte는 거기에서 자신에 대해 이야기하고, 작가의 목소리를 가지지 않습니다." 1885년 베를렌에게 보낸 같은 편지에서 그는 썼다. 사실 그가 보기에 시인의 발성적 소멸은 창조의 일반화와 어깨를 나란히 한다. **선험적으로**a priori, 감탄하고 수동적임이 분명한 것으로 간주되는 수취인에 머무를 뿐인 사람들에게서[45)] "시인은 […] 쓰여진 것에 의해서 각자에게 존재하는 축제의 주관자를 일깨운다."[46)] 그것은 에크리튀르가, 그리고 학식 있는 존재인 단어들에서 영감을 받은 안내인인 인쇄물이 한층 더 드러냈던 새롭고 – 이성 중심의 지배적 성격을 지녔던 여러 세기를 다시 문제 삼았기 때문에 – 현저하게 전복적인 기능이다.

『주사위 던지기』는 동굴이나 절벽의 내벽 위에 그려진, 어떤 의식에 바쳐졌는지 우리가 여전히 알지 못하는, 심지어 그것들이 이미지를 창조했음에도 불구하고 수만 년 동안이나 잊혀져 있었던 선사시대의 프레스코화들과 동일한 **비밀스런 기원**이라는 특별한 가치를 지닌다. 사실 활판으로 인쇄한 텍스트가 탄생하고, 알파벳의 "글꼴touche"을 이용하면서 (말라르메의 표현이다), 그리고 구불구불한 선을 지배하면서 쓸 수 있게 된 것은 신기술의 출현과 함께 쓰여진 것의 시각적인 가치가 이미지와 분리할 수 없는 것이 되고, 마침내 페이지라는 스크린이 기억과 통찰력으로 생동하는, 그래서 이 색다른 시가 자신의 정당한 현실성의 발견을 시작할 수 있게 된 것으로 보이는 것은 단지 오늘날에 와서이다.

---

1) 『주사위 던지기』에서 말라르메는 페이지라는 형식을 버린다. 통념과 달리 그는 펼쳐진 책의 좌우 페이지를 한 '페이지'라고 부른다. (역주)
2) 1897년 7월 5일 앙브루아즈 볼라르가 오딜롱 르동에게 보낸 편지. Bertrand Marchal이 다음에서 인용함. Mallarmé *Oeuvres complètes* t. I, ≪Bibliothèque de la Pléiade≫, Paris, Gallimard, 1998, p. 1319.
3) A Camille Mauclair, 8 octobre 1897, *op.cit.*, p. 818.
4) 주2에서 인용된 편지. *op.cit.*
5) 1898년 4월 20일 오딜롱 르동의 편지. p. 1320에 인용됨.
6) Paul Valéry, *Lettre au Directeur des Marges*, 1920, *Variété II*, *Oeuvres complètes* t. I, ≪Bibliothèque de la Pléiade≫, Paris, Gallimard, 1957, p. 624-626. 강조는 저자에 의한 것임.
7) *Quant au livre* dans Mallarmé, *Igitur*, *Divagations*, *Un Coup de dés*, Paris, Poésie-Gallimard, 1976, p. 255 et 267.
8) 다음을 볼 것. *L'image écrite* le chapitre ≪Espace et alphabet≫, *op.cit.*, p. 111-123.
9) ≪Observation relative au poème *Un Coup de Dés jamais n'abolira le Hasard*≫, *Cosmopolis*, n° XVII (t.VI), avril-mai-juin 1897, p. 417.
10) ≪Note de l'éditeur≫, Mallarmé, *Oeuvres complètes*, ≪Bibliothèque de la Pléiade≫, Paris, Gallimard, 1945, p. 456.
11) *Ibid.*, p. 1581.
12) 이 주제에 관해서는 이 책의 다음 장도 참고할 것.
13) Roland Barthes, *Le Degré zéro de l'écriture*, suivi d'*Éléments de sémiologie*, Paris, Points-Seuil, 1972, p. 66.
14) *Ibid.*, p. 80-81.
15) *Un Coup de dés jamais n'abolira le hasard*, édition mise en oeuvre et présentée par Mitsou Ronat, réalisée par Tibor Papp, Paris, Change errant/d'atelier, 1980.
16) 12음절 시구. (역주)
17) 미추 로나는 여기서 자크 루보Jacques Roubaud를 인용하는데, 그녀는 이어서 이 주장을

분명히 한다. "문학이 난파하면, 그 이야기를 하기 위해 새로운 문학 장르가 태어난다." Dans ≪Cette architecture spontanée et magique≫, *ibid.*, p. 2.

18) 대문자로 표기되는 말라르메의 절대의 책을 의미함. (역주)

19) 영어로는 세리프. 글꼴의 직선과 횡선의 끝단에 직각으로 짧게 삐쳐있는 획. (역주)

20) ≪Observation relative au poème...≫, *Cosmopolis*, *op.cit.*, p. 418. 강조는 내가 한 것임.

21) *Ibid.*, 강조는 내가 한 것임.

22) *Ibid.*

23) 1888년 4월 28일 말라르메가 에드몽 드망에게 보낸 편지. 다음에서 인용됨. *Edmond Deman, éditeur de Mallarmé*, livret de l'exposition du Musée Mallarmée rédigée par Adrienne Fontainas et Marie-Anne Sarda, 1999, p. 5. 강조는 내가 한 것임.

24) *Divagations*, 1897, dans *Igitur...*, *op.cit.*, p. 249.

25) 1897년 5월 14일 말라르메가 앙드레 지드에게 보낸 편지. Mallarmé, *Oeuvres complètes 1998*, *op.cit.*, p. 816. 그리고 다음에도 인용됨. Paul Valéry, *Variété II*, *op.cit.*, p. 627.

26) *Cosmopolis*, *op.cit.*, p. 417. 말라르메는 1891년 4월 7일 에드몽 드망에게 썼다. 그 때 드망은 그의 『시집*Poésies*』의 간행을 준비하고 있었다. "존재하는 아름다운 로만체들 중 하나를 발견하고 그것으로 인쇄하는 것"(나는 로만체라고 말하는데, 로만체로 표기된 시행은 이탤릭체에서보다 더 최종적인 것으로 보인다. 그리고 시집은 에크리튀르와 더 가까워진다), *Oeuvres complètes*, 1998, *op.cit.*, p. 804. 다른 한편 우리는 1894년에 행해진 필적학 조사 시의 시인의 반응을 안다. 시인은 육필원고에서 작품의 문학적 탄생에 관해서 모든 정보의 가치를 부인한다. "그렇습니다, 나는 에크리튀르가 하나의 표시라고 믿습니다. 당신은 제스처나 외관처럼 오직 분명한것 만을 말합니다. 하지만 직업적인 작가 혹은 아마추어 작가는 우선 자신의 사유라는 거울에 **옮겨 쓰거나** 그것을 봅니다. 그런 후 에크리튀르 속에 옮겨 적습니다, 일단 한번 만들어지면 영원히. 이런 감정의 직접적인 결과는 그러므로 육필원고 속에서는 볼 수 없습니다. 하지만 사람들은 육필원고에서 그의 개성을 일괄해서 판단합니다." *Oeuvres complètes*, 1945, *op.cit.*, p. 878. 강조는 작가에 의한 것임.

27) *La Musique et les Lettres*, dans *Igitur... op.cit.*, p. 367.

28) *Ibid.*

29) *Brouillons du ≪Coup de dés≫*, dans *Oeuvres complètes*, 1998, *op.cit.*, p. 403. 우리는 『시의 위기*Crise de vers*』에서 에크리튀르를 말과 구분하고자 하는, 문학적 창조의 관점에서 말의 불완전함을 강조하고자 하는 동일한 염려를 재발견한다. "그 점에서 불완전한 언어들langues은 다수이다. 최상의 언어는 없다. 세세함도, 속삭임도 없이 쓰면서 사유하기. 하지만 불멸의 말은 여전히 무언이다. 지상에서 관용어의 다양함은 사람들이 단어를 말하지 못하도록 방해한다. 그렇지 않으면 단어는 물질적으로 진실인 하나의 활자로 존재하게 될 것이다." *Igitur...*, *op.cit.*, p. 244.

30) *Le mystère dans les lettres, Igitur...*, *op.cit.*, p. 279-280. 『책에 관해서*Quant au livre*』의 이 지적도 볼 것. "고독하고 말없는 콘서트가 독서에 의해서 더 작은 반향에 근거해 의미를 되찾는 정신에 주어진다. 심포니를 열광시키는 어떤 정신적인 수단도 부족하지 않을 것이고, 없어지지 않을 것이다. 그리고 그것이 전부 사유에 의해서이다." (p. 270)
31) 1862-1928. 미국의 현대무용가. (역주)
32) 비단이나 가는 모직의 주름진 천. (역주)
33) *Autre étude de danse*, 1893, *Oeuvres complètes*, 1945, *op.cit.*, p. 308, et *Mimique*, 1886, p. 310. 강조는 저자에 의한 것임.
34) Mallarmé, *Oeuvres complètes*, 1998, *op.cit.*, p. 816. 발레리는 플레이아드 판본에서 제안하는 ≪Lettres≫에서 "독서lecture"를 읽었다, *Variété II*, *op.cit.*, p. 627.
35) L. B. Alberti, *De la peinture*, *op.cit.*, p. 115.
36) *Cosmopolis*, *op.cit.*, p. 421.
37) 이 단어로 시작되는 문장 역시 의미 있게 변화되었음을 주목할 수 있을 것이다. "다른 숫자가 될 수 없는 유일한 숫자le nombre unique qui ne peut pas en être un autre"가 다음과 같이 되었다. "다른 것이 될 수 없는 유일한 숫자l'unique Nombre qui ne peut pas/être un autre"
38) *Quand au livre*, dans *Igitur...*, *op.cit.*, p. 269.
39) Lettre de Paul Valéry s.d. (아마도 1901-1902) 다음에 보관됨. Bibliothèque littéraire J. Doucet, Luce Abélès에 의해서 다음에서 인용됨. ≪Mallarmé et le livre illustré≫, catalogue *Mallarmé 1842-1898*, Paris, Gallimard-RMN, p. 113. 강조는 내가 한 것임.
40) 하이쿠의 한 변이형. (역주)
41) 마츠오 바쇼 (1644-1694). 에도 시대 일본 하이쿠 시인. (역주)
42) 1884년 쓰여짐. 사실 연대순으로 최초인 「다른 부채*Autre éventail*」의 절들은 『시집*Poésies*』에서 되풀이되었다. 말라르메의 글이 쓰여진 쓴 부채는 말라르메 박물관Musée Mallarmé에 보관되어 있다.
43) 다음을 볼 것. *Richard Wagner*, dans *Igitur...*, *op.cit.*, p. 173 et *Le mystère dans les lettres*, *ibid.*, p. 278.
44) A Paul Verlaine, 16 novembre 1885, *Oeuvres complètes*, *op.cit.*, p. 789.
45) "순수한 작품은 시인의 발성적인 소멸을 내포한다. 시인은 그것의 결집된 불균형의 대립에 의해서 단어에 주도권을 넘겨준다. 단어는 보석 위에 불빛이 가상으로 이어져 있는 모습과도 같은 서로가 반영된 모습으로 깨어난다. 느낄 수 있는 호흡을 고대의 서정적인 숨결 혹은 문장의 개인적인 책임으로 대신하면서." *Crise de vers*, dans *Igitur...*, *op.cit.*, p. 248-249. 여기에서 시적 창조에 대한 이런 "객관적인" 개념이 말라르메에게 있어서는 마네와 베르트 모리조의 회화에서 그가 발견한 것에서 원천을 찾아볼 수 있다는 점을 떠올리는 것이 필요하다. "직접적인 마력을 지닌 수단인 조형 예술에 의해서 시를 짓는 것은, 도움 없이, 표면에서 그 빛나는 비밀을 일깨우는 분위

기의 작용으로 보인다." *Quelques médaillons et portraits en pied : Berthe Morisot*, *ibid.*, p. 166.

46) *Crayonné au théâtre*, dans *Igitur...*, *op.cit.*, p. 230. 『시의 위기』에서 프로그램의 밑그림과도 같은 이 견해도 볼 것. "전혀 본유적이지 않은 시집의 배열은 도처에서 우연을 제거한다. 게다가 작가를 생략하기 위해서는 그것이 필요하다. [···] 한 편의 시 속에서 운문의 상황이 책 속에서 시 한 편의 진정성에 연관되는 어떤 대칭이, 병행하여 책 한 권을 넘어 정신적인 공간 위를 예술의 존재처럼 익명이며 완전한 천재의 과장된 문단을 새기면서 비상한다." *ibid.*, p. 249.

10

피에르 르베르디에게 있어 발화와 타이포그래피

새로움이 없는 시는 없다. 형태의 단순한 새로움을 의미하는 것이 아니다. 형태는 한 문화의 관례의, 한 언어langue의 생명력의 어떤 변화의 결과일 뿐이다. 이 사실로 인해 그들의 언어가 작용을 계속하고, 그 말이 계속 매력적이기 위해서는 언젠가 시인들에게는 새로운 리듬의 틀이 필수적이 된다. 알렉상드랭은 10음절시구의 단점으로 인해 만들어졌다. 그리고 자유시주의자들의 시 자체도 그 기원은 알렉상드랭의 단점에서 찾아볼 수 있다. 진정한 새로움은, 르베르디가 사용한 단어를 되풀이하자면 "놀라움"의 질서이고 그것은 내적 경험의 지배를 받는다. 하나의 시편poème에 의해서 변해야 하는 것은 시poésie가 아니라 독자이다. 그가 받은 동요로 인해 자신의 삶과 다른 삶을 살아가거나 동일하지만 혼란된 삶을 살아가는 그가 현실 밖에서 긴박함 속에 정지되어 있을 때만 시를 읽고, 시를 이야기하는 것은 놀라고, 감동하고, **매혹되기** 위해서이다. 한 편의 시는 지속되는 담화 속에 기원을 포함시키는 그런 경이이다. 회화 - 이미지 - 는 이런 새로움의 발명에서 어떤 역할을 할 수 있는가? 회화 – 이미지 – 는 이런 발명에 무관할 것이 분명하다. 그 기법이 다르고, 그것이 제안하는 물체objets들 – 그림과 형상들 – 은 원칙적으로 말이 없을 뿐만 아니라 다른 방식으로, 청각에 의해서가 아니라 시각에 의해서, 리듬에 의해서가 아니라 영속성에 의해서, 매혹하기 때문이다. 그렇지만 마치 가시계와 비가시계의 상이함이 상호적인 열림을 통해서만 충분히 실현될 수 있는 것으로, 하나가 다른 것과 비교해서, 혹은 그것의 아주 가까운 기억 속에 여전히 머무를 수 있다는 명백한 조건하에서만 그것들이 활동적이 되는 것으로, 가시계와 말le verbal 사이의 필연적인 관계를 인지한 사람은 적지 않았다.

얼마나 많은 시인들이 이미지에서 영감을 얻었던가! 고대 그리스에서 **묘사한다는 것**은 특히 매력적인 훈련이었다. 단어를 가지고 회화를 재창조하는 것, 너무나 설득력 있고 너무나 강력한 방식으로 그것을 암시하는 것, 르네상스 시대에 폴리필레[1)]에 의해 숙고된 상상적 예술작품들의 경우에 분명 그랬던 것처럼 사람들은 곧이어 화가들과 조각가들에게 그것을 물질 속에 나타나게 하는 임무를 부여했다. 우리는 오랫동안 언어langue 자체가, 표현 불가능한 것으로 주어진 가시계의 압력 하에서, 원초적인 지시의 일사불란한 구조를 파괴한 것으로 간주된 은유 – 이 **형상** – 로부터 탄생했음을 확신하지 않았던가? 시는 서술보다 묘사와 더 밀접하게 가깝다. 자기 자신 그리고 "가슴coeur"과 연관을 가진 시의 서정성lyrisme 자체도, 아무것도 그것을 사전에 말un dire과 결부시키지 않기 때문에, 분명하게 표현되기를 요구하는 이런 정신적 이타성에 대한 열정을 폭발시켰다. 시인들에게 있어서 이미지는, 그들이 단어에 의해서 거장이 되지 못하는 한, 그들의 고통이자 그들의 욕망인 이런 선先언어pré-verbal의 성격을 지닌다.

19세기 중엽 서구 회화는 이제는 자기 자신만을, 순전히 인위적인 방식으로 이해되고 결합된 형상들 – 하나의 표면 – 만을 참조할 미학을 발명하기 위해서 문학적인 – 서술적 혹은 우의적인 – 전례에서 해방되기 시작했다. 말라르메는 그것을 오해하지 않았다. 마네가 자신의 예술을 마술적 전통과 단절시키면서 드러낸 미학은 책Livre을 형성함이 분명한 이원성 자체였다. 준거

référence로부터 해방된, 보다 정확히 말해 특권적인 부속물처럼 이원성을 지니면서도 훨씬 더 섬세하고 신비스러운 다른 것들을 대신해서는 안 되는 단어들. 그 구조의 의미론적인 불명확함, 그 음색의 우연, 그리고 특히 동시에 기다림과 기원의 백색인 페이지의 공간. 회화적인 모델에 의해서 야기된 단어의 새로운 유희 속에서 공간은 중요한 한 부분을 이루었다.

르베르디가 입체주의 회화를 통해서 발견한 것은 다른 것, **방법론**이다. 그것은 작품이 현실을 대신하도록 만듦으로써 시적인 새로움에 도달하도록 해준다. 단지 언어를 쇄신하고 언어를 더 정확하게 만드는 것이 아니라 언어의 자연적인 성향을 의식적으로, 그리고 **정당하게** 왜곡하는 것이다.

> 깜짝 놀라게 하는 하나의 이미지가 진부해질 때는 첫째 그것이 너무도 현실과 동일시되었기 때문이다. 우선 이미지는 현실을 어떤 덧없음과 함께 그려냈다. 이렇게 시어는 감동의 요인과도 같은 자신의 생명력과 힘을 간직하기 위해서 끊임없이 새로 만들어지고, 시의 고유한 표현과 현실의 물체 사이에 일정한 거리를 유지해야 한다. 이 화가들 [입체주의 화가들]이 역사상 최초로 행한 최고의 장점은 정확히 이것이다.[2)]

시인이 1917년 3월 『노르-쉬드*Nord-Sud*』를 창간한 것은 이 방법을 더 잘 정의하고, 초기의 동기를 잊어버린, 대중들과 추종자들에게 강요되는 그 규율을 환기시키기 위해서이다.

이 선언 잡지의 창간호에서 르베르디는 입체주의가 어떻게 유일한 물체, 받아들일 수 있는 유일한 현실, 즉 그림을 창조하도록 운명 지어진 물체를 구성요소, 혹은 기호로 활용함으로써 물체의 재현의 미학을 대체했는가를 설명했다.

> 입체주의는 아주 조형적인 예술이다, 하지만 재현과 해석의 예술이 아니라 창조의 예술이다.
>
> 그런데 만일 묘사가 아니라면 회화에서 무엇을 창조할 수 있는가? 그리고 이

창조는 적절한 새로운 수단의 도움으로 이루어질 것인가? 입체주의자들의 최초의 회화는 고유한 수단을 발견했다. 그리고 그들을 뒤따르는 사람들은 그 수단에 충분히 몰두하지 않았다. […] 이 고약한 판단 방법으로, 우리는 시작부터 규율에 대한 탐구가 존재한 곳에서 비논리성만을 볼 뿐이었다.

[…]

우리는 더 이상 역사에 대해서 다소간 유쾌하게 이야기하는 것이 아니라, 생활에서 벗어나 역사 속으로 들어가는 작품을 창조하는 예술적인 창조의 시대에 있다. 이 작품은 세상사의 환기나 재현과 별개로 고유한 실재를 지니기 때문이다. 그런 이유로 오늘날의 예술은 높은 현실성을 지닌 예술이다. 하지만 리얼리즘이 아니라 예술적인 현실로 이해해야 한다. 그것은 우리와 가장 대립적인 장르이다.[3)]

브라크 자신이 12월호에서 분석의 이유를 제시했음이 분명하다. "목표는 지엽적인 사실을 **재구성하는**reconstituer것이 아니라 회화의 사실을 **구성하는**constituer것이다."[4)] 타이포그래피 활자케이스의 제작실무자이며, 『주사위 던지기』의 양식 있는 애호가인 그는 페이지의 표면 자체에서, 백색과 흑색 사이에서, 그리고 그것들의 유희 속에서 그것을 요구했다.[5)] 그는 아폴리네르와는 다르게 이 책에서 여백은 통사론이었음을 잘 이해했다.

결국 그것은 『노르-쉬드』 8호에서 "시소설roman poétique"인 『탈랑 도둑*Voleur de Talan*』의 출간 소식 앞에 구두점에 바쳐진 "짧은 메모"가 놓인 것과 무관하지 않았다.

구두점의 폐지에 대해서는 충분히 이야기되었다. 그것은 또한 새로운 타이포그래피적인 배열의 문제였다. 왜 이것의 사용을 이끈 이유들에 의해서 저것의 소멸을 설명하려는 생각이 누구의 머릿속에도 떠오르지 않았는가?

사실 새로운 구조를 가진 작품을 창조하는데는 적절한 새로운 수단을 사용하는 것이 자연스럽지 않은가?

구두점은 독자를 안내하고, 오래전부터 존재하는 형태의, 그리고 치밀한 구성을 가진 작품의 독서를 더 용이하게 만드는데 매우 유용한 수단이다. 오늘날 각각의 작품은 그것의 특별한 형태와 연관되는, 독자의 정신에 유용한 모든 표지를 지닌다.

각각의 물체는 자신의 위치에 존재하고, 각각의 물체를 사라지게 만들기 위한 기호의 사용을 요구할 어떤 혼란도 가능하지 않다. 이렇게 위치한 각각의 요소는 독자의 정신 속에서 작가의 정신이 그것에 부여한 중요성보다 더 빠르게, 그리고 심지어 더 분명하게 중요성을 지닌다.

그러므로 그것은 자유가 아니다. 반대로 그것은 새로운 진리를 가져오는, 그리고 단순하고 커다란 순수함을 지닌 작품들과만 양립할 수 있는 우월한 질서이다.[6)]

1918년 4월 『슬레이트 지붕*Ardoises du toit*』 출간 후에 시인은 더 단호해지고 더 정확해질 것이었다. 타이포그래피적인 구조는 통사구조와 정확한 동의어로 간주되었음이 분명하다. "새로운 예술을 위해서는 새로운 통사구조가 예견되어야 했다. 새롭게 등장한 통사구조는 필연적으로 새로운 질서 속에 우리가 사용한 단어들을 위치시켰다. [···] 하지만 새로운 타이포그래피적인 배치가 다른 통사구조와 병행하고, 이런 통사구조가 새로운 작품과 연결된다는 것을 이해하고자 하지 않는다면 우리는 아주 멋진 몰이해로 그치게 된다."[7)]

5월에 발간된 『노르-쉬드』의 다음 권에서, 여전히 『슬레이트 지붕』에 대해, 6개월 전 브라크가 한 표현을 르베르디 자신이 되풀이한다. "각각의 시편은 여기에서 **재현된**représentée 부수적 사실이 아니라 **제시된**présenté 시적 사실이다."[8)]

르베르디의 시각적 시는 연속적이며, 시간적으로 꽤 간격이 떨어진, "입체주의" 시대의 시편들의 창조, 이어서 1945년 『거의 언제나*Plupart du temps*』의 판본을 위한 시편들의 수정이라는 두 단계를 지닌다. 이 수정은 당시 아주 다양할 수 있었던 시적 필요성에 완전히 맞춰지지도, 특히 즉각 맞춰지지도 않았던 기법의 성숙에 상응한다. 이 기법은 환희에 가득차고 충동적인 방식으로 경험한 화가들과의 유대감의 고양 속에서 발명되었다. 르베르디에게 있어서는 그 표현을 몇 개의 본질적인 단어로 제한하면서 서정시의 논리적이고 감정적인 곤경에서 해방되는 것, 그리고 이 서정시를 **효과적으로** 만드는 것이 문제였다. 방식의 새로움은 진심으로 그 효율성 혹은 정확성에 대해 염려하지 않은 채 그 자체로 그를 열광시켰다. 회화에서 그 장점을 훔쳐온 대범함, 1911년에서 1913년 사이 입체파 작품들 속에서 불쑥 나타난 "명료하게 단순한 형태의 이 멋진 탈취." "분명하고 쉬운 용어들은 동물의 불분명한 으르렁거림과 분리되고, 새로운 단어들은 눈에 띄게 강조되고, 새로운 언어라는 물체들의 행ligne은 명확해진다. 새로운 표현의 지배는 달성된다. 아주 새롭고 강력하고 굉장한 조형적인 예술이 창시된다."[9)]

하지만 그의 에크리튀르의 필요성이 페이지의 백색을 단순한 공간의 감소처럼, 즉 배경처럼 이용하도록 시인을 이끌지는 않는다. 쟁점이 되는 의미와 그의 계획의 일관성은 거기에서 소멸될 것이다. 에크리튀르의 필요성은 더 이상 – 게다가 그 탐구 자체가 입체주의에 더 본질적인 – 그 모델에 근거해서 우리가 진정한, 즉 아주 새로운, 그리고 정물의 난해함에 그 기원을 가진 **물체-시**objet-poème를 만들려는 상상을 할 수 있었던 물체-그림objet-tableau의 탐구에 부합하지 않았다. 1950년에 쓴 브라크에 대한 이 동일한 텍스트에서 그는 분명 다음과 같이 썼다. "부동이며, 무감동한 정물은 조형예술의 핵이다. 가장 압축적이고 가장 예외적인 시처럼 그것은 풍랑이 이는 바다라는 이름 없는 노력들 위로 아주 조금 나타난다. 하지만 이점에서 우리는 만화영화의 유아적인 서정성으로 이끄는 믿을 수 없는 파랑의 흐름으로부터 몸을 피한다."

"프리즘을 통해 분광된 관념의 세분"의 "정신적 연출"에 있었던 『주사위 던지기』의 말라르메적인 시도와는 달리 그 목적이 여전히 서정적임이 분명한 이 물체-시objet-poème, 『슬레이트 지붕』과 『잠든 기타*La Guitar endormie*』의 결정판은 그 원칙을 명확히 한다. 거기에서 백색은 단어와 동일한 정확성과 동일한 난해함을 지닌 채 사용된다. 그 자체로 정의내릴 수 없음에도 불구하고, 그 구불구불한 윤곽까지도 텍스트의 언어학적인 요소이다. 그것의 기능은 텍스트 안에 독서의 현재를 새겨 넣는 것이다. 언어적인 현재, 그리고 물체들에 관한 어휘의 사용은 상상계에 허구적인 물체들의 존재를 만들어낸다. 텍스트의 백색은 거기에서 사람들의 성찰의 대상이 되는 실제 자체의 성격을 지닌다. 그것은 암시하지 않는다, 그것은 **존재한다**il est. 시행 위로, 시의 공간 속에서의 눈의 경로는 백색을 그림 속에서 나타나는 것과 동일한 휴지에 부딪치도록 만든다. 그림 속에 나타나는 휴지는 시각적으로 그 색깔을 변화시킨다. 하지만 텍스트의 휴지는 그 의미를 변화시킨다. 거기에 역설이, 백색의 스캔들이 존재한다. 거기에서 말라르메는 그 예언적 기원으로 되돌아가는 것이 언제나 가능한, 에크리튀르의 방사형 유사성affinités stellaires을 발견했다. 그것은 확인을 위한 단순한 표적을 단번에 의미론적인 명제로 삼았다. 그것은 독자의 눈앞에서, 독서에 대한 그의 기다림이 만드는 행동 자체 속에서, 그것이 포함된 메시지의 중요한 (그 순간에 발화된 것이 아니라 추측해야 하는 것으로 계속 남아있으니만큼 더 중요한) 요소로 변모한다. 르베르디가 자신의 시편들을 다시 손질했을 때 그가 열중한 것은 이런 가치의 논리적이고 체계적인 이용 – 명백히 불가피한 모호함이 허용하고 가져올 수 있었던 범위 내에서 텍스트의 서정적 체계 속에서 각각의 백색에 이론의 여지없는 필연성을 부여하는 것 – 이다.

길

문턱 위에는 아무도 없다
          너의 그림자 혹은
추억이 남을까
길은 지난다
    그리고 나무들은 더 가까이서 말한다
              목소리들의
                            벽
뒤에는 무엇이 있을까

구름이 높아졌다
내가 그곳을 지나고 있을 때
그리고 줄곧 울타리가 둘러쳐져있다
　　　　거기에 들어가지 않을 자들이 있다.[10)]

올바르게 행동하기 위해서는 단순해야 했다. 백색의 기본적인 명확함으로부터 출발하기. 운문 속에서 그것의 위치. 백색이 중단시킨 텍스트 혹은 그것이 나타낸 한 구절이 기이하게도 거기에서 그것이 가리키는 존재나 물건이 나타나는 곳만큼이나 물질적인 **장소**lieu를 획득했기 때문이다. 그 결과 독서의 과정에서 독자에게 엄습하는 감동은 "살면서" 이런 물건과 이런 존재를 경험하면서 그가 알게 될 감동과 동일한 것으로 밝혀졌다. 한 문장을 여는, 그리고 침묵이 뒤따르는 단언의 때로는 부드럽고 때로는 무겁게 느껴지는 명백한 존재. "문턱 위에는 아무도 없다." 백색 이후에 그것을 완성하는 것의 도주, 절망, 덧없음. "목소리들". 그 중간을 차지하는 것의 - 평정 혹은 위협, 승리 혹은 고독 - 균형. "벽." 공간에 대한 모든 환유적인 유희는 그 직접성을 확고하게 하지만, 또한 암묵적인 설명 - 저항할 수 없을 정도로 독자를 사로잡는 이런 종류의 **감정의 상태**pose affective - 를 암시하면서 동시에 그 중요한 의도를 명백히 한다.

백색이 첫 번째 것보다 더 문학적이고 더 구어적인 경험의 다른 층위, 시간성의 층위에서도 똑같이 작용할 수 있는 것은 만들어진 효과의 본질적인 이원성에 의해서, 사실을 포착하는 도중에 관여하는 이런 감정에 의해서이다.

모든 이미지는 현재에 존재한다. 꿈꾸어진 것이라 할지라도 그것은 언제나 현존이기 때문이다. 그러므로 백색은 텍스트의 시각적 마법에 의해서 바로 작가 대신 위치한 독자가 존재하는 이 감지될 수 있는 현재 주변에서 시간의 정신적 일치, 과거와 미래의 일치, 추억과 희망의 일치의 정당화를 허용할 수 있었다. 르베르디가 입체파 회화의 검은색과의 등가로 파악한, 유일하게 언어에만 부여된 이 특권 - **부정**의 특권 - 이 거기에서 어떤 힘을 획득했는가.

> 그것은 아마도 화폭 위에 순수한 검은색을 처음 사용함으로써, 예전의 모든 화가들을 공포에 떨게 만들었던 힘을 하나의 색깔로 만듦으로써, 분명 우리 시대에 깊은 영향을 미칠 화가들에게 귀속된다. 내가 추측하기에 그들은 거기에서 부정문과의 등가를 보았고 나는 그 점에 대해 그들을 비난하지 않는다. 우리는 부정문과 검은색이 오늘날 누구나 스스로 포기하지 않고는 필요로 할 수밖에 없는 은밀한 표현의 힘을 지니고 있음을 잘 안다.[11]

아니다. 여기에서 형태의 새로움은 전혀 근거 없지도, 무모하지도 않다. 그것은 아주 자연스럽다. 르베르디는 쓰여진, 게다가 **인쇄된** 시를 구상했기 때문이다. 하지만 단순히 도구를 개선하고 새로운 유희를 발명하는 문제는 아니었다. 에크리튀르에 의해서 시어에 제공된 수단들은 전통적인 서정시의 형태를 드러낼 수 있었을 뿐인 감정의 표현에 가장 잘 어울리는 것이었다. 르베르디에게 있어서 삶의 어려움은 심장 혹은 정신 속에 위치하지 않았기 때문이다. 그것은 시선 속에 있었다. 시각vision이 아니라 시선regard. 사실 르베르디는 화가들이 하는 것처럼 (그를 화가들과 구별하는 또다른 상이함이다) 혹은 극동 문화의 방식으로 **비언어적으로 사유할 수 있는** 것처럼 가시계에 접근하지 않는다. 그는 **나**를 통해서, **나**의 이름으로 그것을 확언하고, 그것을 강요할 열렬한 필요 속에서 가시계에 접근한다. 시편들 속에서 그보다 베를렌에 더 가까운 동시에 더 먼 시인은 없다.[12] 그에게 있어서 **본다**는 것은 본질적인 경험이지만, 비극적인 방식으로 그렇다. 그는 세계와 자아의 분리와도 같은 존재들의 분리가 해소되고 진정되는 민감한 감정의 토로에 도달할 수 없는 것에 대한, 완전히 닿을 수 없는 것에 대한, 여전히 먼, 완강하고 고통스러운 의식을 대립시킨다. 모순은 명백하다. 영혼의 가장 추상적이고 가장 개인적인 본질을 어떻게 현실로부터 이끌어내고, 현실에 의해서 정당화할 것인가? 하지만 그것이 바로 독자를 시 속으로 이끌어가는 것이 아니라, 독자에게 이상하게 생각될 수도 있는 속내 이야기처럼 읽게 만드는 것이 아니라 살게 만드는 것,

한 폭의 그림을 응시하듯이 시를 응시하며 살게 만드는 것이 왜 그렇게 중요했는가에 대한 이유이다. 그 결과 이 말없고 독점욕 강한 고독에, 그것을 피해 달아나는 것에 의해 가치를 지닐 뿐인 이 역설적 가시계에 집착하도록 강요되기 위해서이다.

『타원형 천창*La Lucarne ovale*』의 출간과 『슬레이트 지붕』의 출간 사이에 르베르디는 다른 종류의 경험을 시도했다. 그리고 이 두 권과는 다르게 그는 나중에 그것을 재론하지 않았음이 분명하다. 『탈랑 도둑』의 출간이 그것이다. 1948년 그는 아드리엔 모니에Adrienne Monnier에게 『탈랑 도둑』 한 권을 보냈는데, 그녀가 1917년 출간 때 다음과 같은 헌사와 함께 그 작품을 이미 받았음을 잊었던 것 같다.

> 너무도 친애하는 아드리엔,
>
> 단어로는 정당화하기 어려운 감동 속에 이 책을 당신의 두 손에 바칩니다. 하지만 이 서툰 책은, 태양 아래 그리고 프로방스의 먼지구름 사이에서, 아마도 그 시절의 내 상태의 가장 충실한 초상화입니다. 그리고 여전히 나를 알리는 가장 특별한 기호들 중 하나가 남아있습니다. 숨겨진, 왼편에, 그토록 잘 숨겨진 기호. 책을 잘 보관해 주세요.
>
> 당신에게 키스를 보내며. P. R.[13)]

『탈랑 도둑』을 쓰면서 르베르디는 소설이 가지고 있는 더 특별한 것 - 일화 - 속에서 시에 소설을 통합하려는 도전에, 일종의 **제시된 소설**roman présenté이 될 장르를 발명하면서, 소설의 형태를 입체파적인 의미로 창조의 예술art de Création로 만들려는 시도에 과감히 뛰어들었다. 소설은 시가 되었는데, 그것이 책의 서술이 아니라 페이지들의 시각적인 연속에 기초를 둘 것이기 때문이다. 거의 직후에 그는 이 시도를 시편의 상대적으로 제한적인 차원으로 환원시킬 것이었다. 그것이 실패의 증거인가? 나는 여기에서 문제 삼아야 하는 것은 기법 그 자체라기보다는 르베르디가 그것을 이용한 아주 개인적인 방식이라고 믿는다. 가장 광범위한 구조에 따라서 이해된 타이포그래피적인 공간, 책의 공간과 임의적인 방식으로 현실에서 추출해낸 일화적인 요소들의 결합은 아폴리네르의 『칼리그람*Calligrammes*』에 빚지고 있는 『부활찬송*Exultet*』에 관해 전개된 것과 같은 대화-콜라주conversation-collage의 제안보다 훨씬 더 대담하고 더 강력한 제안이었음이 확실하기 때문이다. 르베르디는 『노르-쉬드』에서 "문학의 미학"에 대해서 선언했다. "우리는 구성요소로서, 모든 감정에 대한 지식을 가지고, 새롭고 순전히 시적인 감동을 **창조하고자** 한다." 그의 이론은 세 가지 점으로 요약될 수 있다. 문학작품의 - 소설적인 혹은 시적인 - 구성을 (상상계가 아니라) 현실에서 길어온다. 만들어진 작품에 의해서 감동을 불러일으킨다. "길거리, 우리 눈앞에서 일어난 폭력적인 사고가 우리를 동요시키는 것과는 다른 차원의 순전히 예술적인 감동을."[14] 그리고 그것을 위해 적절한 문학적인 방법을 사용하는 것. 이 방법은 순전히 구어적인, 서술 혹은 대화의 방법이 될 수는 없다.

『노르-쉬드』 1917년 10월호의 "감동"에 대한 동일한 논문에서 시인은 소설 이론에 대해 윤곽을 잡았다. 그 논문에서 그는 『도둑』의 발행이 입체파 회화의 분석과 문학적 이미지의 정의 사이의 중계지점으로 해석될 수 있다는 것을 알렸다. 하지만 특히 그것에 의해 우리가 발견하는 것은 작가가, 이 성찰 역시 회화에 대한 관찰에 의해서 결정된, 소설에 대한 성찰로부터 자신의 가장 독창적인 시적 직관을 확립했다는 사실이다. 창조의 작품oeuvre de Création 속에서 백색에 의해 단절되어 문장이 중단되어야 한다면 그 이유는 이 작품이 담화가 아니라 기록의 영역에 속하기 때문이다. 엄격히 소설 작품에 관련된 확증에서 태동한 그 주장은 소설 작품을 겨냥하고 있지 않으니 만큼 더 혼란스러워 보인다. 르베르디는 신문연재소설에 대해서 말한다. "이 소설 중 어느 것이라도 구두로 말해진 이야기의 대상이 될 수 있을 것이다. **그리고 문학예술작품의 특성은 쓰여진 것과 다르게 이해될 수도 실현될 수도 없다.**"[15]

그래서 그림의 물체-기호objet-signe에 상응하는 이상 일화는 그런 작품들 속에서 "질적인 요소"로서의 기능만을 가져야한다.[16] 하지만 역시 그래서 - 우리는 여기에서 르베르디가 조금 후에 전개하게 될 "올바름"이라는 신비한 감정에 의해서 지배되는 문학적 이미지의 개념이 나타나는 것을 본다[17) – "감동"은 문학의 창조와 결부되어 존재해야만 한다. 작가가 일화들이 삶에서 불러일으킨 전혀 시적이지 않은 감동으로부터 자신의 일화들을 해방시킬 줄 알았음을 증명한다. 그것들을 순전히 "쓰여진" 일화들 간의 결합에서 생겨난 다른 일화들로 대체하는 것이 그에게는 필요불가결하다.

하지만 그렇다면 우리는 창조의 작품을 만들기 위해서는 **현실**réel 혹은 **감동**émotion으로부터 벗어나야 하는가? 물건과 일화들, 혹은 이것들이 유발했고 시적 감동으로 변화해야 하는 감정들로부터? 르베르디는 의문을 제기하지 않았다. 『탈랑 도둑』에서 페이지의 백색을 점유하는 것은 감동이다. 오직 감동이다.

『탈랑 도둑』에서는 모든 것이 폭발하기 때문이다. 그래서 타이포그래피의 규범들의 폭발이 너무나 신비롭게 조화를 이루고 있고 너무나 필요해 보인다. 거기에서는 모든 것이 폭발하고, 먼저 폭발하는 것은 삶이다. 육필원고와 간행된 작품과의 비교는 그 점을 잘 보여준다. 르베르디가 산문으로 쓴 첫 번째 페이지들은 파리에 정착한 이후 시인인 친구들로 부터 그가 받은 상처를 자세하게 이야기한다. 새로운 에크리튀르는 – 소설적인 것인지 시적인 것인지는 중요하지 않다 – 전기적인 면에 대한 참조와의 거리두기와 동시에 산문에서 해방되었다. 만일 이 특별한 (이 단어의 모든 의미에서 특별한) **색다른** 텍스트 속에서 계속 열쇠를 찾고자 한다면 그것을 발견하는 것이 불가능할 정도로. 『탈랑 도둑』에는 더 이상 절도vol도 도둑voleur도 없다. (구실로 사용된 일화들 중에서 방문객 – 도둑 – 과 실제로 훔친 것인지 그렇지 않은지 잘 알 수 없는 여행 가방이 도착하자 서둘러 종이를 정돈하는 마술사 아벨 막스 자코브Mage Abel Max Jacob의 환영만이 남는다.[18]) "소설"이라는 호칭은 하나의 이야기를 요약하는 것이 아니다. 그것은 별명이며, 그 존재의 운명이 그 별명을 부여받게 한 모험으로 환원되는 것이 아니라, 이 이름이 그에게 선고한 운명과 관련되는 한 존재에 대한 거의 토템적인 이름이다.[19] "이 이야기에서 언급될 유일한 이름인 절도vol"에 관해 말하자면, 그것은 천사들의 비상vol[20]이다.

육필원고에서 산문에의 의뢰는 서술을 돕기 위해 사용되지만, 병행해서 개인적인 발화행위énonciation를 돕기 위해서도 사용된다. "나는 떠나고 싶었다. 나는 일어났다. 문지방 위에 누군가 기다리고 있었다. 그의 그림자가 다가오자 나는 두려워졌다. 길에서 흘러내리는 배수구의 물이 울고 있는 것 같았다."[21] 단락의 마지막 문장은 결정본을 지배하게 될 주변 세계를 향한 주체의 감정의 변화를 시작한다. 게다가 그것에는 백색의 중심부에 고립되어 있는 두 줄이 동반된다.

마침내 한줄기 빛이
구름 속에

책 속에서, 페이지 한 가운데서 그대로 되풀이될 두 행이다.[22] 교정판에서 시인은 두 부분의 산문으로 이루어진 긴 여담을 계기로만 명백하게 자신을 드러낼 뿐이다. 그것은 책에서 유일한 산문인데, 하나는 로만체로 다른 하나는 이탤릭체로 되어 있다.[23] 첫 번째 것은 3인칭으로 서술된 일종의 슬픈 성찰이다. "그의 멋진 청춘으로부터 그에게 전해질 수 있었던 위안은 세상의 영원성과 우리의 덧없는 잠시의 체류의 잔인함이 불러일으킨 절망에 자리를 내주었다. 그는 나이가 든 것을 느꼈고, 힘들게 얻은 명성을 즐기지 못할 것을 알고 있었다."[24] 두 번째 것은 **나**로 시작된다. "지평선에 펼쳐진 맑은 하늘대신, 나는 내 영혼을 누구에게 주었는가?"[25]

『탈랑 도둑』의 초안에는 산문과는 다른 형태가 나타난다. 르베르디가 『타원형 천창』에서 사용하기 시작했고, 그 기원이 회화적인 것이 분명한 "사각형" 구성이 그것이다. 그것은 거기에서 이야기되는 감동과 양립 불가능한 것으로 판명될 것이다.

그 림 이 그 틀 을 벗 어

나는 너무나도 수많은
것들이 있다. 틀은 벽
이고 천장이다 그리고
그림은 거기에 몇몇의
사람들이 참여하는 강
렬하고 무익한 삶이다.[26)]

이 텍스트는 출간된 판본에는 실리지 않을 것이다. 반면 타이포그래피에 의해서 페이지 중간에 책의 나머지 부분과 떨어져 놓인 사각형의 형태와 그것의 크고 굵은 활자체는 규칙적인 리듬을 가지고, 어울리지 않는 배역을 맡아 마치 주제의 폭발을 보여주기 위한 것처럼 체계적으로 사용될 것이다.

우리는 여러번 머리를
돌리고 뒤에서는 무엇
인가가 우리보다 훨씬
빠르게 도망친다
　나는 영원히 내려간
다음 다시 되올라가고
싶었다[27)]

내가 생전 처음으로 들어가
보았던 방은 마치 새장처럼
다시 닫혔다
　　　　그리고 그 후부터
누군가 문을 두드리고 아무도
나와 문을 여는 사람은 없다[28)]

이 모든 포석들은 첫 번째 것 하나만 제외하고 검고 구멍 뚫린 (입체주의 회화의 독특함이라고 르베르디가 주목한 흑색의 검은) 발화행위로 해석되었다. 육필원고 상태 속에서 가장 성공적인 제사와 같은 첫 번째 발화행위의 출현이 마법사 아벨을 가리킨다는 점은 의심할 수 없고, 그는 그 후로 2장 첫머리에 존재한다.

그는 다른 사람들보다는
더 컸다
태어날 때
한 줄기 빛이 그 머리를
후광으로 둘러쌌다
그리고 빛은
계속 빛을 발했다[29)]

그Il는 **다른 사람**Autre이다. 그만이 "**나**"**라고 말할 수 있는** 힘을 지니기 때문이다. 그것이 이 텍스트를 떠도는 강박관념이다. 텍스트의 구조는 백색에 의해서 이해되는 것이 아니라, 말없고 집요한 거미줄에 의해서 그렇듯이 백색에 의해 함정에 빠진다.[30)]

발레리에 대한 르베르디의 이해 부족이 설명되는 것은 아마도 이런 이동을 통해서, 어긋난 발화행위에 의한 기록의 이런 점유를 통해서이다. 그는 말라르메가 『주사위 던지기』와 함께 "하나의 페이지를 마침내 별이 빛나는 하늘의 힘에까지 고양시키려"[31)] 노력했음을 감탄했다. 『주사위 던지기』를 연극무대에 올려야한다는 표현과 마찬가지로 이 문구를 동일한 텍스트에서 발레리가 거부를 표현한 것이라고 받아들인 르베르디에게 있어서는 "그것 역시, 재현représentation의 한 부분이다."[32)] 말라르메의 동기는 르베르디와는 다르다. 그는 표의문자의 기원이 된 피안의 세계를 표현하는 매체라는 기능을 복원시키기 위한 수단으로가 아니라 **물체 속에서 주체로서 자신의 존재를 뚜렷이 나타**

내기 위해서 쓰여진 것에 타이포그래피적인 통사구조를 요구한다.

계획과 표현방식이 모순되었다. 물체는 작가에 의해서가 아니라 스스로 과하는 것이다. 물체-책objet-livre의 경우도 사정이 다르지 않다. 글자가 쓰여진 텍스트는 – 장 프랑수아 리오타르Jean-François Lyotard와 자크 데리다Jacques Derrida가 이 점을 충분히 강조했다 – 특히 화자의 부재로 특징지어진다. 그렇지만 "소설"의 경우는 조금 다르다. 소설의 독자를 지배하는 물체-책은 담화의 모델에 따라 서로 연결된 일련의 사건들로 구성되어 있다. 설사 아무런 구어화verbalisation가 효과적으로 개입되지 않는다하더라도 그 모델은 사실상 발화행위의 산물인 담화에 속한다. 말에 기초를 두지 않은 중국과 같은 문명에는 신화도 서사시도 없다 소설 문학은 등장하지만 그 시기는 꽤 늦다. 정확히 말해 소설 문학은 이런 종류의 작품의 집필을 야기했거나, 그 집필을 가능하게 하면서 음성적 특징이 에크리튀르로 침투한 시대에 등장했다.

르베르디의 독창적인 발상은 **자신에 대해 읽게 만들고자**faire lire de soi ("자신에 대해 말하게 만든다"고 말하듯이) 하는 그의 욕망을 당시 그를 사로잡고 있던 소설의 에크리튀르를 변화시키고자 하는 – 게다가 아마도 막스 자코브가 던진 궁극적인 도발에 뒤이어 – 강박관념과 결합할 줄 안 것이다.[33) 『탈랑도둑』에서 소설은 속임수의 역할을 한다. 그것은 르베르디로 하여금 독자를 기다림의 효과로 유혹하도록 한다. 그리고 이런 기다림이 "감동"으로 변모할 때 그것은 독자가 삶과 문학 사이에서 정지된 채, 이 유희를 갑자기 중단하도록 허용한다. 하지만 그 결과 그때부터 그는 서로 혼동될 정도로까지 저항할 수 없이 그것들을 결합시킨다. 책의 첫 번째 페이지는 이런 점에서 본보기가 된다.

짐승 한 마리가 방금 전에 몸을 움직였다
우리는 짚 아래서 나막신이 포석을 긁는 소리를 들었다

그리고 외침

누군가 지나가기를 기다리세요

누군가 천창에 한쪽 눈을 댄다
그리고 본다

여전히 밤이었다 하지만 괘종시계가 시간을 울리지 않은 채 추를 흔들고 있었다 그리고 우리는 무슨 일이 일어났는지 알기 위해서 낮을 기다리고 있었다

아이의 혼란스런 머릿속에서
시간은 빨리 지나간다

이 책에서는 오직 화자의 자기 자신에게로의 귀환만이 생기고, 생겨날 것이다. 하지만 화자는 언제나 갑작스럽게 침입한다. 비명에 의해서 – 보도 위에서 죽게 될 누군가의 비명에 의해서, 하지만 우리는 그가 누구인지도 그가 진짜로 존재했는지도 알지 못한다 – 도주에 의해서.[34] 장소의 단절과 구어적 시간의 단절로 더 강조되는, 그 자체가 단절인 다량의 일화들로 인한 단절.

지붕에까지 내려온 회색빛 하늘 아래 파리는
겨우 깨어난다

공공 기념물들은
움직이지 않는다

한 젊은 남자가 숨을 헐떡이는 자동차들 사이에서
뛴다
그는 무섭다[35)]

두개의 창살 사이에서 우리는 길이 지나는 것을
볼 수 있었다

아래에서

걸어가는 모든 것은 소리를 낸다

도시는 살아있다

그리고 만일 우리가 몸을 돌리면 벽이다[36)]

하지만 "우리"가 누구인가? 그리고 이 이야기에서 행동하는 것은 누구인가? 어딘지 모르는 곳에서 갑자기 나타나는

그림자가 하나 지나간다

갑자기 침묵이 더 증가된다

그것은 네 모퉁이까지 커진다

게다가 한 사람이 더 있다[37)]

다른l'autre 사람인지 아닌지는 불분명하다.

숲 속에서 멀리서부터 지금 막 도착한 두 사람이
만났다

그들이 서로에게 아주 가까이 다가갔을 때
그들은 이제는 한 사람을 이룰 뿐이었다[38)]

머리 같은 것이 나무 사이에 붙들려 있다. 여러 번 반복해서 『도둑』에서 되풀이되는 주제이다.

모든 사물들 사이에 그가 채우고 싶었을 빈 곳이 있었다
그리고 그의 머리가 이 사물에서 저 사물로 떠돌고 있었다

만일 바람이 원했다면 나무들 위로
그것을 실어갔을 텐데[39)]

"자아의 깊은 곳에는 여전히 울고 있는 불쌍한 아이가 있다."[40)] 자신의 분열이 단어들의 분열 속에서 가시화된다. 독자는 소설로부터 고통을 향해 미끄러져간다. 불가능한, 그 시작이 그랬던 것만큼이나 그 끝 역시 거짓인, **텍스트의 삶**vie textuelle의 고통이다.

나무들 사이 외딴 작은 집 속에서
횡단은 끝이 난다
    그는 결코 산 적이 없다

아침의 새들은 노래한다
4시다
더 서늘한 바람이 인다 추억을 싣고서
무언가가 곧 끝나야 했다
시간이 되었다

살고 싶었던 탈랑 도둑이
방금 죽었다[41)]

존재하는 것은 이미지 밖에 없다. 그것이 『탈랑 도둑』의 교훈이다. 그리고 실망과 매혹을 동시에 느낀 독자가 그에 대한 이야기를 알 때까지 기다렸던 이 허구적인 등장인물에게, 사실은 예측하지 못한 방식으로 현실 - 작가의 현실 - 을 강요했음을 인정해야 한다. **보기**voir에 의해서, 하지만 그것은 유일하게 가능하고 가장 긴밀한 유대감이기도 했다. 그것이 책의 페이지들 사이에 있기 때문이다. 구원하며 절망케 하는 보기. 소설의 시간을 죽이는 것이 바로 그것이다. "우리가 주의 깊게 같은 지점을 본다면, 그가 움직이지 않았음을 깨달을 것이다."[42] 소설의 등장인물들을 사라지게 하는 것 역시 그것이다. "우리가 이따금 그 벌어진 틈에서 보는 반짝이는 빛, 검고 깊숙한 안쪽에서 흔들리는 두께 없는 실루엣 밖에 이제는 존재하지 않는다."[43] 혹은 그것은 등장인물들에게 고독을 강요한다. "거울 속에 있는 자들이 우리를 바라본다." "눈에 띄지 않은 채 그곳을 통과할 수도 있었을 것이다."[44] 하지만 **내** 안에서 분간되지 않는 이 고통 받는 주체가 존재하는 것 역시 그 속이다.

비
꺼져버린　불빛
소음
떨리는 모든 것
머릿속에서

내가 바라보면서

나중에 아드리엔 모니에Adrienne Monnier에게 말하게 될 "숨겨진 기호"가 아닐까 우리로 하여금 추측하게 하는 이 왼쪽의 여백에 그는 쓴다.[45]

이 벌어진 틈을 더 가까이 지나면서
나는 보았다　　깊숙이에서

내 이미지를

그리고 욕설과 비명과 구타와
위협에도 불구하고
나는 더 아래로
떨어지지 않았다[46]

기이한 나르시스이다. 그를 가득 채우고 있는 것은 자기 자신 속에서 섞이는 것이 아니라 단지 **표면에 나타나는 것이다**. 치명적인 만남도 사랑도 없다. 외형에 대한 유일한 매혹, 가시계를 포착할 수 없게 만드는 거리 속에서 가시계로부터 남아있는 것. 여기서 시인과 인간은 그들의 뇌리에만 떠오르는 것을 시험한다. 세상의 사물도 그 색깔도 아니라 – 색깔 덕분에 화가는 실제의 사물도 그린다고 주장할 수 있다 – 그것의 부재에 대한 감지될 수 있는 흥분을.

소설을 시화詩化하다… 아마도 르베르디 역시, 그가 그것으로 독자를 놀라게 한 것 같은, 자신의 삶의 일화들의 예술적 감동으로의 변모가 이끈 자아의 이런 기이한 실현에 놀랐을 것이다. 그는 『도둑』의 헌정-서문에서 은연중에 그것을 고백한다.

그의 옆구리를 찌른 무기
그의 펜
그리고 흘러내린 검은
피
잉크
오 더 현실 같은 인공의 감미로운 삶

아래에서 열리는 것은 친숙한
심연이다[47]

이 소설에서 그가 구성한 것은 바로 자기 자신의 초상화였다. 동시에 그는 자신의 삶에서 그것을 끌어냈다. 이 초상화는 환영의 것이었기 때문이며 (가능하고 정당한 유일한 것, 나중에 그는 말할 것이다[48]) 특히 진정한 특징들을 그림들 속에서만 알아보게 될 브라크처럼, 새로운 작품을 완성해감에 따라 거기에서 나타난 것이 **그의 얼굴 자체**였기 때문이다.[49]

---

1) 『히프네로토마키아 폴리필리*Hypnerotomachia Poliphili*』, 혹은 『폴리필레의 꿈*Songe de Poliphile*』. 확실한 저자는 미상이며, 1467년 인쇄된 르네상스 시대의 가장 아름답고 흥미로운 책들 중 하나이다. (역주)

2) Pierre Reverdy, *La Nature aux abois*, dans *Note éternelle du présent*, Paris, Flammarion, 1973, p. 89-90.

3) *Nord-Sud n° 1*, 15 mars 1917 dans *Nord-Sud, revue littéraire*, Paris, Jean-Michel Place, 1980, p. 5. 다음과 같은 르베르디의 이후의 진술도 볼 것. "이곳 역사상 최초로 사람들은 당신의 눈 아래 물체로서 그림을 놓기 때문이다. 더 이상 현실의 한 구석에서 인위적으로 빛나고, 현실의 한 구석에서 그릇되게 승부를 거는 물체가 아니라 현실적인, 경계가 설정된, 단일한 색조로 물든, 살갗 위에 실제의 빛나는 햇빛을 받아들이는 것을 두려워하지 않는 물체이다." *Georges Braque*, *ibid.*, p. 76-77.

4) "아폴리네르는 이런 놀랄만한 반론을 제기한다. 『주사위 던지기』는 보기에 유쾌하지 않다. 그리고 말라르메가 하고자 한 것이 나타나지 않는다. 설명이 부족하다. P. R.에게 있어서 상황은 분명하다. 아폴리네르는 눈에 즐거운 것을 받아들인다. 그 반면 『주사위 던지기』는 정신에 말을 건다. 타이포그래피적인 배치는 통사구조이고, 단연 『횡설수설*Divagations*』의 통사구조보다 더 흥미롭다." Maurice Saillet, ≪Chronique du *Voleur de Talan*≫, 1967년 재판된 소설의 발문에 게재됨. Paris, Flammarion, p. 57.

5) Georges Braque, ≪Pensées et réflexions sur la peinture≫, *Nord-Sud* n° 10, décembre 1917, p. 3-4.

6) ≪Ponctuation≫, *Nord-Sud* n° 8, octobre 1917, p. 2.

7) ≪Syntaxe≫, *Nord-Sud* n° 14, avril 1918, p. 3.

8) ≪Chroniques≫ (sous le nom de S. Laforêt), *Nord-Sud* n° 15, mai 1918, p. 7. 텍스트에 이탤릭체로 표현되어 있음.

9) Pierre Reverdy, *Georges Braque*, *Note éternelle...*, *op.cit.*, p. 76-77.

10) *Les Ardoises du toit*, *Plupart du temps*, Paris, flammarion, 1967, p. 182.

11) Juan Gris, *Note éternelle...*, *op.cit.*, p. 122.

12) 이 주제에 관해서는 다음의 내 논문을 볼 것. ≪Le sujet de l'apparence: voir et dire dans *Romances sans paroles*≫, M. Bercot (dir.), *Verlaine 1896-1996*, Paris, Klincksieck, 1998, p. 43-56.

13) 모리스 사이에Maurice Saillet에 의해서 다음에서 인용됨. ≪Chronique du *Voleur de Talan*≫, *op.cit.*, p. 157.

14) ≪Essai d'esthétique littéraire≫, *Nord-Sud* n° 4-5, juin-juillet 1917, p. 4 et 6.
15) ≪Chroniques≫, *op.cit.*, p. 3. (텍스트에 이탤릭체로 표기됨.)
16) *Ibid.*, p. 4.
17) 다음을 볼 것. ≪L'image≫, *Nord-Sud* n° 13, mars 1918, p. 3-7.
18) p. 37과 p. 93을 볼 것.
19) "결코 아무에게도 받아들여진 적 없는, 사회에서 배척된 이 가련한 자에게 어떤 위안이 있을까?" 피에르 르베르디는 이 소설이 그의 초상화라는 것을 막 발견한 사이에에게 쓴다. 부록을 볼 것. *Voleur de Talan, op.cit.*, p. 161.
20) 프랑스어 vol이라는 단어는 '절도'라는 의미와 '비상'이라는 의미를 동시에 지닌다. (역주)
21) *Ibid.*, p. 150.
22) *Le Voleur au Talan, op.cit.*, p. 95.
23) *Ibid.*, p. 65-66 et p. 67-68.
24) *Ibid.*, p. 65.
25) *Ibid.*, p. 67.
26) *Ibid.*, p. 153.
27) *Ibid.*, p. 25.
28) *Ibid.*, p. 33.
29) *Ibid.*, p. 11.
30) 우리는 게다가 『도둑』에서 거미줄의 암시를 발견한다. "당신은 나갈 것이지만 이 감옥이 당신 머리를 장악하고, 당신은 붙잡힌다 / 거미 한마리가 주위에서 자신의 천을 짜고 있다." (p. 84)
31) P. Valéry, *Variété II, op.cit.*, p. 624-626. 이전 장 p. 167을 볼 것.
32) *Le Voleur de Talan, op.cit.*, p. 168.
33) "P. R.의 첫 번째 책들은 계속해서 그를 난처하게 만든 막스 자코브에 대한 응답들이다. 르베르디가 시를 썼음을 알았을 때 막스 자코브는 말한다. "시는, 아주 좋지요. 하지만 산문시도 있습니다." 그리고 P. R.는 산문시를 발간한다. P. R.의 대답은 냉담하다 [···]. "몇 페이지나 되지요, 당신 소설은?" 막스 자코브는 그에게 묻는다. 스무 장 남짓 밖에 되지 않는다. "그럼 이건 소설이 아닙니다, 이건 콩트에요."" (M. Saillet, *op.cit.*, p. 174-175.)
34) 다음을 볼 것. p. 7, 44, 76, 84, 115, 120과 p. 5, 15.
35) *Ibid.*, p. 13.
36) *Ibid.*, p. 59.
37) *Ibid.*, p. 61.
38) *Ibid.*, p. 92. 다음도 볼 것. p. 8, 98, 121, 123.
39) *Ibid.*, p. 92. 다음도 볼 것. p. 72, 76, 89, 103, 115.
40) *Ibid.*, p. 10.
41) *Le Voleur de Talan, op.cit.*, p. 127.
42) *Ibid.*, p. 8.
43) *Ibid.*, p. 74.
44) *Ibid.*, p. 76 et 82.

45) *Ibid.*, p. 81.
46) *Ibid.*, p. 71.
47) *Le Voleur de Talan*, *op.cit.*, p. 5.
48) "초상화 자체는, 손이 없이는, 단지 머리에 불과할 뿐이다. 그리고 눈이 제거된 머리에 남는 것은, 맹세코, 사람들이 거기에 대해 무슨 말을 하건 송아지 머리의 상당히 굴욕적인 환기이다. 그래서 우리 시대에는 인물을 화폭에 담고자 한다면 거기에 환영을 받아들이는 수밖에 없다. 그리고 어느 날 아침, 나는 - 그것은 난간의 봉들 사이에, 둥글게 배열된 표본병과 공원의 철책에 단단히 끼어 있었다 - 이 환영들 중 하나와 대화를 나누었다. 나는 이미 꽤 오래전부터, 누군가 내게 그 증거에 대해 물어본다면, 필요한 경우에는 내 존재의 고유함에 대해 내가 제공할 수 있을 증거에 대해 상당히 신랄한 의심에 강하게 사로잡혀 있었다." (≪Une aventure méthodique≫, 1946, dans *Note éternelle du présent*, *op.cit.*, p. 82-83.)
49) "브라크의 정신, 영혼? 내게는 너무 크다. 무한한 전망이다. 위대한 비밀이다. 모든 사람의 특별하고 기이한 운명이다. 하지만 지금 화폭마다 발견할 수 있는 이 친숙하고 거칠게 조각된 얼굴은 내 시선을 멈추게 하고, 내 사유를 매혹하고, 그는 침묵 속에서 나의 하늘과 만난다. [⋯] 그는 작품의 특징과 모습이 그의 얼굴의 특징과 모습과 거의 다르지 않을 정도로 작품 속에 자신의 존재를 투영한다. 그때부터 그 얼굴은 눈앞에 그 이미지가 아주 강하게 새겨진 어떤 작품을 두고 있기만 하면 아주 열정적으로 내 곁에 머문다." *Ibid.*, p. 63-65.

11

에크리튀르와 멀티비디어

"이것이 저것을 죽이리라." "새로운 것이 옛것을 죽이리라." 『노트르담 드 파리*Notre-Dame de Paris*』에서 프롤로Frollo가 말한 아주 신랄한 이 경고는 오늘날 새로운 현실성을 지니는 것 같다. 이 말은 프롤로가 탁자 위에 놓여있는 - 우리는 1482년에 있다 - 뉘른베르크Nuremberg의 인쇄기로 얼마전 인쇄된 책에서 눈을 들어, 방금 전 그가 "대리석의 문자들"과 "화강암의 페이지들"을 열정적으로 그려냈던 대성당을 응시하며 내뱉은 말이다. "이것" - 이 경우에는 멀티미디어 장치 - 은 실제로 한 번 더 "저것을 죽일" 것이라는 - 즉 이번에는 그것이 비효율적이며 낡은 기술로 간주된 인쇄물을 죽일 것이라는 - 위협을 한다.[1)]

빅토르 위고Victor Hugo는 소설의 다음 장의 등장인물의 말을 옹호하려는 목적을 명확히 한다. 그가 제기하고자 하는 문제는 "커뮤니케이션의 새로운 기술이 등장했으므로 커뮤니케이션의 원칙들 자체가 재검토될 것인가?"하는 점이 아니다. "새로운 커뮤니케이션 바탕의 등장이 이전의 바탕들을 단죄하는 결과를 가져오지 않았는가?"하는 점이다. 쓰여진 것의 보급을 가능하게 하는 것은 그것의 **바탕**이다. 그리고 작가는 이 바탕에 의지해서 주목을 끌고자 한다. 그가 대성당에서 승인하는 문명전파의 기능은 인간으로 하여금 사유를 돌 속에 새겨서 전파하는 것을 허용했다.

> 힌두스탄의 가장 태곳적 탑으로부터 쾰른의 대성당에 이르기까지 세계의 처음 6000년 동안 건축술은 인류의 가장 위대한 문자였다. 그리고 그것은 너무도 진실이어서 모든 종교적 상징뿐만 아니라 인류의 모든 사상 역시 그 거대한 책과 건축물 속에 자신의 페이지를 가지고 있다.[2)]

육필원고, 파피루스, 양피지, 독피지, 종이에의 의뢰는 이 역사에 중요한 변화를 만들어내지 않았다. 사실 대성당의 불멸에 비추어 본다면 "육필원고의 불멸은 얼마나 덧없는가!" 하지만 인쇄술이 나타났을 때 모든 것이 변한다. 이번에는 사상 전파의 방식이 근본적으로 변화했다.

> 인쇄술의 발명은 역사상 가장 큰 사건이다. 그것은 근본적인 혁명이다. 그것은 완전히 새로워진 인류의 표현 양식이며, 인간의 사상이 하나의 형태를 버리고 다른 형태를 취한 것이다. 그것은 아담 이래로 지성을 나타내는 상징적인 뱀이 완전하고 결정적으로 허물을 벗은 것이다.
>
> 인쇄술이라는 형태 하에 사상은 어느 때보다도 불멸의 것이 되었다. 사상은 날아다니며, 붙잡을 수 없고, 파괴할 수 없다. 사상은 공기와 섞인다. 건축술의 시대에 사상은 산이 되었고, 강력하게 한 시대와 한 장소를 차지하고 있었다. 지금 사상은 한 무리의 새가 되어 사방으로 흩어지고 대기와 공간의 모든 점들을 동시에 점령한다.
>
> [···] 하나의 덩어리는 파괴할 수 있다. 편재하는 것을 어떻게 근절하겠는가? 대홍수가 일어난다 하더라도, 산이 오래전부터 물결아래 사라졌다 하더라도, 새들은 계속 날아다닐 것이다. 홍수로 인한 대재앙의 표면에 한척의 방주라도 떠 있다면, 새들은 거기에 앉을 것이고, 방주와 함께 살아남을 것이고, 방주와 함께 물이 줄어드는 것을 볼 것이다. 그리고 이 혼돈에서 솟아나올 새로운 세계는 눈을 뜨면서 삼켜진 세계의 사상이 날개를 펴고 활기에 넘쳐 자신의 위에서 날아다니는 것을 보게 될 것이다.[3)]

사실 아주 기이한 논증이다. 하지만 아주 흥미로운 논증이기도 하다. 우선 그것은 우리에게 빅토르 위고가 쓰여진 것의 바탕을 **물질**과 동일시하지 않았음을 확인하도록 해준다. 그는 글로 쓰여진 메시지가 전제하는 커뮤니케이션의 방식 속에서 역할을 담당하는 한에서 물질을 고려한다. 육필원고가 돌과 경쟁할 수 없다면 그것은 "종교적인 것이건, 철학적인 것이건, 모든 사상은 영속하는 것과 관련되고, 한 세대를 움직인 사상은 다른 세대들을 움직이기를 원하고, 흔적을 남기고자 하기" 때문이다.[4] 하지만 너무도 특수하고 중요성이 큰 인쇄술은 그것과 무관하다. 이 기술이 허용하는 것은, 그리고 실제로 그것이 창시한 것은 **메시지의 잠재성**이다. 위고는 그것을 본질적인 것으로 파악했으며, 오직 그것만을 고려한다. 이런 선택의 이유가 - 아마도 시인의 가장 섬세한 직관이 자리하는 곳은 여기이다 - 에크리튀르 자체가 단지 그 바탕과 분리할 수 없는 것으로 보인 때문만은 아니기 때문이다. 이 언어적 커뮤니케이션의 형태는 구어의 세계에서 자리를 옮겨 원칙적으로는 그것에 아주 이질적인 시각적 실천에 적응했다. 그에게는 우선 이 언어적 커뮤니케이션의 형태가 그 산물임이 분명하다.

하지만 이런 가정은 그것이 도달해야 했던 것만큼 멀리 도달했는가? 빅토르 위고가 충실히 따른 에크리튀르에 대한 정의는 그가 위험을 무릅쓰지 못하도록 한다. 『노트르담 드 파리』의 작가는 사실 자신이 묘사에서 꿈꾸었던 것 같이 바탕으로부터 탄생될 에크리튀르를 구상했다. 그 에크리튀르에서는 그가 바로크적이고 기념비적인 어두운 수채화로 그려낸 그 이름의 첫 글자들이 나타나는 것을 자주 볼 수 있다. 그 에크리튀르가 아주 독창적이라고 주장해도 그 유일한 준거는 그것의 가장 늙은 체계, 그리고 그것에 가장 대립되는 알파벳이다.

> 건축은 모든 에크리튀르처럼 시작되었다. 그것은 우선 알파벳이었다, 그는 단언한다. 사람들이 돌 하나를 세웠으니, 그것이 문자였다. 각각의 문자는 상형문자였으며, 마치 기둥위의 기둥머리처럼, 각각의 상형문자 위에 한 무리의 사상이

놓여 있었다.

그때 음절들, 그 뒤에 단어들, 그 뒤에 문장들, - 그리고 마침내 책 - 대성당이 뒤따른다.

> 나중에 사람들은 단어들을 만들었다. 사람들은 돌에 돌을 겹쳐놓았고, 그 화강암 음절들을 연결했고. 말은 몇몇의 결합을 시도했다. 켈트족의 돌멘과 크롬렉, 에트루리아의 투물루스, 히브리의 갈갈은 단어들이다. 어떤 것들, 특히 투물루스는 고유명사이다. 이따금은 많은 돌과 넓은 모래사장이 있을 때 사람들은 문장을 썼다. 카르나크의 거대한 돌무더기는 이미 완전히 하나의 문구이다.[5)]

논증의 격정에 사로잡혀 시인은 계속해서 덧붙여진 연속들에 의해서 알파벳을 서로 연결하는 방식으로 에크리튀르의 유래를 상상했다.

그런 잘못은 아마도 부분적으로는 불가피한 것이다. 문자와 상형문자 사이에서 겪은 위고의 혼란은 플라톤의 『페드라』에서 그 기원을 찾아야 하는 혼합에 근거한다. 그러므로 그것은 위고가 소설을 썼던 시대에 진정한 역사적인 진실로 간주될 수 있었다.[6)] 그것은 또한 19세기 전반기에 고유한 혼합주의 syncrétisme의 한 형태적 결과이다. 이런 혼합주의를 통해 서구문화는 서구문화의 본질적 로고스중심주의를 가지고 다소간 인위적 방식으로 문자와 상형문자를 일치시키려 하였다. 서구문화는 쓰여진 것의 가독성이라는 완전히 색다른 양상에 대해 갑자기 눈을 뜨게 되었는데, 그 양상은 완전히 시각적인 것이었기 때문이다.

이런 혼합주의는 병행하는 두개의 중요한 사건에 뿌리를 두고 있다. 첫 번째는 상형문자의 에크리튀르에 관련된다. 마침내 이집트의 상형문자를 해독하는데 성공한 상폴리옹Champollion은 절대로 뚫고 들어갈 수 없다고 믿었던 텍스트와 문명으로 이르는 길을 열었다. 이집트 상형문자의 비밀은 2000년 이전부터 잊혀진 것이었다. 그렇지만 이렇게 하면서 그는 표의문자와 알파벳 문자의 동일시에 새로이 신뢰를 부여했다. 그때부터 과학적으로 정당화된 것으로 보이니만큼 이런 신뢰는 더욱 중요하다. 그의 주된 발견은 상형문자가 단지 표어문자logogramme, 기호-단어들signes-mots만이 아니라 많은 부분이 음성적 기호들이라는 점을 이해한데 있었다. 이런 발견은 중요하고 충격적인 것이었는데, 수세기동안 사람들은 상형문자 속에서 비의적인 상징이나 현실의 형상만을 보려고 고집해왔기 때문이다. 하지만 그것은 또한 서구에 뿌리깊이 박혀있는 선입관을 강화시키는데 기여했다. 그 선입관에 따르면 있는 그대로의 말의 재현으로 간주된 알파벳은 어떤 것이 되었건 다른 형태의 에크리튀르보다 우월했다. 그리고 그것은 에크리튀르의 원형, 즉 유일하고 정당한 모델을 이루기까지 했다. 뿐만 아니라 샹폴리옹은 자신의 『이집트어 문법*Grammaire égyptienne*』을 상형문자 체계의 복잡성 그 자체가 찬연히 증언하는 시각적인 기발함이 아니라, 문헌학에 대한 찬사로 시작한다. 그는 쓴다.

> 곧 대리석에서 올라오면서, 이 과학은 한 민족의 언어langage와 이웃 언어들의 관용어들의 차이점들 혹은 관계들을 증명하고, 단어들을 비교하고, 각각의 어족 혹은 특히 각각의 언어langue에서 그것들의 결합을 주재하는 원칙들을 확인할 것이다. 그리고 그것은 이처럼 우리를 오래된 국가들의 **쓰여진 기념물**들의 완전한 지혜로 이끌면서 우리를 그들의 사회적 관념들에 대한, 종교적인 혹은 철학적인 비밀에 입문시킨다 [⋯]. 왜냐하면 그때 자신들에 대해 우리들에게, 직접적으로 중개 없이, 예전에 바로 그들의 손으로 그린 기호들로 이야기하는 것은 실제로 고대인들이기 때문이다.[7)]

의도는 명백했다. 텍스트의 해독 너머로, 그리고 이 텍스트들 너머로, 샹폴리옹이 드러내고자 한 것은 **말**의 복원이었다. 그의 시대의 시인 혹은 소설가 – 예를 들어 빅토르 위고 – 의 육필원고의 에크리튀르와 마찬가지로 이집트 필사생들의 표기법 속에 반영되는 것으로 간주된 말이 우리에게 영감을 전해준다는 환상을 부여할 수 있었다. 이로부터 샹폴리옹이 자신의 탐구를 **선험적** 유사함에 근거했다고 결론내리는 것은 분명 잘못일 것이다. 샹폴리옹은 그의 동시대인들에게 강조하는 것이 중요하다고 여겨진 점에 대해서 우리에게 설명한다. 구어적 본질이 그때까지도 특히 알레고리의 지배를 받은 것으로 보였던 – 여전히 샹폴리옹 자신에게도 어느 정도는 그렇게 보인 – "형상들"의 구성에 대한 단지 언어langue만이 아니라 **발화행위**énonciation의 승리. (왜냐하면 제스처와 흔적은 쓰여진 것 속에 그것을 옮겨놓을 뿐이기 때문이다.)

19세기 전반의 다른 주목할 만한 현상은 인쇄술의 괄목할만한 발전이다. 하지만 인쇄술의 가장 커다란 독창성은 – 위고의 단언과는 반대로 – 당시 인쇄술이 이례적인 규모로 확산이 이루어졌음에도 불구하고, 이런 폭넓은 확산에 있는 것이 아니었다. 그것은 당시 문자lettre에 부여된 새로운 양상을 대상으로 하고 있었다. 실제로 기술력의 발달과 상업적 경쟁의 필요성은 그 이질적인 양상만큼이나 그것을 이끄는 원칙들이 이전 세기들에서는 유례가 없는 타이포그래피 스타일의 급속한 증가로 이끌었다. 분명 문자와 가장 상궤를 벗어나는 문자의 형태들을 향한 이런 열광은 내가 전에 거론한 뒤러의 감격에 찬 경탄과는 거의 관계가 없다. 뒤러는 그가 그린 에라스무스의 초상화에서 그 당시 사람들이 풍경을 배치하듯이 단어들의 부조조각을 배치하면서, 학자의 얼굴과 자기 자신의 모노그램을 대조하면서 감격에 찬 경탄을 표명한 바 있다. 그런 강박관념이 새로이, 그리고 여전히 동일한 이유들로 나타나기 위해서는 19세기 말과 말라르메를 기다려야 한다. 왜냐하면 그런 강박관념 역시 페이지의 공간과 이미지의 공간을 비교하는 성찰 속에 – 그때 작업대에 걸린 그림의 근대성은 벽보의 근대성으로 대체되면서 – 타이포그래피의 단계를 기록할 것이기 때문이다. 하지만 문자에 대한 낭만주의적인 관념은 그것에 바로 앞서는 관념들에도 낯선 것이다. 상이하지만 일관성 있는 – 대문자, 소문자, 이탤릭체 – 3개 체계의 대비의 효과들에 의해서 육필원고 텍스트의 쟁점을 복원할 수 있는 알파벳들을 창조하고자하는 고민도, 한 페이지 속에 한 시대 혹은 한 지방의 스타일 – 가라몽체Garamond, 플랑탱체Plantin, 왕의 로만체Romain du Roi, 바스커빌체Baskerville, 캐슬론체Caslon – 에 특별한 문학적 함의를 포함시키고자 하는 욕망도 여기서는 아무런 역할을 하지 못한다. 하물며 "인간-문자homme-lettre"라는 인본주의적 몽상은 상형문자에 대한 로고스중심주의적 해석과 유태교 신비주의의 다이어그램에 대한 말로 표현할 수 없는 항수 사이에서 주저하면서 더더욱 아무런 역할도 하지 못한다. 낭만주의의 문자는 무엇보다도 먼저 **보여 져야** 한다. 고딕 양식의 생생한 장식으로 꾸미거나, 옆에 있는 것보다 더 기상천외한 시각적인 독특함에 의해 시선에 강한 인상을 주면서 보다 정확히 말해 그것은 자신의 방식으로, 즉 다른 사람보다 더 크고 더 강하게 **말해야** 한다. 게다가 디도체의 그래픽적인 조형성 - 빛의 세기인 "시대"의 마지막 특성 - 은 모든 종류의 변형을 허용했다. 모든 변형이 시도되었고, 그것들 중 가장 유명한 것은 이집트인들의 것인데, 넓고 작달막한 세로획과 세리프[8]는 검은색의 강력함에 의해서 그것이 어떤 것이 되었건 다른 모든 스타일을 능가한다. 그 반영 (혹은 기원?)을 서점 벽보에서 볼 수 있는, "수화 mimologies"의 출판물들을 예시하는 삽화 속 인물들의 왜곡 속에서 발견되는, 시각적 모방의 영향을 받은 낭만주의의 문자는 제시하고, 자신을 보여준다.

우리는 음성의 상형문자와 이미지로 변화된 문자 사이의 역시나 분명하고 매력적긴 하지만 그럼에도 불구하고 아주 피상적인 상태로 머물러 있었던 유사성이 어느 정도까지의 오해를 낳았는지를 본다. 그것은 알파벳적이고 표의적인 체계들이 서로 유사해지는 경향이 명백히 존재했기 때문에 그것들을 혼동하는 것이 우리에게 허용되었다고 믿을 수 있었기 때문이 아니었다. 그리고 특히 글로 쓰인 기호가 양쪽 체계 속에서, 그것의 시각적 구현과 음성학적 가치에 동시에 연관되어 나타나 그 바탕과 무관한 것으로 간주되어야 했기 때문이 아니었다. 빅토르 위고의 추론이 취약점을 드러낸 것이 이점에 대해서이다. 쓰여진 것의 확산 양상을 그 바탕의 물리적 특성들과 분리하는 것이 완전히 정당화되었다. 반대로 그것의 **표면**을 제외하고서 바로 이 바탕이 에크리튀르의 기원에 존재한다고 생각하는 것은 모순된 표현이었다. 이미지가 탄생한 것은 이 표면에서, 이 표면에 의해서였다. 그리고 에크리튀르의 발명을 가능하게 한 것이 이미지의 공간이었다. 그런데 위고가 그것에서부터 민주주의의 서사시를 세운 돌로부터 인쇄물로의 변화는, 이런 변화를 지배하는 특별한 논리에 의해 - 거기에서 소위 가시계는 고려의 대상이 되지 않는다 - 이미지로부터 모든 기능적 필요성을 박탈한다. 그렇지만 그것은 "민중의 깃발"이, 그의 표현에 따르면 "종교라는 해골"을 지배하면서, 형상들에 의해서 교회의 정문에서 사상의 자유를 표현했을 때 이미지에 어떤 역할을 인정했다. 하지만 그가 보기에 실제로 역사의 격동에 관련되는 것은 아니었다. 건축물이라는 형태하에서 이해된 한에 있어서 이미지는 밀접하게 쓰여진 것의 성질을 띠고, 쓰여진 것의 바탕이 "잠재적"으로 되자마자, 쓸모없어진 배경처럼 이미지는 거기에서 갑자기 사라진다.

20세기 말에 열린 멀티미디어 커뮤니케이션 시대는 "잠재성"이라는 개념에 근거하고, 거기에서는 반대로 이미지가 지배적이다. 컴퓨터 화면은 우리에게 가시계가 그래픽적 정의보다 우세하고 가독성이 절대적으로 필요한 동시에, 반대로 모호한 자신의 우위를 알파벳에서 본질적인 서체의 우위로 대체하는 공간을 제안한다. 디지털화한 이미지에의 의뢰는 에크리튀르가 그랬던 것만큼이나, 그리고 에크리튀르가 여전히 그런 것만큼이나 허약한 커뮤니케이션 체계를 탄생시킬 수 있는가? 이런 에크리튀르는 어느 정도 이 새로운 체계의 모델이 될 수 있을 것인가? 그리고 모든 에크리튀르들 중 가장 최근의 것이지만 또한 가장 추상적인 알파벳 에크리튀르를 그 때문에 선택해야 하는가? 『노트르담 드 파리』의 예는, 만일 알파벳 체계가 정보처리기술에 의해 창시된 전-이미지tout-image 커뮤니케이션에 유용성에 관한 어떤 관점을 제시할 수 있다면, 알파벳 체계로 하여금 필연적으로 목소리로 되돌아가도록 하고, 가시계와의 모든 접촉을 잃어버리도록 하는 것은 분명 그 구조에 의해서가 아님을 우리에게 증명한다. 사실 난관은 더 근원적이다. 위고가 상상한 건축물의 입문서 속에서 상형문자와 문자가 자연스럽게 연결되어 있었다면, 돌로 만들어진 대성당으로부터 그가 자기 자신의 이름과 혼동한 수채화 속 실루엣에 이르기까지 『노트르담 드 파리』의 작가가 에크리튀르에 유일하고도 감탄에 사로잡힌 경의를 보낼 수 있었다면, 그것은 에크리튀르가 그것의 바탕으로부터 태어나서 그에게는 우선적으로 **단위-기호들**unités-signes의 체계로 정의되었기 때문이다.

내가 앞장에서 지적했듯이 완전히 유사한 동기에 의해 그것 역시 표의문자의 "도상성"의 가치에도 주의하는 퍼스와 같은 기호학자의 오류였음이 분명하다. 에크리튀르 기호의 정의가 단순한 형식적 확인으로 충분한 것이 아니라, 그 바탕의 의미론적인 개입 역시 고려하지 않으면 안 된다는 사실을 받아들이지 않았기 때문에 발생한 오류였다.

사실 에크리튀르의 초기 체계들에 있어서 이런 바탕의 개입에 대한 유형론을 확립하려 할 때 눈길을 끄는 것은 포착하기 어려운, 사실상 양면성까지지도 지니는 그 체계들의 특성이다. 사실 공간은 기호를 **에워싸는** 동시에 그것을 **분산시킨다**. 공간은 기호를 단위로 정의하고 그 의미가 표출되도록 한다. 이런 관점에서 이집트 상형문자의 경우는 분명히 가장 풍부하고 가장 중요한 의미를 지닌다. 그것의 그래픽적 단위 – 동일한 이상적인 정사각형 속에 새겨지기 전의 각각의 형상 – 의 획일성은 쓰여진 기호를 그대로 규명하도록, 즉 그것을 조형적인 묘사와 구별하도록 해준다. 그것은 그 체계의 추상화의 본질적인 표시이다. 그럼에도 불구하고 이런 추상화는 도상적 표면에 고유한 의미화 sémantisation의 다른 요소, **근접성**voisinage이 개입할 때 정확히 말해 폐기되는 것이 아니라 해체된다. 하나의 이미지 속으로의 텍스트의 삽입이 한 사람의 형상과 그의 이름의 의미 한정부 사이에 기능적인 등가를 이끄는 것은 이렇게 해서이다. 하지만 반대로 쓰여진 기호가 이미지로서의 가치를 유지하는 것을 방해하는 것은 아무것도 없다. 독서의 결과이며 필연적 귀결이다. 기호를 응시하는 사람은 항상 그것이 구체화된 표현을 중시할 수 있다. 아마도 이런 이원성은 실제적인 이득을 가져올 수 있다. 비대칭 기호들의 윤곽은 텍스트의 행들의 방향결정에 표시물로 사용된다. 하지만 그것은 또한 의미의 실제적인 변환으로 이끈다. 기호가 형상과 동일한 위격적 가치로 파악될 것이기 때문이거나 – 무덤들에서 불길한 가치를 지니는 모든 묘사는 훼손될 것이다 – 혹은 두 기호들의 근접성은 – 그것들 각각은 다른 텍스트의 두개의 열에 속할 수 있다 – 그것들 사이에 텍스트 외적이고, 순전히 형상적인 본질의 장면 배치를 암시할 것이기 때문이다.[9)]

이런 변이형들은 분명 상형문자 에크리튀르의 특별한 본질 탓으로 돌릴 수 있다. 하지만 만일 우리가 그것과 동시대적이며 그래픽적으로 가장 대립적인 설형문자 체계로 관심을 돌린다면 거기에 유사한 모순이 드러남을 깨닫게 된다. 형상화에서 해방되어 설형문자 기호 역시 텍스트의 차원에서 그 원칙을 다시 발견하게 되는 눈금 매기기calibrage, 측정의 일의성unicité에 의해서 정의된다. 돌 위에 새겨진 최초의 것들 속에서의 위치는 언제나 카르투슈에 의해서 범위가 정해지기 때문이다.[10] 그럼에도 불구하고 이 카르투슈 안에서 우리는 새로이 근접의 원칙이 언어학적인 일관성의 원칙을 능가함을 확인한다. 덜 회화적이기 위해 – 하지만 결과적으로 또한 형상의 허사적인 지원이 없어서 그 현상은 더욱 불시에 다가온다. 기호들의 배치를 이끄는 것은 사실 단어 혹은 문장의 순서가 아니라 이 순서를 깨뜨리거나 혹은 적어도 이 순서와 무관한, 그래서 그 결과가 우리에게는 난해하거나 이해할 수 없는 것으로 보이게 될 배열이다.[11]

이 정도로 "열려" 있어서 이 구조를 유용하게 만드는 것으로 간주된 기준들이 그것들 사이에서 서로 모순되는 이런 구조는 대체 무엇인가? 단지 그들의 시각적인 습관이 고대의 독자들에게 한 명의 필사생의 상상력에서 기인한 촌극에 따라 기분을 전환하거나 혹은 카르투슈 속에서 나타나야 하는 문장의 배열을 바로잡는 것을 허용했다고 생각해야 하는가? 하지만 그때부터 우리는 에크리튀르가 어떻게 새로운 메시지들의 전달에 사용될 수 있었는지, 즉 커뮤니케이션의 기능을 완전히 보장할 수 있었는지 이해하지 못할 것이다. 그것은 잘못된 질문이었기 때문이다. 그리고 우리 추론의 원칙은 왜곡되었다. 우리는 그것이 어떤 것이 되었든 요소들의 모든 근접은 필연적으로 총체적이고 종합적인 결과에 도달할 것이라는 가정에서 출발한다. 그런데 거기에서는 엄격하게 언어의 통사론에 관련되는 평가의 기준이 문제되고, 그것은 글자가 쓰여진 매체로도, 그 사용법으로도 바뀌지 않는다. 공간적인 근접은 종합적인 방식이 아니라 **혼합적인**syncrétique 방식으로 작용한다. 그것은 통합하지 않고, 결합한다. 통사법의 가장 중요한 기능인 의미를 구성할 수 있는 것은 그것이 아니라 내가 이 책의 도입부에서 환기한 복희 황제의 전설이 훌륭히 보여주듯이, 오직 그에게만 요소들의 어떤 "총합"이 단순히 제안되는 관찰자-독자이다.

또한 글자가 쓰여진 바탕이 보유하는 중대한 정보는 근접의 명제 속에 존재하는 것이 아니다. 정보는 기록되는 공간의, 독자를 위해 이루어지는, 독자가 대화의 상황의 조건들에 적응해야 하는 것과 정확히 같은 방식으로 적응해야 하는 이 특별한 장소의 본질 자체에서 유래한다. 모든 구어적 커뮤니케이션이 참여하는 환경은 아주 빈번히 통사론적인 교정을 불필요한 것으로 만든다. 제스처, 시선, 침묵이 말 그 자체에 통합된다. 기록도 사정은 마찬가지다. 독서라는 일인극은 단번에 선택의 방향을 보증하고 이해를 이끄는 **시각적인 참여**의 맥락 속에 포함된다. 텍스트로부터 이미지로의 미끄러짐은 전체로서의 메시지가 종교적인 가치를 지닐 때 이집트어에서 항상 발생했다. 설형문자에서 서판이 원시적인 카르투슈로 대체될 때 그것에 부여된 형태는 그것이 전달하는 텍스트의 본질에 대한 표시로 남아있다. 경제 텍스트에는 둥글게, 문학 텍스트에는 사각형으로. 그리고 카르투슈에서처럼 사용할 수 있는 공간이 더 허용하지 않는다면 서판에서 최소한의 텍스트의 표명으로 만족할 것이다. 문서 그 자체 위에가 아니라 문서의 겉봉 위에 약속을 보증하는 봉인을 할 각오를 하고서.[12] 이 표시들은 대부분 외적인 것이다. 하지만 그것들 모두는 쓰여진 텍스트의 내적인 구조에 대한 동일한 배려에 상응한다. 그 구조의 목적은 말을 반영하는 것이라기보다 독자의 시기적절한 주목에 훨씬 더 상응하는 것이다.

그러므로 에크리튀르의 공간적 구조 - 한편으로는 기호의 형식적인 구속과 다른 한편으로는 그 결합의 자유 - 속에서 우리에게 모순적으로 보인 것은 표면적인 것이었을 뿐이고, 우리가 상이한 두개의 과정에 관련되는 현상들을 함께 고려했기 때문이다. 기호가 자신의 다면성을 정당화하는 것은 결합 양식을 통해서가 아니라 그것의 유일한 형식적인 제어에 의해서이다. 기호의 의미론적인 가능성들을 표면의 유기적 결합으로 제한하는 것이 그것이다. 하지만 실제로 거기에서 단순한 "독자에게 건네는 일러두기" 만을 보아서는 안 된다.

판도라의 상자는 투명하고, 기호의 모든 조형적인 가치들은 언제나 서로 함께 존재한다. 바탕에 관해서도 사정은 마찬가지다. 바탕의 특수성을 이루는 것은 텍스트의 직조가 아니라 그 덕에 바탕이 관찰의 방향을 결정하는 형식적인 결정이다. 게다가 바탕의 물질은 이런 자격으로 개입한다. 예를 들어 고대 이집트에서 돌 위에 새긴 것은 종교적이거나 신성한 것일 뿐이리라. 하지만 두개의 현상은 밀접하게 상호의존적이다. 단지 그것이 중세에서 유래한 직관의 색다른 잔존으로 나타날 수 있는 회화적 관점에서, 관람객을 이미지의 **내적** 차원의 구조에 통합하도록 해주는 "소실점"의 측면적 시점과 상당히 비교될 수 있는 방식으로 다른 것과 비교하여 **비스듬히** 위치하기 때문에 하나가 다른 하나를 지배할 뿐만 아니라, 그것들 각각이 근거하고 있는 체계 역시 순전히 경험론적임에도 불구하고 중복이라는 변함없는 원칙에 의해서 특징지어지기 때문이다. 글자가 쓰여진 공간을 이해하는 것은 – 즉 그것의 응집의 원칙을 포착할 줄 아는 것은 – 텍스트 자체를 지배하는 선택과 결합의 작용을 적절한 방식으로 이끌도록 정신을 준비시킨다. 반대로 기호들의 의미론적 구조를 아는 것은 그것들의 결합의 실행에 가장 훌륭한 입문이 된다. 그것이 중국의 문자문화의 기원에 존재하며, 더 음성학적으로 된 체계의 활용과 병행하여 수세기 동안 발전하고 유지된 "글로 쓰여진 언어" 혹은 "표기"의 경우를 특히 분명하게 만드는 것이다. 고대 수메르어에서처럼 이 "언어"는 극도의 간결함으로 특징지어진다. "그래픽 언어로의 담화는 모든 것이 4개의 단어로, 아주 드문 경우에만 5개 혹은 6개 이상의 단어로, 흔히 2,3개의 단어로 말해지는 문장으로 구성된 페이지 내내 지속된다."[13] 용어들의 시각적인 결합은 여기에서 텍스트의 모든 구어화를 절대적으로 불가능하게 할 정도로 결정적이다. 하지만 그런 체계는 다른 한편으로 그 원칙이 기호의 형성을 지배하는 원칙과 동일하기 때문에 이해될 수밖에 없다. 사실상 그 중 다수는 "논리적인 결집체" 혹은 "표의-표음문자"와 같은, 말하자면 상이한 기능을 지니는 두 가지 특성의 결합의 결과 중국의 사전학적인 전통 속에서 세 번째 것으로 정의된다. 이런 결합 자체가 유일한 형식적 구성단위 속에서 행해진다는 것을, 그리고 "단순한" 기호들과 복잡한 기호들 양자가 동일한 이상적인 사각형 속에 기록된다는 것을 밝히는 것은 무익하다. 예를 들어 "입"이라는 기호에 결합된 "문"이라는 기호가 "질문하다"라는 기호를 만들어내기 위해 필요한 의미론적인 변화 역시 이런 조건에서만 이해될 뿐이다.

이 모든 것에서 어떤 결론을 도출할 수 있는가? 첫째로 빅토르 위고의 직관은 근거가 있고, 표면적임에도 불구하고 – 혹은 그의 시대에는 불가피했던 잘못에도 불구하고 – 일관성 있는 것이었다. 에크리튀르는 그것의 바탕이 **잠재적이 될 수 있는 한** 이 바탕에서 훌륭히 탄생되었다. 하지만 그럼에도 불구하고 우리는 이 잠재성에 작가가 부여한 것과는 완전히 다른 의미를 부여해야 한다. 이 잠재성은 바탕이 돌이건 종이건 간에 **이 바탕에 내재적이다**. 그것은 그 체계의 기원 자체에서 작용하는 것이지 위고가 생각했던 것처럼 메시지의 확산이라는 유일한 가능성을 통해서 작용하는 것이 아니다. 의미를 확고히 하고 그것을 전달하는 것은 공간이다. 그래서 육필원고 혹은 책의 페이지는 우리에게 엄밀히 말하자면 존재를 지니고 있지 않은 것과 같은 모순되는 인상을 줄 수 있다. 페이지가 "가지고 있지 않으며", 잠시 벗어나는 것이 그 점이고, 사실 페이지가 에크리튀르에 더 확실히 가져오는 것이 그 점이다. 규명할 수 없는 확실성이지만 또 동일한 이유로 인해서 그것이 지배하는 기호들의 본질에서와 똑같이 그것의 물질적인 구현에서 자유롭다. 상형문자가 제스처로 요약되어서는 안 되는 것과 마찬가지로 페이지는 그 바탕의 물질로 환원되어서는 안 될 것이다. 그리고 아마도 "페이지"라는 단어의 약간은 회고적인 매력은 사실상 그것이 그 자신의 뜻에도 불구하고, 혹은 오히려 자신의 뜻에 반해서, 말하자면 우리의 문화가 그것에 부여했으며 여전히 집착하고 있는 엄격히 실용적인 해석에 반해서 점진적 소멸을 암시한다는 사실에서 기인한다. 에크리튀르의 발명을 제일 먼저 정당화하는 것이, 영구적인 재료 속에 새겨 넣음으로써, 그것이 말을 보존하도록 허용하기 때문이 아니라고 생각한 빅토르 위고가 옳았다. 이번에도 역시 "시선의 사고pensée de regard"의 문제이지만, 그것은 사실의 관찰과는 다른 것에 몰두해 있다. 사실 바탕이 우선 돌 혹은 단단한 재료로 되어 있다면 (전에 다른 경험들이 모래로 시도되었는지 누가 알겠는가?) 우리는 그것이 아주 신속하게 바탕이 맡아두고 있는 메시지가 더 풍부해지고 더 창의적이 된 바로 그 시대에 점토, 파피루스, 종이가 되었음 – 오늘날에는 빛으로 변모했음 – 을 부인할 수 없다. 페이지는 그것의 재료에 집착하지 않는다. 재료에 집착하는 것은 우리다. 거기에서 제안된 질서는 또한 일반적으로 고정되고, 그것은 법률 같은 것을 참조하는 것을 가능하게 하기 때문이다. 그런데 법률은 에크리튀르의 범주에 속하지 않는다. 에크리튀르는 체스나 바둑 같은 (하지만 아마도 판돈은 언어가 될 것이다) 정신적 유희에 불과하다. 법률은 사회에 내재하는 조직화의 의례이다. 법률은 말의 지배를 받고, 말만이 유일하게 그것을 강요하는데 몰두할 수 있다. 반대로 에크리튀르는 일관성의 필요성과 구두의 명령의 필요성을 독서의 변덕과 결합하면서 가능성들을 탐색하고, 그것들을 함께 연결하고, 해체한다. 그 구속은 진정한 법규로가 아니라 **제한된 원칙들**로부터 정의될 뿐이다. 그리고 원칙들 자체는 우리가 방금 확인한 것처럼 거의 엄격하지 않기 때문에 상호 모순되는 것으로 보일 수 있다.

표의문자 문명들에서 가장 이상한 것은 쓰여진 것의 발명을 지배하는 이런 **등가**의 역학이다. 하지만 그것은 알파벳 문명에서 사라지지 않았다. 페이지 위에서 모든 것은 에크리튀르이다. 왜냐하면 페이지는 에크리튀르 – 즉 그것의 독서 – 에만 의존하기 때문에 가장 작은 흔적도 거기에서는 기호가 된다. 특히 페이지의 바탕은 사실의 상태가 아니라 **의미를 생성하는 긴장**이기 때문이다. 하지만 이런 긴장은 정확하고 통제된 어떤 조건들 속에서만 실현될 뿐이다. 진정한 에크리튀르 기호들의 불균질성은 결코 절대적일 수 없다. 그것은 주어진 한 언어에 고유한 음성학적 구조에서 언제나 필연적으로 강하게 사회화된, 언제나 전체로서의 집단에 특별한 가치를 상징하는 이미지로 확장된다. 가능한 다양한 선택은 거기에서 집단적 합의의 여백에 영구히 내포되어 있어야 한다. 개인적인 경험에서부터 작업하는, 자기 자신만을 독서에 연루시킬 뿐인 창조자는 이 잠재적 영역을 페이지 위에 의미의 시각적 탐색들을 결집시킬 수 있을 모든 것으로 확장한다. 육필원고의 면들은 그의 새로운 착상과 동시에 투쟁의 흔적을 지닐 것이다. 착상들: 단어들과 문장들. 투쟁들: 나머지 모든 것 – 삭제하기 위해 그은 선, 여백의 반복들, 그림들.

그러므로 멀티미디어의 출현은 에크리튀르에 유죄판결을 내리는 것이 아니다. 반대로 그것은 에크리튀르의 역사를 처음부터 다시 시작한다. 그 도상적 기원과 그 가독성의 첫 번째 조건들을 다시 활성화하면서, 하지만 그 역사적 다양성을 더 잘 고려하도록 강요하고, 더 자유롭고 더 결정적인 방식으로 그것을 평가하기 위해 그것을 새로이 검토하도록 강요하면서. 정보과학은 시각적 혹은 쓰여진 커뮤니케이션에 "잠재적"이라고 추정된 새로움을 드러내주지 않았다. 양자 모두 오래전부터 그 사실을 알고 있었다. 시각적 혹은 쓰여진 커뮤니케이션은 바탕의 재료 자체 속에 그 의미의 근거를 제공하는 비물질성을 새겨 넣음으로써 이런 잠재성에 조금 다른 의미를 부여할 뿐이었다. 조종할 수 있는 심오함, 현존하거나 내재적인 기억인 여백과 공백들이, 이 의미의 최초의 순간들이 고정된 이미지 속에서 그렇듯이 양자택일적으로가 아니라 유동적이고 중첩되어 공간-빛espace-lumière 속에 개입하고, 잠재적인 스크린이 기호들의 수수께끼 같은 공간 속에 스펙터클의 시간을 포함시켰다. 하지만 우리는 아직도 최초의 유희들의 순간에, 경탄스러운 초기의 발견의 순간에 있다. 분명 에크리튀르의 오랜 역사는 전달 장소의 창조가 메시지가 거기에 나타나는데 결코 충분하지 않았음을 우리에게 가르쳐주었다. 우선 의미론적인 합의가 형성되어야 했고, 이 합의는 표의문자의 그것처럼 불확실했으며, 이 합의 속에서 메시지는 자신과 엄밀하게 동일한 세상에 세워진 울타리로가 아니라 낯선 것을 향한 열림으로 해석되었다. 이 역사에서는 이미지에서 에크리튀르에 이르는 중간적인 단계가 언제나 필요했고, 그것은 중요한 문제였다. 인간이 독서를 발명한 것은 우선 신들이 전하는 메시지의 의도를 이해할 수 있기 위해서다.

1) Victor Hugo, *Notre-Dame de Paris*, Folio-Gallimard, 1974, p. 235-236.
2) *Ibid.*, p. 240.
3) *Ibid.*, p. 246-247.
4) *Ibid.*
5) Victor Hugo, *Notre-Dame de Paris*, *op.cit.*, p. 238-239.
6) 다음을 볼 것. Platon, *Phèdre* 274d-275c.
7) Jean-François Champollion, *Principes généraux de l'écriture sacrée égyptienne appliquée à la représentation de la langue parlée, ou Grammaire égyptienne*, Didot, 1841, Institut d'Orient M. Sidhom, 1984, p. III-IV (텍스트에는 이탤릭체로 되어 있음). 상형문자 체계와 그 기능에 대해서는 다음을 볼 것. Pascal Vernus, ≪Les écritures de l'Egypte ancienne≫, *Histoire de l'écriture, de l'idéogramme au multimédia*, Anne-Marie Christin(dir.), Paris, Flammarion, 2001, p. 44-65.
8) 로마자 활자의 위, 아래 부분의 수평 돌출선을 의미함. (역주)
9) 다음을 볼 것. Pascal Vernus, ≪Des relations entre textes et représentations dans l'Egypte pharaonique≫, *Écritures II*, *op.cit.*, p. 45-70.
10) 카르투슈 역시 고대 이집트에서 사용되었지만 그것은 고유명사를 기입하도록 정해져 있었다. 다음을 볼 것. P. Vernus, art. cit., p. 56, n. 28.
11) 다음을 볼 것. Jean-Marie Durand, ≪Espace et écriture en cunéiforme≫, *Écritures*, *op.cit.*, p. 51-64.
12) 다음을 볼 것. Jean-Marie Durand, ≪Espace et écriture en cunéiforme≫, *Écritures*, *op.cit.*, p. 51-64.
13) 다음을 볼 것. Léon Vandermeersch, *Le nouveau monde sinisé*, Paris, P.U.F., 1986, p. 133.

발문을 대신하여: 롤랑 바르트에 따른 일본

바탕 없이 태어난 에크리튀르인 알파벳의 문명은 연계된, 그리고 완전히 예기치 못한 이웃 덕분에, 알파벳 문명의 역사 초기 이집트 상형문자와 19세기 말 일본문화 덕분에, 표의적인 공간을, 그것의 재료를, 그것의 경로와 공백을 발견했다. 본질과 결과가 서로 아주 상이한 경험들이다. 꿈의 원천이며 유토피아를 비추는 거울인 파라오시대의 이집트는 "기억의 기술"의 근원에 있다. "기억의 기술"의 목적은 지식을 기억하도록 도와주는 것이 아니라 가시계의 환각을 일으키는 방법들을 빌려옴으로써, 말의 상상계에 깜짝 놀라게 하고 감동시키는 새로운 수단들을 발명하도록 허용해주는 것이었다. 가장 설득력 있는 성공은 수사학 외부에서, 중세의 주석이 달린 페이지들 속에서 혹은 인쇄술이 출현했을 때 상징 속에서, 혹은 더 이후의 세기에 광고 사진 속에서 구체화되었다.

19세기는 상형문자 에크리튀르의 해석이 고대 텍스트의 이해에서 새로운 시대를 연 세기이다. 아주 다른 일, 일본 판화의 발견 – 그리고 그것과 병행하고 엄밀히 동시대적이었던 만큼이나 서구 세계에는 낯설었던 문명의 발견 - 이 그 뒤를 이었다. 두 문명 모두 서로에게 매력을 불러일으킨 기이한 이웃인데, 모순적인 효과를 지님이 분명했다. 하루노부[1], 우타마로, 호쿠사이 혹은 히로시게의 판화들이 서구 회화를 전복시키는 동안[2] 일본인들은 유럽의 아카데미즘에 입문하고, 마네보다 부그로Bouguereau와 라파엘 콜랭Raphaël Collin을 선호했다.

20세기 역시 모순적이었지만 이번에는 서구문화 내부에서 일어난 일이었다. 일본의 모델이 - 혹은 더 폭넓게 극동의 모델이 - 작가들, 시인들, 화가들을 그들이 수세기동안 이용했던 방식들과 완전히 단절된 방식으로 이끌었다. 반대편에서는 반대로 소쉬르의 기호학이 알파벳 이데올로기를 체계화하고 더욱 강화하기 위해 노력했다. 소쉬르 기호학은 "기호"로부터 여전히 라틴 세계가 그것에 인정하고 있었던 매혹과 시각적 유효성의 아우라를 결정적으로 박탈하면서, 그것을 "시니피앙signifiant"과 "시니피에signifié"라는 오직 두 측면으로만 제한했다.

1953년 롤랑 바르트Roland Barthes는 말라르메의 『주사위 던지기』의 백색에서 "타이포그래피의 실서증agraphie"과 문학의 자살만을 보았을 뿐이다.[3] 수사학에 바쳐진 1964-1965의 세미나의 노트를 반복하면서 그는 1970년 간략한 몇 개의 단어로 거기에서 행동과 기억을 언급하지 않은 이유를 정당화한다. 게다가 동일한 원인으로 그가 기억에 아무런 관심도 기울이지 않았음 혹은 그것을 이해하지 못했음을 증명한다. 그는 설명한다. "… 우리는 본질적으로 연극적이고, 히스테릭하고, **목소리와 행동과 기억에 연관된**liées à la voix: actio et memoria technè rhétorikè 부분들에 무관심하기로 결심했다."[4]

그렇지만 스키라 출판사에서 가에통 피콩Gaëton Picon의 지휘 하에 『기호의 제국*L'empire des signes*』이 출간된 것이 1970년대 초였다. 피콩은 구조주의에 대한 그의 망설임을 결코 감추지 않았다.[5] 결과적으로 바르트의 저서는 완전히 색다른 것이었는데 편집의 문맥에서, 그것의 계획 자체에 의해서, 그리고 마지막으로 거기에서 일본이 문제되었기 때문이다.[6]

왜 일본인가? 일본은 에크리튀르의 고장이기 때문이다. 저자가 알 수 있었던 모든 나라들 중에서 일본은 자신의 확신, 자신의 환상과 가장 가까운 기호의 작용과 마주친 나라이다. 혹은 원한다면, 서구의 기호의 지배sémiocratie가 그에게서 불러일으킨 혐오, 분노, 거부와 가장 먼 기호의 작용과 마주친 나라이다.

『기호의 제국』의 서평은 이 단어들로 시작된다. "일본의 기호는 강하다." 바르트는 계속한다. 그것은 "공백"이다. 그래서 그것은 "에크리튀르"이다. "기호", "공백" 그리고 "에크리튀르"라는 단어의 결합이 이론적 중요성을 지닌다고 주장하지 않는다. 바르트는 반대로 주관적인 원인을 주장한다. 그는 말한다. 이런 결합은 그 자신이 일본에 빚지고 있는, "에크리튀르를 상황 속에 처하게 하기"를 반영한다. "이런 상황은 개인의 어떤 흔들림, 이전의 독서들의 전복, 사물이 결코 바람직한 시니피앙이 되기를 멈추지 않고서, 찢어지고, 대체할 수 없는 공백으로까지 약화된, 의미의 동요가 작용하는 곳이다." 그러므로 이 책에서 문제되는 것은 **창조**였고 내밀하고 개인적인, 새로운 **오솔길**이었다.

이런 상황에서 우리는 문제가 된 일본이 "실재하는" 일본이 아니었음을 이해한다. 바르트는 쓴다. "동양은 내 흥미를 끌지 않는다. 단지 동양의 방식과 동양에서 발명된 유희가 우리의 체계에서 완전히 벗어난 놀라운 상징적 체계에 대한 관념을 "미화하도록" 허용하는 특징들의 저장고를 내게 제공해줄 것이다."

바르트의 상상적 일본은 그러므로 기호학의 영역에 속한다. 그 점은 전혀 놀랍지 않다. 반대로 놀라운 것은 바르트가 쓰여진 것의 질서에 속하게 될 "우리의 체계에서는 완전히 벗어난 놀라운 상징적 체계"를 일본의 에크리튀르 그 자체 **속에서**, 그가 볼 줄 아는 서예 속에서 찾으려 하지 않았다는 점이다. 그는 그것을 **기호**들의 **체계** 속에서 찾으려 했는데, 기호들의 체계는 색다른 방식으로 정확히 "우리의 체계에서 완전히 벗어난" 특징을 보여준다. 그 해독이 가능하다 하더라도 이 사실은 모든 서구인에게는 명백한데, 그 체계가 상이하면서도 평행한 그래픽이라는 양면을 지니기 때문이다. 이런 양면 자체는 표기의 기능에 관한 이질적인 두개의 방식을 반영한다. (하지만 처음에는 그것을 모를 수 있다.) 이 두개의 방식은 표의문자인 한자에 의한 것, 혹은 음절문자syllabaire인 가나에 의한 것이다. 바르트의 주목을 끌었을 것 혹은 끌 수 있었던 것은 그것이다. 라틴어 알파벳 A가 알파벳 B와 다른 것처럼 서구의 기호와 "다른" "일본의 기호"는 존재하지 않는다. 라틴어의 체계 - 그리고 거기에서 태어난 "기호"라는 관념 자체 - 와 다른 것이 아니라 **낯선** 것은 일본 에크리튀르의 기호학적인 전략이다. 하지만 바르트는, 어쨌든 『기호의 제국』을 믿는다면, 일본에서 그는 자신이 포괄적이고 총칭적으로 "표의문자적인 에크리튀르" 혹은 "표의문자적인 상감세공marqueterie idéographique"이라고 부르는 것을 고려하지 않는다.

그가 말한 것처럼 동양이 그의 흥미를 끌지 않는다는 것으로 그런 맹목을 설명하는데 충분하지는 않다. 필연적으로 다른 원인이 존재한다. 우선 우리는 그가 기호에 대한 관념을 빚지고 있는 소쉬르적인 유산을 일본이라는 세계에 투영하는 것이 바르트 자신이 일본에서 느낀 단절, "낯섦" 그리고 묵인이라는 새롭고 강력한 감정을 읽고 이해할 수 있기 위해 사용한 유일한 수단이었던 동시에 그가 말한 것처럼, 또한 밖에서 자신에게 친숙했던 용어들과 지적 도구들로 해석할 수 있기 위해서, 그것을 "에크리튀르의 상황 속에" 배치했음을 추측할 수 있다. 더욱이 그는 그 시대에 많은 사람들이 그렇게 생각했듯이 이 도구들이 보편적이라고 생각할 수 있었다.

그렇지만 이런 투영은 두 가지 난제를 제기한다. 첫 번째 것은, 우리가 방금 본 것처럼, 작가가 일본에서 찾고자 원했던 것, 서구세계의 기호학과는 완전히 다른 기호학에서 그를 멀어지도록 한다. 하지만 그 여파로 어쨌든 알파벳 "기호"에서는 아무것도 빚지지 않은 모든 것, "공백" - 하지만 이번에 공백은 바르트가 따르고자 한 의미가 아닌 의미로 이해되었다 - 에 빚진 교훈들과 새로운 발견들이 작가에게서 제 구실을 못하게 되었다. 우리는 이 사실에 진정으로 놀라게 되는데, 그는 『글쓰기의 영도*Le degré zéro de l'écriture*』에서 이 사실을 부인하는데 그토록 열정을 쏟았기 때문이다.

하지만 모든 것을 고려해 본다면 **기호**가 바로 『기호의 제국』의 초점인가 혹은 단지 알리바이에 불과한가? 내 생각에 이 책에는 3개의 "일본"이 존재하는 것 같다. 바르트가 자신의 "비어있는 기호signe vide"라는 명제를 통해 알리고 이론화하는 일본. 그리고 그 일본은 좀 더 가까이서 바라보면 상당히 모순적이다. 그가 **경험하는**, 그리고 이 텍스트의 페이지들이 가장 영감을 받은 일본. 마지막으로는 그가 **추측하는**, 그리고 그가 역시 세밀하게 묘사하는 일본. 하지만 그를 벗어나는 일본. 그리고 이 점을 확실히 인정해야 하는데, 그가 추구하는, 그리고 끊임없이 환영을 욕망하는 "기호"와는 근본적으로 무관한 세계에 관련되기 때문에 그가 배반하는 일본이다.

3개의 "일본" 중 첫 번째인 『기호의 제국』의 일본은 바르트의 표현을 되풀이하자면 "사람들이 여기에서 일본이라고 부르는 나라"이다. 즉 그에 의하면 서구의 "기호지배적sémiocratique" 모델에 더 훌륭히 반론을 제기하기 위해서 그가 투영하는 것이 가능했던 일본이다. 왜냐하면 그가 거부하는 체하는 이 모델은 실제로는 여전히 자신의 것이기 때문이다. 그가 참조하는 기호는 그가 『기호학 원리*Eléments de sémiologie*』에서 묘사한 기호이다. 그것은 자율적이고 변별적인 단위로 이해된 (바르트는 그것을 **단어**와 동일시한다. 그는 그것이 언어 속에서 "뚜렷이 드러난다"고 말한다.) "시니피앙"과 "시니피에"라는 양면을 지니는 근본적으로 소쉬르적인 기호이다. 우리가 이런 정의로 만족한다면 일본의 기호의 "공백"은 시니피에의 결핍으로 읽어내야 한다. 사실상 우리는 이 전제에 따라 『기호의 제국』에서 분석된 대부분의 문화현상을 확인한다. **뎀푸라**는 "우리가 결정하는 어떤 것 주변의 [···] 일종의 성찰이다. 부득이 (그리고 아마도 우리 주제의 선례 때문에) 가벼운, 공기의, 순간적인, 상처받기 쉬운, 투명한, 신선한, 무無의 측면의 성찰, 하지만 그것의 진정한 이름은 가득 찬 가장자리가 없는 틈, 혹은 비어있는 기호가 될 것이다." 꾸러미도 마찬가지이다. "···상자는 기호인 양 한다. 포장, 스크린, 마스크처럼 그것은 감추고, 보호하는데 **소용된다**. 하지만 그것은 가리킨다. 만일 신탁에 관련되고 심리적인 이중적 의미 속에서 이 표현을 이해하고자 한다면 그것은 **다른 의미를 쫓게끔 만든다**. 하지만 그것이 함축하고 의미하는 것 자체는 아주 오랫동안 **나중으로 미루어졌다**. 마치 꾸러미의 기능이 공간 속에서 보호하는 것이 아니라 시간 속에서 연기하는 것이라는 듯이." 하지만 서로 거의 식별할 수 없는 순식간에 우리에게 **템푸라**가 제안하는 이중의 맛 속에서 문제되는 것이 진정 공백에 관해서인가? **템푸라**는 계속해서 즉시 완전히 다른 밀도의 식품 - 채소 혹은 생선? - 을 포함시키도록 하는 가벼운 튀김이다. 꾸러미의 싸개 속에 **포장의 정체성**이 존재하지 않는가? 일본인들이 특별하고 자유분방한 문화적 사물에 애착을 갖듯이 애착을 갖는 것으로 보이는, 제공되거나 방금 전 획득한 사물을 가리키는 것이 아니라 거기에 추가적인, 그것과 따로 떼어내어 생각할 수 없는 범위 내에서 이 사물과 무관한 가치를 덧붙이는 포장의 정체성이?[7)]

일본 세계에 적용된 "기호"와 "공백"의 기호라는 이런 이중적 은유는 그것을 통해서 일본사람들과 서구사람들을 대립시키기 위해서 바르트가 그것을 사람으로 옮길 때 설득력이 떨어진다. 일본사람들과 서구사람들을 "주체sujets"가 아니라 "몸corps"으로 생각하는 것이 문제를 제기하지는 않는다. 몸은 어떤 면에서는 주체와 **육체적으로 변별적인** 구성요소이다. 그리고 그가 그것을 하나의 기호 혹은 하나의 단어에 동일시하는 것을 허용하는 것은 이런 자격으로서 이다. 게다가 바르트가 일본 군중에 대해 "수백만의 몸"이라고 언급할 때 행하는 것이 그것이다. 그는 같은 문구 속에 "각각의 몸(각각의 단어)"을 결합시킨다. 『롤랑 바르트가 쓴 롤랑 바르트*Roland Barthes par Roland Barthes*』에서 그는 이 주제와 그것이 유발하는 역설에 대해 길게 재론할 것이다. "몸은 확고부동한 상이함이고, 그것은 동시에 모든 구조화의 원칙이다."[8)] 『기호의 제국』에서 그의 분석은 여전히 간략하고 의미가 분명하지 않다. 이런 불명료함들 중 첫째는 주체보다 몸을 우선하면서 바르트가 엄격하게 육체적인 것은 아니었던 이 주체라는 표현의 형태를 자신의 연구영역으로부터 제외시켜야 했던 사실에서 기인한다. 하지만 자신의 접근을 서구에서 인정된 "주체"라는 유일한 표명으로 제한함으로써 그는 거기에서 위험을 반만 무릅썼을 뿐이다. 그렇지만 "주체"는 그 존재의 중요한 증거 - 발화행위 - 가 된다. 그가 일본사회에 고유한 발화행위의 양식에 대해 정보를 얻기 위한 배려를 했음은 명백하다. 그는 자문한다. "... 예를 들어 지각하는 주체도 없고 지각되는 사물도 없는 지각행위와도 같은, 주체도 없고 동시에 특성도 없는, 하지만 타동적인 동사를 어떻게 **상상할 수** 있는가?" 그렇지만 그가 이런 정보들에서 이끌어내는 결론은 "비어있는 기호"라는 그의 명제를 확고히 하는데 사용될 뿐이다. 그는 서구의 발화행위-주체énonciation-sujet와 그것의 일본의 등가물 사이에서 그가 간파했다고 믿는 대조에서 생겨난 변이형에 의해서만 그것을 보충한다. 그는 말한다. 일본의 발화행위는 "주체를 우리의 문장을 지배한다고 간주되는 충만한 이핵이 아니라 정확히 말의 비어있는 커다란 싸개로 만든다." 그가 아주 세심하게 묘사하는 일본 군중의 수수께끼 같은 침묵은 서로 모순된다고 가정된 두 종류의 주체, "일본인"과 "서구인" 사이에 손쉬운 반대명제를 확립할 기회를 그에게 부여하는 지점까지만 그의 주목을 끌었을 뿐이다.

그의 설명의 두 번째 불명확함이 존재하는 것은 거기이다. 바르트에 의하면 일본의 기호-몸들signes-corps의 공백이 사실상 그것들에 존재하는 모든 시니피에의 결핍에 정확히 상응하지는 않는다. 그것은 단지 그 자체가 자의적으로 서구의 기호-몸에 투영된, 아주 명확한 시니피에의 불명확함이다. 이 경우에는 시니피에가 성性을 지니는 것이 중요하지는 않다. 『기호의 제국』에서 바르트는 "서구인"의 이름으로 이야기할 뿐이다. 하지만 거기에서 역시 일본인은 거의 문제가 되지 않는다. 이 책에서 여인은 제스처와 표정으로 표현될 수 있는 범위 내에서 언급될 뿐이다. 내가 보기에는 적어도 일시적으로는 이 주제에 관한 논쟁이 필요한 것 같다. 더 중요한 것은 여기에 나타난 대로의 서구의 시니피에 - 절대적으로 언어적이고, 이성적이고, 충만한, "(자신의) 자아를 확신시키기 위해서 가슴을 불룩 내미는" 소유자인 "우리" - 가 가공의 존재임에도 불구하고 틀에 박힌 개인이라는 점이다. 그 존재는 바르트가 마찬가지로 신속하게 언급하는 다른 신화보다 더 명백히 정당화되거나 논거가 제시된 것은 아니다. 그것에 따르면 일본은 근대성을 구현할 것이다. "… 일본의 그림 같은 아름다움은 우리에게 중요하지 않다. 그것은 근대성이라는 일본의 특수성 자체를 형성하는 것과 거리가 있기 때문이다." 괄호 속에 그는 적는다.

이런 논증의 가벼움으로부터 어떤 결론을 끌어내야 할까? 바르트의 흥미를 끈 것은 확실히 "주체"의 표명으로서의 몸이 아니다. 그의 단언과는 반대로 "기호"로서의 몸은 더욱 아니다. 그의 저서의 제목은 착각을 일으키게 한다. 게다가 바르트는 자신이 진정으로 "기호의 제국"이라는 표현에 찬동하는 것은 아니라는 점을 인정한다. 이 표현은 다른 사람이 그에게 권한 것이고, 너무도 부정적인 용어에 근거하고 있다. "기호의 제국이라고요? 예, 만약 기호들이 비어있고, 의례에 신이 없다는 것을 인정한다면." 그는 인정하기로 결심한다. 첫 페이지부터 나타나는 "시니피앙들의 제국"이라는 표현이 그에게는 훨씬 더 적절하다. 이 표현은 그에게 의미의 범람을 표현하도록 허용해준다. 그가 보기에 그 강도는 기호에 대한 그의 이론의 중요한 근거인 언어학적인 참조를 휩쓸어버리는데 이를 정도이다. "그런데 이 나라(일본)에서는 시니피앙의 제국이 너무도 광대해서 말을 넘어서고, 언어의 불명료함에도 불구하고, 이따금은 이런 불명료함 덕분에, 매혹적인 풍부함, 유동성, 섬세함에서 기호들의 교환이 남는다." 바르트는 그의 열정을 변명하거나 부분적으로 숨기려고 시도할 것이다. 이 상이한 제국에서 하나의 "이야기", 하나의 "텍스트"를 발견함으로써 (혹은 발명함으로써) 그에게 "기호지배적인" 법규를 존중하도록 허용함으로써 자신이 계속 그것을 따른다는 것을 느끼는 그의 열정을. 하지만 그런 시니피앙들의 제국은 기호와는 그리 연관이 없다. "그곳에서 몸은 교묘하게 이목을 끌지 않음에도 불구하고 히스테리 없이, 나르시시즘 없이 하지만 순수하게 에로틱한 계획에 따라 존재하고, 펼쳐지고, 작용하고, 주어진다." 사실 일본에서 그를 감탄시킨 것은 "비어있는 기호"가 아니다. 그것은 그곳에서 몸이 누리는 자유의 발견이다. 그들은 모두 제스처와 제스처의 스펙터클이라는 유일한 관심에만 사로잡혀 있는 것으로 보인다.

그것이 바르트의 두 번째, 실재하는, 다정다감한 "일본"이다. 그는 『롤랑 바르트가 쓴 롤랑 바르트』에서 그것을 인정할 것이다. “모든 작품의 교차점에 모름지기 연극성이 존재한다. 사실 그의 텍스트들 중 연극성이 전혀 다루어지지 않은 작품은 없다. 그리고 연극은 스펙터클이라는 세계를 볼 수 있는 보편적 범주이다. 연극은 그가 쓰는 것 속에서 지나가고 되돌아오는 명백히 특별한 모든 주제들과 관계를 맺고 있다. 예를 들면 내포connotation, 히스테리, 허구, 상상계, 장면, 비너스의 매혹, 묘사, 동양, 폭력, (베이컨이 “극장의 유령”이라고 불렀던) 이데올로기. 그의 관심을 끈 것은 기호보다는 오히려 신호, 게시판이었다. 그가 원했던 과학은 기호학이 아니라 신호학signalétique이었다.”[9)]

『기호의 제국』의 가장 영감이 풍부한 페이지들은 제스처에 바쳐진다. “**분라쿠**Bunraku[10)]는 […] 행동과 제스처를 분리한다. 그것은 제스처를 보여준다. 그것은 행동을 보도록 놓아둔다. 그것은 예술과 노력을 동시에 드러내고, 각각에 자신의 에크리튀르를 부여한다.” “나무 혹은 옻이라는 재질에 의해서 더 부드러워진 지팡이의 제스처에는 아이를 옮겨놓을 때 취하는 모성적인 어떤 것, 정확히 측정된 조심성 그 자체가 존재한다. (단어의 조작적인 의미에서) 힘이지 충동이 아니다. 먹거리에 관한 모든 태도가 그것이다. 우리는 음식을 먹는데 사용되는 것이 아니라 준비하는데 사용되는 요리사의 긴 젓가락에서 그것을 분명히 본다. 결코 도구는 구멍을 내지도, 자르지도, 쪼개지도, 상처를 내지도 않는다. 단지 빼내고, 뒤집고, 옮긴다.” “일본의 [**파친코**] 도박사들에게는 단한 번 누르는 것으로 모든 것이 결정된다. 모든 것은 벨브에 놓인 엄지손가락이 전달하는 힘에 달려있다. 솜씨는 직접적이고 결정적이다. 오직 거기에 우연을 사전에, 그리고 단번에 수정할 수 있을 뿐인 도박사의 능력이 있다. 구슬의 돌진은 최선의 경우 섬세하게 억류되거나 앞당겨질 뿐이고 (하지만 도박사의 손에 전혀 좌지우지되지 않는데, 도박사는 단 한 번 움직이고 지켜본다. 도박사의 손은 (일본식으로) 예술가의 손이다. 그 손의 (그래픽적인) 특성은 “통제된 사건”이다.”

하지만 아마도 『기호의 제국』의 작가가 가장 심하게 주제에서 벗어난 것은 그가 제스처에 부여한, 더욱이 "비어있는 기호"의 과도한 사용 속에 존재하는 절대적 특권에 의해서이다. 이런 벗어남은 책 첫머리에서 그가 설명한다고 주장한 "우리의 것에서 완전히 벗어난 놀라운 상징적 체계"로부터 그를 가장 멀리 떼어놓는 것이다. 사실 제스처는 바르트에게 단지 헤어진 기호를 찾는 시니피앙을 위한 대체의 시니피에의 구실만을 하는 것이 아니다. 그것은 또한 『기호의 제국』의 이론적 토대를 이루는 3번째 용어 - 에크리튀르 - 에 대해 전권을 지닌다.

그것에 좀 더 관심을 기울이면, 바르트가 이 용어에 부여하는 의미가 아주 명확한 것은 아니라는 사실을 깨닫게 된다. 그에게 있어서 "에크리튀르"는 문학 (『글쓰기의 영도』의 경우이다) 혹은 그것이 포함되는 그래픽 체계이기도 하다. 그것은 "에크리튀르를 구성하는 말의 공백이다." 예를 들어 그는 일본에 대해 쓰고자 하는 자신의 필요를 정의하기 위해 말한다. "선불교에서 쓰여진 (모든 명백한 의미의) 정원들, 제스처들, 집들, 꽃다발들, 얼굴들, 폭력의 특징들이 출발하는 것은 이 공백으로부터이다." 동일한 것에 관한 문제가 아니다.

동일한 단어의 이토록 상이한 두 의미의 일관성은 어디에서 기인하는가? 그것은 전혀 논리적이지 않다. 그것은 항상 제스처와 관련된다. 바르트에게 있어 서예의 에크리튀르 그리고 (그가 도달한 "의미"인) 문학의 에크리튀르의 체계를 동시에 정의하는 것은 오직 글을 쓰는 행위이다. 분명 그는 그 위에 흔적들이 기록되는 바탕을 모르지 않는다. 그리고 그는 일본의 필기도구에 한 장을 바친다. 하지만 무엇보다도 "손이 도구 그리고 선긋기의 재료와 마주치는 것은 필기도구 안에서이다. [⋯] 그리고 선이 그어지기 전에 기호의 경제가 시작되는 것이 그 안에서"라는 사실이 그의 흥미를 끈다. 더욱이 그는 "선의 환상", "충동의 유희로서의 [⋯] 역할을 맡는" 에크리튀르에 흥미를 느낀다. 시각적 표현 속에서 시선과 제스처 사이에서 선택하기 - 회화의 표현으로 시작하기 - 게다가 그는 처음부터 요리에 바쳐진 페이지들에서 자신의 선호를 표명했다. 그는 쓴다. "일본음식은 직접적으로 가장 덜 시각적인 회화의 특성, (선을 그리거나 덮어씌우는 손의 중량과 노동에 결합된) 몸과 가장 깊이 관계되는 특성을 지닌다. 그런 회화는 색깔이 아니라 터치이다." 그에게서 제스처와 터치는 이미지에서 **표면**의 지배를 받는 모든 것을 부인하고 거부한다. (그리고 그것은 그가 이미지를 다루는 각 텍스트들에서 사실이다.) 『기호의 제국』 내내 가장자리와 틈에 대한 신중하지만 완강한 거부가 이어진다. "정교한 하이쿠는 [···] 전혀 현실에 대한 정확한 회화가 아니라 시니피앙과 시니피에의 일치, 가장자리의 제거, 일반적으로 의미론적인 관계를 넘어서거나 연기하는 연결부위와 틈이다." 일본 여행이라는 모험이 "읽도록" 해준 것, "그것은 지나간 자국 없는, 가장자리 없는, 흔들림 없는 흔적의 정확함이다."

바르트가 더 이상 시니피에의 부재에 근거해서가 아니라 극동의 사상에서 그것에 부여하는 정의에 근거해서 공백에 대한 자신의 고유한 관념을 확립하려 했을 때, 그런 거부의 결과 그는 거기에 도달하지 못했을 뿐만 아니라 이 사상을 왜곡했다. 그가 참조하는 공空, Vacuité의 철학은 – 그는 회상한다. "**형태는 비어있다**La Forme est Vide. 그는 불교의 단어를 말하고, 되풀이한다." – 그가 단언하는 것과는 반대로 **외관**apparence에 본질적인 위치를 마련해 놓기 때문이다. 사실 거기에서는 절대적인 공백에 관련되지 않는다. 소위 "공空의 보고"인 순야바다çūnyavāda 학설에 의하면 "두 종류의 진실이 존재한다. "지고의 의미를 지니는 진실"과 "포장의 진실"이. 첫 번째 것은 절대적 진실이고 두 번째 것은 외형의 진실이다. 첫 번째 것에서 쫓겨나 고유한 존재가 결핍된 텅 빈 사물들은 두 번째 것을 전적으로 소유한다. 그것들은 뒤에 아무것도 없는 베일처럼 존재한다. 하지만 그것들은 베일로서 존재한다."[11)]

그렇지만 단지 제스처에 대한 바르트의 열정만이 표면들에 대한 몰이해에 책임이 있는 것은 아니다. 의미의 관리에 있어 원칙적으로 모든 물질적인 개입에 반대하는, 그래픽 공간의 개입으로부터 시작하는 것에 반대하는, 일사분란하고 추상적인 소쉬르적인 기호의 본질 자체도 여기 개입된다. 언어학자인 토키에다 모토키時枝 誠記, Tokieda Motoki는 이미 일본어에 적용된 소쉬르의 모델이 얼마나 효과적이지 않은가를 강조했다. 소쉬르의 모델이 일본어에 적용되기 위해서는 에크리튀르를 통과하는 것이 필연적인데, 왜냐하면 그러한 통과는 이 언어를 설명하고, 그것을 보충하는 것을 허용하기 때문이다.[12] 소쉬르적인 모델에 대한 바르트의 세심한 충직함은 일본의 공간에 대한 그의 분석에, 특히 도쿄에 대한 분석에 우리가 기대했을 복합성과 풍부함을 부여하는 것을 막은 것으로 보인다. "기호"로 가정된 가치로 환원된, 황궁의 비어있는 공간이 그에게 있어 이 단어의 아리스토텔레스적인 의미로 하나의 "장소"가 된 것은, 말하자면 닫혀 있는 사물이 된 것은 이렇게 해서이다. 그것을 그 자체가 의미의 보유자이거나 생성자일 독창적인 공간의 전개에 통합시키지 않은 채 – 실제적이거나 허구적인 – 여정에 통합시키지 않은 채, 우리는 주변을 돌 수 있을 뿐이다. 하지만 그것에 대해 서구의 상상계는 바르트에게 연극의 세계와 아주 가까운 모델, 기억술의 모델을 제공했다. 하지만 『주사위 던지기』의 독서가 말라르메의 타이포그래피적인 공간을 간과한 것과 마찬가지로 그는 그것을 소홀히 하거나 알지 못한다.

더 일반적으로, 바르트가 관찰하거나 (왜냐하면 바르트의 관찰과 묘사는 언제나 감탄할 만한 정확성을 보여주기 때문이다) 적어도 분석하는 것을 막은, 그가 계속 충실하고자 했던 소쉬르적인 "기호의 지배sémiocratie"는, 일본 문화에 있어서는, 일본 문화 속에 존재하는 혼합 혹은 이질성을 밝혀낼 수 있는 모든 것의 근본적인 역할이다. 일본의 에크리튀르 체계는 가장 훌륭하고 가장 인상적인 예이다. 그것을 고찰하는 – 역사적인 혹은 의미논리적인 – 어떤 각도 하에서 이런 에크리튀르는 의미론적이면서 그래픽적인 **다양함**을 위태롭게 한다.[13]

내가 이미 언급했듯이 바르트가 보기에 일본의 에크리튀르 체계 속에 존재하는 모든 것이 "표의문자"에 지나지 않고, 그는 근본적으로 변하기 쉬운 그 특성을 – 그것이 표어문자, 표음문자, 부수라는 세 가지 가치를 지닐 수 있기 때문이다 – 어디에서도 알리지 않는다. 하지만 소쉬르 자신은 그것을 알파벳 문자에, 즉 기호에 대한 그 자신의 이상에 가장 대립적인 것으로 평가했다. 바르트로서는 그것의 형식적 유형론과 제스처와의 연관이라는 하나의 문제로 만족한다. 그는 말한다. 표의문자는 "논리적으로 분류할 수 없다. 자의적이지만 제한된, 그러므로 기억할 만한 음성학적인 배치(알파벳)를 벗어나기 때문이다. 그렇지만 표의문자는 사전 속에 분류된다. 그 안에서 기호들의 유형론을 결정하는 것은 표의문자의 선에 필요한 제스처들의 숫자와 배치이다." 바르트에게 있어서는, 소쉬르보다 더, 모든 에크리튀르들 중에서 혼합을 거부한 유일한 것, 순수하고 고정된 요소인 문자가 기호의 전형이 된다. 추론의 이론적 경직은 역설적 결과를 낳는데, 작가로서의 바르트가 그의 일상적인 관찰들로부터 이끌어낸, 그리고 그로 하여금 실제로 그리고 섬세하게 이질적인 세계를 구축하도록 한 "단장斷章들"이 결코 동질성을 지니는 용어들로 착상되지 않았다는 사실이다. 일본 군중의 "수많은 몸들", 그것들이 "단어들"에 불과한 이상, 동일한 하나의 문장 – 하나의 "거대한 연사連辭, syntagme" – 에 집결될 수밖에 없는 것은 이렇게 해서이다.

사실 **다양함** 속에 존재하는 것에 동질적인 단위를 부여하고자 하는 이런 필요성에서 더 의미심장한 것은 바르트가 서구와 극동에서 거울을 가지고 제안하는 비교 분석이다.

> 서구에서 거울은 본질적으로 나르시스적인 사물이다. 서구에서 인간은 자신을 보기 위해서만 거울을 생각할 뿐이다. 하지만 동양에서 거울은 비어있는 것 같다. 그것은 상징들의 비어있음 그 자체이다. (도교의 스승들 중 한명이 말한다. "완벽한 인간의 정신은 거울과 같다. 그것은 아무것도 움켜쥐지 않지만 아무것도 밀어내지 않는다. 그것은 받아들이지만 보존하지 않는다.") 거울은 다른 거울들을 끌어 모을 뿐이고, 이런 무한한 성찰은 (우리가 알고 있듯이, 형태인) 비어있음 그 자체이다.

그런데 18세기 우라베 켄코Urabe Kenkô 선사가 거울의 비어있음과 인간 정신에 대해서 우리에게 언급한 것은 전혀 그렇지 않다.

> 집에 사람이 살고 있을 때 누구도 이유 없이 그곳에 들어갈 수는 없다. 하지만 비어있는 집은 지나가는 사람들의 변덕에 따라 방문객을 받을 것이다. 게다

가 더 이상 인간의 냄새가 불쾌하지 않다면 여우와 부엉이 같은 동물들도 마음대로 그곳에 와서 머무를 것이다. 우리는 "나무의 유령"이라 불리는 낯선 그림자가 나타나는 것도 볼 것이다.

거울이 그 안에 색깔도 형태도 포함하지 않고, 모든 종류의 이미지들이 거기에서 반사되기 때문이다. 만일 그것이 색깔과 형태가 있다면 그것은 아무런 이미지도 반사할 수 없을 것이다.

비어있음은 많은 사물들로 채워질 수 있다. 마찬가지로 잡다한 생각이 우리의 정신에 떠오른다면 그것은 아마도 우리가 정신이라고 부르는 것을 갖고 있지 않기 때문일 것이다. 우리의 정신에 주인이 있다면 사소한 것들이 거기에 침투하는 일은 없을 것이다.[14)]

그렇다면 왜 기호인가? 『기호의 제국』의 매력은 다행이도 결국 바르트가 일본에 다가가기 위해서 자신에게 부과한, 그리고 실제로 특히 기만적임이 드러난 수단을 벗어난다. 하지만 그는 특히 『롤랑 바르트가 쓴 롤랑 바르트』에서 다음과 같이 고백하고 있듯이, 아마도 그의 기질의 저항할 수 없고 거의 숙명적인 경향에 따랐다.

… 그것은 기이하게도 여전히 두개의 거부의 […] 교차점에 있는 것 같다. 그것은 위반과 개인주의적인 기질의 공모를 지닌다. 그것은 이성적인 것으로 남아있는 반-자연anti-Nature의 철학을 부여한다. 그리고 이런 철학에는 **기호**가 이상적인 사물이다. 그것은 자의성을 고발하고/고발하거나 찬양하는 것이 가능하기 때문이다. 우수에 가득 찬 채 어느 날 그것들을 없애버릴 것이라는 상상을 하면서 법규code를 즐기는 것이 가능하다. 간헐적인 **아웃사이더**인 채로 나는 삽입insertion 혹은 거리distance라는 내 기분에 따라서 과중한 사회성 속으로 들어가거나 거기에서 나올 수 있다.[15)]

그로 하여금 일본에 진정으로 다가가도록 허용한 것은 아마도 기호라는 유랑하는 댄디였다.

1) 스즈키 하루노부鈴木春信. 에도시대 우키요에의 대가. (역주)
2) 이 주제에 관해서는 다음의 내 논문을 볼 것. ≪Pour une sémiotique visuelle: les leçons de l'idéogramme≫, N. Preiss et J. Raineau (éd.), *L'image à la lettre*, Paris-Musées, Éditions de Cendres, 2005, p. 253-274.
3) 앞의 장 ≪이미지에서 텍스트로: 『주사위 던지기』의 경험≫
4) Roland Barthes, ≪L'ancienne rhétorique - aide-mémoire≫, *Oeuvres complètes*, III, Paris, Seuil, 2002, p. 599.
5) 가에탕 피콩은 『시간의 멋진 떨림*Admirable tremblement du temps*』을 출간하고 한 신문기자에게 선언한다. "아마도 나는 1950년에 실존주의적인 분위기 속에서 이 책을 쓰고 싶지 않았던 것 같습니다. 그 반면 구조주의적인 분위기 속에서 나는 훨씬 더 낯설고, 내 양식을 박탈당한 것으로 느낍니다.", n° 191, 1970.
6) Roland Barthes, *L'empire des signes*, Genève, Skira, 1970; Paris, Champs-Flammarion, 1980.
7) 일본 문화에서는 이 싸개와 꾸러미에 - 단순한 반복이 아닌 - 중복multiple의 중요성을 결합시켜야 할 것이다. 이 주제에 관해서 다음의 내 책을 참조해도 좋다. *Vues de Kyôto*, Lectoure, Éditions Le Capucin, p. 47-52.
8) *Roland Barthes par Roland Barthes*, Paris, Minuit, 1975, p. 178.
9) *Roland Barthes par Roland Barthes*, *op.cit.*, p. 179-180.
10) 일본 전통의 인형극. (역주)
11) Jean Filliozat, *Les philosophies de l'Inde*, Paris, P.U.F., 1970, p. 44-45.
12) Tokieda Motoki, ≪Fondements d'une linguistique japonaise≫, 1931. 다음 논문들을 볼 것. Cathrine Garnier, ≪Tokieda contre Saussure, pour une théorie du langage comme processus≫, *Langages* n° 68, 1982, p. 71-84 et A. M. Christin, ≪Le signe en question≫, *Degrés* n° 100, 1999, p. *i*/1-12.
13) 이 주제에 관해서는 특히 다음의 논문들을 볼 것. Pascal Griolet, Jacqueline Pigeot, Cécile Sakai et Marianne Simon-Oikawa dans A.-M. Christin (dir.), *Histoires de l'écriture…*, *op.cit.*
14) Urabe Kenko, *Les heures oisives*, cité dans A.-M. Christin, *L'image écrite ou la déraison graphique*, *op.cit.*, p. 93.
15) *Roland Barthes par Roland Barthes*, *op.cit.*, p. 135.